Hille Haker

Hauptsache gesund?

Inhalt

Vorwort

Es ist der verständlichste Wunsch, den Eltern überhaupt haben können: dass ihr Kind gesund auf die Welt kommen und gesund bleiben möge. Der Wunsch drückt die Sorge aus, die die Beziehung von Eltern zu ihren Kindern prägt, sind sie es doch, die für einen langen Zeitraum für das Wohlergehen der ihnen anvertrauten Kinder Verantwortung tragen. Eltern wissen, dass es keine Garantie für die Gesundheit ihrer Kinder gibt. Elternschaft bedeutet daher nicht nur die aktive Sorge *für* ein Kind, sondern eben auch die Sorge *um* ein Kind. Dies drückt sich in dem immer wieder zu hörenden Satz schwangerer Frauen aus: *Hauptsache, es ist gesund!* Denn letztlich können sie nur hoffen, dass die Entwicklung ihres Kindes gut und »normal« verläuft – Gewissheit gibt es aber trotz aller medizinischen Fortschritte dafür nicht.

Gesundheit als wichtiger, zuweilen sogar wichtigster Bestandteil des Wohlbefindens eines Menschen ist ein Wert, der uns besonders dann schmerzhaft bewusst wird, wenn er bedroht ist. Das gilt für unser eigenes Leben, aber eben auch für das Leben unserer Angehörigen und Freunde. Gesundheit ist ein Gut, das prekär ist, da wir trotz aller Vorkehrungen niemals vor Krankheit gefeit sind. Wenn bestimmte Krankheitsmerkmale zur Konstitution werden, sprechen wir von Behinderung. Diese können wir vielleicht lindern und mit medizinischen und sozialen Mitteln kompensieren, aber wir können sie in den allermeisten Fällen nicht heilen, das heißt in Gesundheit verwandeln. Und sosehr Krankheit – wie auch letztlich der Tod – zum menschlichen Leben gehört, so sehr fürchten wir sie doch auch, weil wir intuitiv davon ausgehen, dass uns ein Leben in Gesundheit mehr Wohlbefinden, Lebensmöglichkeiten und Freiheiten gibt als ein Leben in Krankheit. Denn Krankheit – und mehr noch ein Leben mit Behinderung – ist (meistens) mit Schmerzen verbunden, mit Abhängigkeiten und Einschränkungen, die zum Teil medizinisch, zum Teil aber auch gesellschaftlich verursacht sind.

Es gibt sicher gute Gründe dafür, ein Leben in Abhängigkeit von anderen, sei es durch Unmündigkeit im Kindesalter, durch Krankheit, Behinderung oder auch durch die nachlassende Selbstständigkeit im Alter, als den *Normalfall* des menschlichen Lebens anzusehen und gerade nicht als Abweichung von der »Normalität«. Und sicher wäre es falsch, Menschen, die mit einer Behinderung leben, auf diese Identität festzulegen – deshalb wird es heute oft vorgezogen, von »Menschen mit Behinderung« zu sprechen und nicht von »behinderten Menschen«. Trotzdem: Auch wenn wir diese Einschränkungen durchaus anerkennen, bedeutet das nicht, dass wir Gesundheit nicht trotzdem als sehr hohes Gut schätzen.

Aber was geschieht eigentlich, wenn nicht unsere eigene Gesundheit auf dem Spiel steht, sondern die Gesundheit der Kinder, die wir in die Welt setzen? Gibt es eine neue »verantwortliche Elternschaft«, die die Gesundheit eines Kindes betrifft, noch bevor es geboren wird? Tragen Eltern die Verantwortung dafür, dass ihre Kinder gesund auf die Welt kommen oder, um es bescheidener zu formulieren, wenigstens nicht mit feststellbaren Krankheiten geboren werden? Welche Handlungsweisen sind eigentlich von Paaren gefordert, die Eltern werden oder werden wollen? Und wo sind die Grenzen ihres Handelns anzusetzen?

Hauptsache gesund – dieser Satz stimmt nicht immer. Wenn erst einmal eine Beziehung zu einem Menschen besteht, dann tritt unter Umständen der Wert der Gesundheit hinter dem Wert dieser Beziehung zurück. Dann sagen Eltern womöglich: »Wir schaffen das schon irgendwie.« Dies ist ebenfalls ein sorgenvoller Satz, und er zeugt neben dem Selbstvertrauen auch von Ungewissheit und Unsicherheit – ganz gleich, ob er nun mit Blick auf die Belastungen der Paarbeziehung, im Kontext einer reproduktionsmedizinischen Unfruchtbarkeitsbehandlung gesagt wird, oder ob es um die Entscheidung geht, eine Schwangerschaft nach Feststellung eines Krankheitsbefunds fortzusetzen. Aber was ist, wenn Frauen und Paare vor oder während einer Schwangerschaft zu dem Schluss kommen, dass sie für ein krankes Kind nicht sorgen könnten? Ist es ein Unterschied, ob zukünftige Eltern zu dieser Einschätzung *vor* oder *während* der Schwangerschaft gelangen? Werden sie mit ihrer Selbsteinschätzung plötzlich zu Menschen, die ihre Verantwortung vergessen oder ignorieren? Oder werden sie plötzlich von ganz »normalen« Paaren mit Kinderwunsch zu Menschenzüchtern?

Ich möchte mich an solchen Ab-Wertungen der Motive nicht beteiligen, die Eltern bzw. Frauen umtreiben. Aber ich möchte in diesem Buch versuchen, das Schweigen zu durchbrechen, das die Frage nach der Moral in Entscheidungen zum Eltern-Werden beherrscht. Denn entweder, so scheint es, können wir gar nichts zu den persönlichen Entscheidungen anderer sagen oder aber wir urteilen, ohne die jeweils besonderen Situationen zu kennen oder zur Kenntnis zu nehmen. Ich denke, dass beide Haltungen den moralischen Verantwortungsfragen nicht gerecht werden.

In den Debatten um die neuen Formen der Verantwortung von Elternschaft geht es schon lange nicht mehr darum, dass Eltern mehr oder weniger passiv die Geburt ihres Kindes abwarten. Die Sorge für und um ihr Kind ist in eine institutionalisierte normative Praxis vor und während der Schwangerschaft umgeschlagen, deren Zweck darin besteht, die Gesundheit bzw. das Wohlergehen des Kindes so weit wie eben möglich zu gewährleisten. Das Plädoyer für die Anerkennung der Endlichkeit und Sterblichkeit oder auch der Hinweis, dass Krankheiten und Behinderungen nun einmal zum menschlichen Leben dazugehören, geht daher merkwürdig an dieser veränderten Praxis des Eltern-Werdens vorbei: Eltern – und schwangere Frauen zumal – müssen Risiken für ihre zukünftigen Kinder mit dem Beginn der Schwangerschaft abschätzen, und sie übernehmen Verantwortung auch dann, wenn sie bestimmte Tests nicht durchführen lassen. Wenn sich Paare gesunde Kinder wünschen, dann drücken sie nicht nur einen Wunsch aus, sondern auch die *Verantwortung* für die Gesundheit ihres zukünftigen Kindes – und ihre Bereitschaft, diese Verantwortung zu übernehmen. Deshalb – und nicht aus Gründen des »Designs« von Kindern – suchen Paare die Techniken der Pränatal- oder Präimplantationsdiagnostik.[1]

Aber so einleuchtend es zu sein scheint, dass durch die Einführung der diagnostischen Tests vor und während der Schwangerschaft der Spielraum der Verantwortung erweitert wird und zukünftige Eltern sich dieser Verantwortung stellen müssen, so wenig ist doch klar, was dies im Hinblick auf die jeweiligen Handlungen genau heißt. Was genau ist der jeweilige Handlungsspielraum? Wessen Interessen und Rechte stehen zur Diskussion? Wer bestimmt die Normen und Regeln des elterlichen Handelns? Wie sind die gegenwärtigen Praktiken entstanden? Muss es – neben der neuen moralischen Praxis, die längst etabliert ist – auch eine neue *Ethik der Elternschaft* geben, die die Handlungen und Praktiken reflexiv begleiten kann? Diesen Fragen stellt sich dieses Buch.

Kein Buch über Elternschaft kann unpersönlich geschrieben werden. Ich selbst habe zwei Kinder, und die Frage des Werts der Gesundheit hat sich für mich dramatisch verändert, seitdem ich für meine Kinder Sorge trage. Mich hat die Angst, die ich um meine Tochter nach ihrer extrem frühen Geburt ausgestanden habe, nie ganz verlassen. Ich werde niemals die Erschöpfung der Ärztin vergessen, die meinem Kind in den ersten Stunden nach der Geburt das Leben gerettet hat. In mein Gedächtnis tief eingebrannt tauchen hinter dieser Ärztin viele einzelne Personen auf, die sich um unser Kind kümmerten, als wir als Eltern dies nicht alleine leisten konnten: Ärzte und Ärztinnen, Pflegerinnen, eine Seelsorgerin, aber auch andere Eltern, die wie ich um ihre Kinder bangten. Aufgrund dieser Vorgeschichte war ich in meiner zweiten Schwangerschaft eine »Hochrisikoschwangere«. Ich verdanke es meinem damaligen Frauenarzt, dass er mich so durch die zweite Schwangerschaft begleitet hat, dass ich die Angst um mein Kind zwar keine Minute lang vergessen, aber doch über neun Monate bis zur »Termingeburt« aushalten konnte. Nach der Geburt konnte ich mir meine Ängste und Erinnerungen von der Seele reden – begleitet von einer Hebamme, die Zeit für die so wichtigen Gespräche hatte, auch wenn sie ihr nicht angemessen vergütet wurden.

Meine eigene Geschichte und mein Nachdenken darüber, wie der Beginn der Elternschaft verantwortlich gestaltet werden kann, sind in diesem Buch »abwesend anwesend«. Wenn ich Fragmente von Geschichten schwangerer Frauen oder von Frauen in der assistierten Fortpflanzung aufgenommen habe, entwickelte sich zwischen mir und diesen Erfahrungsberichten ein stillschweigender Dialog der Suche nach Verständigung, ein Dialog, in dem mir die Ähnlichkeiten und Unähnlichkeiten der jeweiligen Erfahrungen deutlich wurden. Auch wenn ich moralische Handlungen ethisch reflektiere, heißt dies keineswegs, dass ich deshalb eine »unparteiische« oder »richtende« Position einnehme. Auch wenn dies der Ethik – und insbesondere der theologischen Ethik – oft unterstellt wird: Es gehört *nicht* zu ihren Aufgaben, Personen moralisch zu be- oder gar zu verurteilen. Vielmehr geht es darum, einerseits zu analysieren, vor welchen Hintergründen, mit welchen Motiven und Zielen Paare unter den neuen Bedingungen der medizinischen Diagnostik Eltern werden. Andererseits aber geht es darum, die Frage der Verantwortung von Elternschaft so zu beantworten, dass Paare die ethische Reflexion als Orientierung für ihr eigenes Nachdenken und für ihre Entscheidungen mitnehmen können – und dass die gesellschaftliche Diskussion über ethische Fragen angestoßen wird.

Als theologische Ethikerin, die sich mit Fragen der Bioethik beschäftigt, verfolge ich seit mehr als 20 Jahren die Ausbreitung der Pränataldiagnostik in Deutschland mit. Die assistierte Fortpflanzung und auch die Präimplantationsdiagnostik habe ich in verschiedenen nationalen und europäischen Forschungsprojekten begleitet. Ich habe in Kommissionen gearbeitet, die sich mit dem Thema der Gendiagnostik befassen. Ich habe in diesen Jahren unzählige Diskussionen mit den unterschiedlichsten Menschen geführt, auf Podien um ein ethisches Urteil gerungen, Vorträge gehalten und gehört, im privaten Bereich unzählige Gespräche geführt, wenn Freundinnen oder Bekannte nicht wussten, wie sie sich zur Pränataldiagnostik oder zur assistierten Fortpflanzung verhalten sollten.

Vor einigen Jahren habe ich eine an den Fachkreis gerichtete Publikation vorgelegt (vgl. H. Haker: Ethik der genetischen Frühdiagnostik; s. Literatur); das jetzige Buch stellt meine Reflexion einem breiteren Publikum vor und konzentriert sich auf die Frage der Elternschaft. Beide Bücher ergänzen sich; das erste vertieft die ethische Debatte an einigen Punkten, das vorliegende Buch nimmt den Faden der ethischen Analyse der gesellschaftlichen Entwicklung und Diskussion der letzten Jahre wieder auf.

Trotz all dieser Jahre, in denen ich mich der Auseinandersetzung gestellt habe, verbringe ich immer wieder Wochen vor den Studien und Forschungsergebnissen, und die Diskussion und Reflexion beginnt »von vorne«: In den Fragen zur assistierten Fortpflanzung, Präimplantationsdiagnostik, Pränataldiagnostik und erst recht in Schwangerschaftskonflikten gibt es keine so eindeutigen Begründungen, wie es eine klare und rationale Ethik – oder die katholisch-theologische Ethik – erwarten lässt. Wir hätten nicht so viele Debatten zu ethischen Fragen, die uns existenziell betreffen, wenn es eine solche Klarheit »ein für alle Mal« gäbe. Ich habe mich dieser kontinuierlichen Verunsicherung der ethischen Urteile und dem Korrektiv durch konkrete Handlungskonstellationen zu stellen versucht, indem ich in dieses Buch immer wieder die Erfahrungen von Paaren und Eltern aufgenommen und kommentiert bzw. interpretiert habe. Dies ist selbstverständlich selektiv geschehen – aber es ist zugleich auch als methodischer Fingerzeig gemeint, um deutlich zu machen, dass die Diskussion zur Ethik der Elternschaft die Erfahrungen von zukünftigen Eltern ernst zu nehmen hat. Allerdings reicht es nicht aus, einfach auf Erfahrungen zu *verweisen*, um aus ihnen unmittelbar Handlungsnormen abzuleiten. Vielmehr geht es darum, Erfahrungen zu interpretieren und zu analysieren – und sie mit den Argumenten der ethischen Reflexion zu konfrontieren, so wie die normativen Argumente sich an der Realität der individuellen Erfahrungen messen lassen müssen.[2]

Viele Menschen haben mich dazu ermutigt, ein Buch zu schreiben, das sich nicht in den Untiefen der wissenschaftlichen Detailuntersuchungen verliert. Ich danke Dr. Martin Scherer, von dem die Initiative ausging, Winfried Nonhoff, der mir den zeitlichen Freiraum gab, als ich ihn brauchte, Michael Kötzel, der die Staffel in den vergangenen Monaten übernahm, und Melanie Bradtka für die Durchsicht des Manuskripts. Vor allem aber danke ich allen, die in den vergangenen Jahren immer wieder mit mir zusammen nachdachten, insbesondere aber Dr. Katrin Bentele, Dr. Michelle Becka, Gwendolin Wanderer, Ursula Konnertz und Barbara Pontenagel. Christopher Campbell danke ich für viele Gespräche, als ich auf der Suche nach einer angemessenen Sprache für dieses Buch war – und meiner Mutter für viele Gespräche, in denen sie mich nötigte, wissenschaftliche Argumentationen in allgemein verständliche Gedankengänge zu übersetzen. Mein Sohn hat mir für eine Weile einen Teil seines Zimmers zum Arbeiten abgetreten, dafür sei ihm gedankt; er und meine Familie haben auf viel gemeinsame Zeit verzichten müssen, damit ich das Buch schreiben konnte. Gewidmet sei dieses Buch Ihnen, den Leserinnen und Lesern, die sich die Mühe machen, es zu lesen, weil sie vermutlich mit ähnlichen Fragen an dieses Buch herangehen, die mich bewogen, es zu schreiben.

Mai 2011
Hille Haker

Einleitung

Seit 2010 wird die Debatte um die Präimplantationsdiagnostik in Deutschland mit großer Resonanz in den Medien und der Öffentlichkeit geführt. Sie ist aber nur *ein* Baustein einer weit größeren Diskussion, die letztlich um die Neugestaltung der Elternschaft unter den Bedingungen der modernen Medizin geht. Dieses Buch versucht zum einen, eine Schneise durch das Dickicht der historischen, sozialen und naturwissenschaftlichen Entstehungsbedingungen dieser Diskussion zu schlagen. Zum anderen versucht es, die Frage nach der Ethik der Elternschaft möglichst so zu stellen, dass weder die Ethik unterschlagen wird noch die Elternschaft nur Anlass einer ethischen Theorie wird. Es ist mir wichtig, so zu schreiben, dass sich Paare und (werdende) Eltern orientieren können, aber ich habe das Buch nicht ausschließlich *für* Paare oder Eltern geschrieben. Vielmehr ist es ein Angebot, Elternschaft ethisch zu betrachten – um klarer artikulieren zu können, welche Werthaltungen und Überzeugungen einerseits und welche Normen andererseits die Entscheidungen so schwer machen. Um die ethische Auseinandersetzung angemessen führen zu können, müssen wir – die Frauen und Männer, die Eltern werden, die Berufsgruppen, die mit Schwangerschaften befasst sind, und die Gesellschaft insgesamt – uns darüber verständigen, wie wir in Zukunft die Verantwortung der Elternschaft begreifen wollen.

Wie das Recht reflektiert ethisches Urteilen unterschiedliche Güter, die Menschen als Rechte zukommen: Dazu gehören der Schutz ihres Lebens und ihre grundlegenden Persönlichkeitsrechte, und unter dem Gesichtspunkt der Gerechtigkeit umfassen sie die Gleichbehandlung zwischen Bürgern in einer Gesellschaft. Im Unterschied zum Recht kann (und will) die Ethik aber Zuwiderhandlungen nicht unter Strafe stellen. Es muss ihr vielmehr um die *Überzeugung* durch Gründe gehen – wem die ethischen Urteile nicht einleuchten, der lässt sich von ihnen nicht überzeugen und wird sie demnach auch nicht als handlungsorientierend begreifen. Drei ethische Grundsätze sind für die Beurteilung ethischer Fragen relevant – sie sollen den folgenden Kapiteln vorangestellt werden, da sie die normative Perspektive vorgeben, unter der die Frage nach der neuen Verantwortung von Elternschaft zu beurteilen ist.

Grundsätze für die Beurteilung der Fortpflanzung

Der erste Grundsatz der Ethik ist der Schutz des *Lebens*, weil Leben die Grundlage aller moralischen Überlegungen ist: In den allermeisten Fällen ist unser Handeln darauf ausgerichtet, nicht nur das elementare Leben an sich, sondern darüber hinaus die Lebensbedingungen so zu sichern und zu fördern, dass Menschen dazu befähigt werden, ein Leben zu führen, das sie als »gutes Leben« ansehen. Der normative Grundsatz in Bezug auf das menschliche Leben lautet: Leben ist zu schützen und so zu fördern, dass Menschen zu einem »guten Leben« befähigt werden. Ganze Menschenrechtskataloge basieren auf diesem fundamentalen Schutzprinzip des Lebens, und bioethische Fragen sind von ihm nicht ausgenommen. Aber: Der Gegenbegriff zum Leben ist der Tod. Der Tod definiert nicht nur, was Leben *nicht* ist, sondern er ist zugleich auch, als seine Grenze, Bestandteil des menschlichen Lebens. Ohne die Reflexion des Todes selbst wie auch der Sterblichkeit und Endlichkeit unserer Existenz kann die Ethik den Wert des Lebens nicht beschreiben. Ins Normative gewendet drückt sich der Wert des Lebens am radikalsten im Tötungsverbot aus.

Die Ethik muss dieses Verbot jedoch in unterschiedlichen Handlungskontexten jeweils neu begründen. Sie kann dabei letztlich nur anthropologisch argumentieren: Wenn wir unsere Sterblichkeit betrachten, sehen wir erst, welch ein hohes, aber auch verletzliches Gut das menschliche Leben ist. Wir brauchen das Gefühl einer elementaren Sicherheit in der Beziehung zu anderen, damit wir uns gegenseitig vertrauen können. Der Tod ist endgültig, und niemand sollte ihn für einen anderen Menschen bestimmen können. Der Hinweis darauf, dass das Tötungsverbot zu den Zehn Geboten aus der jüdisch-christlichen Tradition gehört, ist allein noch kein Grund für seine normative Geltung. Wir können aber mit dem Hinweis auf diesen theologiegeschichtlichen Kontext einen Rahmen für unsere Reflexionen schaffen und diesen theologisch-ethisch interpretieren. Die Frage nach der *Richtigkeit und Angemessenheit* des Tötungsverbots wird aber auch in der theologischen Ethik philosophisch beantwortet werden, und das heißt: Ein guter Teil der theologischen Ethik ist mit der philosophischen Ethik identisch.

Die Ethikgeschichte kennt seit jeher die Diskussion um die Aussetzung des Tötungsverbots in bestimmten Situationen oder Handlungskonstellationen. Der Tod, so sagt eine Alltagsweisheit, kann mitunter eine Gnade sein, weil der Wert des Lebens sich nicht nur am reinen Überleben festmacht. Das heißt, es gibt offenkundig eine erfahrungsmäßige Umkehrung des Werts des Lebens, bei der der Tod nicht mehr als Schrecken, sondern als »Erlösung« erscheint. Die Frage ist zum Beispiel in bestimmten Situationen, inwieweit das Tötungsverbot dem Sterben in Würde im Weg steht. Im politischen Kontext wird damit argumentiert, dass angesichts der Bedrohung von Menschen unter bestimmten Bedingungen die Tötung von Menschen zu rechtfertigen ist. Daher wird die Aussetzung des Tötungsverbots in Kriegshandlungen unter anderem auch ethisch begründet, aber dennoch mit Einschränkungen versehen, die sich in Kriterien wie der »ultima ratio« oder dem besonderen Schutz der Zivilbevölkerung niederschlagen. Diese Abwägungssituationen, in denen der Grundsatz des Lebensschutzes einem anderen Grundsatz, etwa der Würde des Lebensendes oder der Selbstverteidigung, Platz macht, führen keineswegs zu einer Aufhebung oder »Aushebelung« des Grundsatzes zum Lebensschutz – wohl aber zeigen sie, dass es Handlungskonstellationen gibt, in denen er legitim infrage gestellt werden kann.

In der bioethischen Diskussion geht es seit einigen Jahrzehnten darum, zu klären, ob die Schwangerschaft bzw. der Abbruch der Schwangerschaft eine solche Handlungskonstellation ist, bei der die

Tötung eines Menschen gerechtfertigt werden kann. Viele Frauen und die internationale Frauenbewegung bejahen dies seit Langem. Für sie kann in dieser einzigartigen Konstellation, in der es um die Übernahme von Verantwortung für ein Kind und somit um Elternschaft geht, das Leben nicht der einzige Grundsatz sein, der berücksichtigt werden muss. Ebenso wichtig ist für sie das existenzielle Wohlergehen der schwangeren Frau, die das andere Leben nur mit ihrem ganzen Körper schützen und in seiner Entwicklung bejahen kann. Viele Ethiker argumentieren, eine Schwangerschaft sei ein so elementarer Eingriff in das Leben (und den Körper) einer Frau, dass der zweite Grundsatz der Ethik Berücksichtigung finden müsse: der Respekt vor der Freiheit in dieser einzigartigen und unvergleichbaren Handlungskonstellation, wie sie eine Schwangerschaft darstellt.

Die Freiheit der Person ist die Grundlage des moralischen Respekts, und sie durchzieht die gesamte Geschichte der modernen Ethik. Freiheit beruht auf der Fähigkeit des Menschen, sein Leben selbst zu gestalten. Mit dieser Fähigkeit geht jedoch auch die Verantwortung einher, die Menschen für ihr Handeln übernehmen müssen. Freiheit, die sich im verantwortbaren Handeln realisiert, ist die Grundlage der Ethik, unabhängig davon, ob sie philosophisch begründet oder theologisch als »von Gott geschenkte Freiheit« interpretiert wird. Denn in beiden Fällen bedeutet Freiheit zugleich das Verbot, anderen Menschen gegenüber Gewalt oder Zwang anzuwenden, und das Gebot, das eigene Handeln vor sich selbst und anderen – und theologisch darüber hinaus vor Gott – zu rechtfertigen bzw. zu verantworten.

Sofern Elternschaft als Nahbeziehung, als »private« Beziehung beschrieben werden kann, wären die Grundsätze des Lebens (und Wohlergehens) und der Respekt vor der Freiheit womöglich ausreichend. Sie würden die Ethik der Elternschaft als eine Beziehung des Schutzes des Lebens und der Freiheit beschreiben, wobei Eltern nicht nur für sich selbst Sorge und Verantwortung tragen, sondern auch für ihre Kinder. Die Eltern-Kind-Beziehung ist aber nicht ausschließlich als persönliche Nahbeziehung zu beschreiben: Zwar sollen weder »die« Gesellschaft noch »der« Staat in die Privatsphäre eindringen und insbesondere nicht die Entscheidung zur Zeugung von Kindern beeinflussen. Aber letztlich tut dies jede Gesellschaft eben doch – durch ihre sozialen Normen der Wertschätzung, der Geringschätzung oder sogar durch die Ächtung bestimmter Praktiken. Der Staat hat gegenüber diesen sozialen Werten und Normen eine regulierende Funktion, die sich im Recht niederschlägt. Dort finden sich die Rechte, die vom Staat geschützt werden müssen, und zwar auf der Basis der Gleichbehandlung der Bürgerinnen und Bürger des Staates.

Und so ist der *Gleichbehandlungsgrundsatz*, der in der Geschichte der Ethik als Gerechtigkeitsgrundsatz definiert ist, der dritte ethische Grundsatz, der die Ethik der Elternschaft bestimmt. Gerechtigkeit betrifft den Ausgleich von Interessen unterschiedlicher Menschen. Sie manifestiert sich vor allem in der Etablierung gesellschaftlicher und staatlicher Institutionen; Fragen der Gleichbehandlung oder auch der Rechtfertigung von Ungleichbehandlungen betreffen daher Institutionen und Strukturen. In der Diskussion um Elternschaftskonzepte und die Fortpflanzungsmedizin sind dies zum Beispiel Fragen nach der gerechten Lastenverteilung für Gesundheitskosten und der Anerkennung medizinisch möglicher, präventiver, kurativer oder therapeutischer Praktiken. Von dieser Anerkennung hängt unter anderem ab, welche Behandlungen Krankenversicherungen übernehmen (müssen) bzw. übernehmen können. Gerechtigkeitsfragen betreffen den *gesetzlichen* Schutz des Lebens, der Freiheit und der Gleichheit; dies gilt zum Beispiel auch für den Schutz vor Diskriminierung aufgrund bestimmter Merkmale.

Elementare Fragen der Elternschaft

Das ethische Urteilen umfasst nun aber weitaus mehr als die Begründung und Rechtfertigung von Prinzipien, die den Schutz des Lebens, der Freiheitsrechte und die gerechten Lebens- und Handlungsbedingungen sichern sollen. Die Ethik bindet ihr Urteilen an die Kontexte des Handelns, das heißt, sie »situiert« es im Hinblick auf eine bestimmte Geschichte, auf eine bestimmte Gesellschaft, zu einem bestimmten Zeitpunkt und mit Blick auf die konkreten Akteure, die eine Praxis konstituieren. Insofern *interpretiert* die Ethik – mithilfe von Sozial- und Geisteswissenschaften – die Bedingungen und den Rahmen, in dem Handeln stattfindet. Diese Dimension kommt in der gegenwärtigen Diskussion zur Präimplantationsdiagnostik wie insgesamt in der Diskussion zu den neuen Techniken der Fortpflanzungsmedizin viel zu kurz. Deshalb beginnt dieses Buch *nicht* mit den Fragen, was nun erlaubt oder verboten werden sollte, sondern mit der Auseinandersetzung um die Wünsche, Fähigkeiten und Grenzen der Elternschaft, die vor dem Hintergrund der geschichtlichen Entwicklung der Fortpflanzung im 20. und beginnenden 21. Jahrhundert interpretiert werden.

Das ethische Urteilen ist nicht auf die Verabschiedung von Gesetzen gerichtet, sondern auf die Frage nach der Verantwortung. Elternschaft gehört zu den Beziehungsformen, deren Verständnis sich durch die sozialen Wertveränderungen und durch die neuen Technologien so radikal verändert hat, dass sie deshalb auch ethisch neu zu interpretieren ist. Die Ethik reflektiert diese Veränderungen, um den *Sinngehalt* der Elternschaft als eine zentrale existenzielle Beziehung und Lebensform neu freizulegen und die mit ihr einhergehende Verantwortung neu zu begründen.

1 Ethik der Elternschaft I: Wünsche und Grenzen des Könnens

Neue Formen der Elternschaft – aktuelle Erfahrungen

»Mitten in unserer Lebensreise fand ich mich wieder im dunklen Dickicht und hatte den richtigen Weg verloren.«[3]

So beginnt die Geschichte von Melanie Thernstrom, die das New York Times Magazine Ende 2010 unter der Überschrift »Meet the Twiblings« abdruckte, was übersetzt so viel heißt wie: »Lernen Sie die Geschwisterlinge kennen«. Weder das Wort »Twiblings« (zusammengesetzt aus »sibling« und »twins«) noch »Geschwisterling« (aus Geschwistern und Zwillingen) gibt es bisher. Aber das könnte sich ändern, wenn die Geschichte, die die New York Times erzählt, Schule machte.

Melanie Thernstrom und ihr Mann, der unter anderem für die zu erzählende Geschichte eine große Rolle spielt, weil er zeugungsfähig ist, aber auch, weil er fünf Jahre jünger als seine Frau ist und unbedingt Kinder haben möchte, sind heute Eltern von zwei Kindern. Diese wurden von zwei verschiedenen Frauen zur gleichen Zeit ausgetragen – gezeugt mit den Spermien von Melanies Mann und einer Eizellspenderin, die sich das Paar selbst ausgesucht hat. Die Kinder sind Geschwister, aber weil sie ungefähr gleich alt sind, sind sie auch Zwillinge: Geschwisterlinge. Wie es dazu gekommen ist, dass sie geboren wurden, erzählt dieser außergewöhnliche Erfahrungsbericht einer mutigen Frau, die bereit war, ihre Geschichte zu veröffentlichen.

Melanie Thernstrom weiß bereits, dass sie keine Kinder bekommen kann, als sie Michael kennenlernt. Sie ist 41 und hat zu diesem Zeitpunkt vier IVF-Behandlungszyklen hinter sich, die alle erfolglos endeten – eine Erfahrung, die sie als »Inferno« beschreibt. Als sie und Michael ein Paar werden, verfolgt ihre Unfruchtbarkeit sie, als könne diese dazu führen, dass Michael ihre Beziehung irgendwann als einen Fehler ansähe. Sie stellt sich seine Gedanken vor:

»Kinder großziehen war ein großer Bestandteil seiner Vorstellung, wie er sein Leben zubringen wollte, und wenn er eine Frau in seinem Alter geheiratet hätte, wäre sie vermutlich auch fruchtbar gewesen.«

Melanie »bettelt« ihren Arzt darum an, einen fünften IVF-Zyklus zu versuchen. Er rät ihr stattdessen, über Alternativen nachzudenken. Also sucht sie nach Adoptionsmöglichkeiten. Ihr fallen die Geschichten von Bekannten ein, die große Probleme hatten, ein Kind zu adoptieren; sie sieht sich nach Möglichkeiten in China um, aber sie und ihr Mann erfüllen die Kriterien für eine Adoption nicht. Seit den 1970er-Jahren, so informiert sie uns, die Leserschaft, ist das Angebot (»supply«) an Kindern, die in den USA zur Adoption freigegeben werden, dramatisch gesunken. Eine Adoptionsorganisation beschreibt Melanie und Michael als Paar, das im Wettbewerb mit jüngeren Paaren steht: So wendet Melanie sich an einen anderen Reproduktionsmediziner. »Nur nicht sterben!«, beschwört sie die Embryonen, nachdem sie transferiert worden sind. Aber sie sterben, beim fünften Versuch und auch beim sechsten Zyklus. Als Melanie darüber aufgeklärt wird, dass irgendeine medizinische Ursache – sie sagt nicht, welche – unter Umständen die Gesundheit der Föten gefährden könne, fragt sie sich, ob die Embryonen nicht recht gehabt hätten, ihren Körper nicht als ihr »Gewächshaus« (greenhouse) zu wollen. Sollte sie es mit einer Fortpflanzung mit Dritten versuchen? Ein weiterer Spezialist drängt sie, sich über ihre Wünsche klar zu werden: »Was wollen Sie? Wollen Sie die Erfahrung der Schwangerschaft? Oder wollen Sie ein Kind? Wenn Sie ein Kind wollen, dann nehmen Sie eine Leihmutter und eine Eizellspenderin.«

In diesem Moment, sagt Melanie, sei die Entscheidung gefallen. Nicht der Wunsch, ein Kind zu wollen, ist narzisstisch, sondern vielmehr der Wunsch, unbedingt selbst mit ihm schwanger zu gehen. Die nächste Phase beginnt, und auch hier ähneln Melanies Erfahrungen denjenigen, die viele Paare machen: Verhandlungen mit Organisationen und Agenturen, die Keimzellen verkaufen und Leihmütter vermitteln. Das Befremden über die Öffentlichkeit und Sichtbarkeit der Zeugung und Fortpflanzung ist Bestandteil dieses Prozesses:

> »In der Geschichte, in der ein Mann und eine Frau sich sehr lieben, sind keine Fremden nötig, die ihnen ihre Keimzellen leihen. Kinder zu bekommen, das war eine der großartigsten Weisen der Selbstbeschreibung des Lebens. Wie konnten wir nur die intimste Sache, die ein Paar miteinander tun kann, in eine ménage à trois verkehren oder gar in eine ménage à quatre oder cinq?«

»Es gab so viele Wege, auf denen diese Reise in die Irre führen konnte«, kommentiert Melanie das Ringen um die »Dritten«, die zu Partnern des Zeugungsaktes und der Schwangerschaft werden sollten. Das Internet, so erinnert sie sich, ist voll von Geschichten über ausbeuterische Agenturen. Anders als viele andere Länder erlauben die USA die Leihmutterschaft. Aber Melanie erfährt, dass der Preis exorbitant hoch ist. Kinder, so sagen sie und Michael sich, sind nun einmal teuer – aber normalerweise bezahlt man nicht schon für die Zeugung. Michael hat einen unternehmerischen Erfolg, der dem Paar einen unerwarteten Geldsegen bringt. Aber dennoch bleibt ein fader Beigeschmack angesichts des Geldes, das sie für die Erfüllung ihres Kinderwunsches ausgeben, während andere Paare diese Option nie und nimmer haben.

Natürlich werden sie auch mit der sozialen Bewertung der Eizellspende und Leihmutterschaft konfrontiert. Nachdem sich Melanie alle Argumente, die sie finden konnte, angesehen oder angehört hat, kommt sie zu dem Schluss: Viele Leute lehnen diese Praktiken ab, weil sie neu sind. Irgendwann aber werden sie genauso akzeptiert sein wie die Geburtenkontrolle oder andere neue Formen von Elternschaft. Das Einzige, was Melanie und Michael zu schaffen macht, ist die Sorge, dass ihre zukünftigen Kinder womöglich auch den Vorhaltungen ausgesetzt sein würden, die sie selbst zu hören bekommen.

»Trotzdem, wir hatten keine Angst davor, dass die Meinung anderer Leute uns in einer so wichtigen und persönlichen Entscheidung beeinflussen würde. Und wir setzten darauf, dass wir unsere Kinder so erziehen würden, dass sie für sich selbst einstehen könnten.«

Während der IVF-Behandlungen hatte Melanie immer gehofft, dass sie Zwillinge bekommen würde – um die Familie zu »vervollständigen« und keine weiteren Behandlungen auf sich nehmen zu müssen. »Wir spielten mit der Vorstellung, wie die Zwillinge später zusammen spielen würden.« Aber der Spezialist dämpfte damals ihre Erwartungen: Die Fortpflanzungsindustrie, so zitiert Melanie diesen Arzt, sähe das zwar gerne. Aber ein Blick auf die Intensivstationen der Neonatologischen Abteilungen würde sie eines Besseren belehren. Rund 60 Prozent der Zwillinge, so informiert uns Melanie, werden zu früh geboren. Sie haben ein doppelt so hohes Risiko wie Einlinge, eine Behinderung zu behalten – und ein siebenmal so hohes Risiko, während der ersten Wochen zu sterben.

Eine Eizellspenderin und zwei Leihmütter

Und dann ist sie da, die Idee: Warum nicht zwei Leihmütter engagieren, die gleichzeitig ein Kind austragen sollten? Die Erfahrung, dass die Vereinigung mit dem Partner in einem spirituellen Sinn nicht »fruchtbar« ist, kann mithilfe der Reproduktionsmedizin behoben werden. Melanie sehnt sich danach, »richtig« zu sein; sie will nicht zulassen, dass die Natur ihr diesen Segen, der ihr und ihrem Mann vor Augen geführt wird, wieder nimmt. »Ich wäre verdammt, wenn ich dies zuließe«, beschreibt sie ihre Gefühle.

Nach der Entscheidung, eine Eizellspenderin und zwei Leihmütter für die Zeugung und Schwangerschaft zu engagieren, geht es nun um die Auswahl der richtigen Frauen. Anders als viele andere Paare suchen Melanie und Michael Frauen, mit denen sie eine soziale Beziehung aufbauen können. Die Suche stellt sich jedoch als schwierig heraus. Nach sechs Monaten finden sie endlich Melissa, eine 30-jährige Krankenschwester mit zwei Kindern. Melanie beschreibt nicht nur ihre Körpergröße, sondern auch ihre Ausbildung und Hobbys. Sie erscheint ihnen als die richtige Frau, um ein Kind für sie auszutragen. Die zweite Frau, Fie, 34 Jahre alt, finden sie letztlich doch über eine Agentur. Auch sie hat zwei Kinder, und im Vertragsgespräch geht sie nicht nur auf alle Eventualitäten wie den Todesfall der Eltern ein, sondern zum Beispiel auch auf die Rolle ihres eigenen Ehemanns, der die Schwangerschaft ebenfalls mittragen muss.

Auch die Eizellspenderin muss ausgesucht werden. Auf welche Eigenschaften sollten sie dabei achten? »Sensibilität, Intelligenz, Güte« sind Melanie wichtig – aber welchen Einfluss haben Gene auf diese Eigenschaften? Und wie findet man in Online-Katalogen etwas über die Eizellspenderinnen heraus? Als ihnen ein Arzt von einer Frau erzählt, deren Persönlichkeit freundlich und angenehm sei, wissen Melanie und Michael, was sie sich für ihre Kinder wünschen: eine freundliche und angenehme Persönlichkeit (»delightful personality«). Als sie die »gute Fee« schließlich treffen (die Eizellspenderin hat als Einzige keinen Namen in Melanies Bericht, sondern wird »Fee« oder »Eizellspendenpatin« genannt), sind Melanies Gefühle jedoch gemischt. Trotz der Gewissheit, dass diese Frau ihnen »die richtigen Eizellen« geben würde, reagiert Melanie mit Eifersucht. Auch versucht sie, sich mit der fremden Person, die sie ausgesucht hat, weil sie Ähnlichkeiten mit ihrer eigenen Biografie entdeckt hat, zu identifizieren: »Bekam ich da gerade eine Ahnung, wie mein Kind lächeln würde?« oder: »Ich kam zu dem Schluss, dass die Fee/Spendenpatin die Person war, die ich geworden wäre, wenn meine Familie in Los Angeles geblieben wäre.«

Melanie und Michael entscheiden sich, die Umstände der Geburt ihrer Kinder offen anzusprechen. Die Kommentare ihrer Umwelt beschreibt Melanie als eine Art »griechischen Klagechor«. Sie beziehen sich auf die Risiken des Lebenswandels der Leihmütter, den Melanie und Michael nicht kontrollieren können, und auf die Kommerzialisierung und die Widernatürlichkeit der Leihmutterschaft. Die Bezahlung der Spenderinnen und Leihmütter ist ein wiederkehrendes Thema:

Melanies Haltung dazu ist, dass sie die Frauen bezahlen wollten, um die Beziehung »reziproker«, das heißt auch symmetrischer zu gestalten. Sie wollten nicht nur nehmen, sondern auch geben. So ist Melanie glücklich, als »ihre« Eizellspenderin ihr schreibt, sie habe sich ein Cabriolet gekauft (womit indirekt auch klar ist, dass sie keine Frau ist, die Eizellen aus einer Armutssituation heraus spendet).

Violet und Kieran werden mit fünf Tagen Differenz geboren. Ihre biologischen Eltern sind eine Eizellspenderin und Michael, der sowohl ihr biologischer wie auch ihr sozialer Vater sein wird. Ihre Leihmütter sind Melissa bzw. Fie, die auch Monate nach der Geburt noch eine Rolle spielen, weil sie Milch für die Kinder abpumpen oder sie stillen. Sie alle halten den Kontakt zueinander aufrecht, anstatt auf die Anonymität bzw. das Ende der Beziehung nach Erfüllung der Vertragsbeziehung zu setzen. Zentrum dieses Beziehungsgefüges ist Melanie, die soziale Mutter der Kinder. Vielleicht ist dies der Grund dafür, dass sie viel Zeit darauf verwendet, um die nicht-kommerzielle Seite zu beschreiben. Für sie sind die Eizellspenderinnen und Leihmütter »Engel«. Sie liest, dass eine Agentur die Spenderinnen so nennt. Aber eine Freundin empört sich, dass damit der kommerzielle Aspekt nur verschleiert werde.

Für Melanie hat die Agentur dennoch recht. Sie erinnert sich an den Stellenwert, den Engel für ihre eigene Identitätsbildung hatten, und beschreibt sie so: »Ein Engel ist die wohlwollende Fremde, gar nicht ungewöhnlich gut, aber diese Güte entfaltet eine wundersame Wirkung. Sie ist zum Beispiel die Frau, die freundlich zu einem Jungen ist, der auf der Brücke steht, kurz davor hinunterzuspringen. Ohne es zu wissen, bricht sie den Bann der Verzweiflung für diesen Jungen, der nun nicht mehr in den Tod springt, sondern nach Hause geht, um sich ein Omelette zu machen.« Auch wenn es für Melanie zunächst schwer ist, nicht selbst der Engel zu sein, wie sie es sich als junge Frau immer vorgestellt hatte, wenn sie über Engel nachdachte, sondern umgekehrt die Empfängerin ihrer Güte, erfährt sie, dass auch das Gefühl der Dankbarkeit gegenüber den Spenderinnen und Leihmüttern eine wunderbare Erfahrung sein kann.

Was, so fragt Melanie, bleibt am Ende dieser Geschichte? Zwei »Pläne«, ein Kind zu bekommen. Plan A lässt sich für dieses Paar nicht realisieren, und Melanie und Michael werden immer eine gewisse Trauer darüber empfinden, dass sie nicht selbst zusammen Kinder zeugen konnten. Plan B bedeutet, dass Verträge geschlossen und eingehalten werden müssen. Und dass die sozialen Beziehungen durch die Vertragsbeziehungen überschrieben werden. Dass die Elternkonstellation für die zwei Kinder so ist, wie sie oben beschrieben wurde. Keine romantische Konstellation, auch wenn Melanie schreibt, dass ihre Geschichte durchaus eine romantische Wendung genommen habe, weil sie und Michael die Umstände so akzeptiert haben, wie sie nun einmal sind.

Ein solcher Erfahrungsbericht, von einer Autorin mit offenkundig großer Ausdrucksfähigkeit verfasst, entfaltet seine Wirkung nicht zuletzt durch die Metaphern: Melanie Thernstrom spricht von einer Reise mit Dickichten, Drachen, Abgründen, mit Landkarten, die es gibt oder auch nicht gibt, die einem den Weg weisen oder Neuland betreten lassen. Diese Metaphern drücken Gefühle aus, die ein Leser oder eine Leserin unmittelbar nachvollziehen kann: Auch wenn uns vielleicht die spezifische Erfahrung der ungewollten Kinderlosigkeit fremd ist, so ist es die Erfahrung des Orientierungsverlusts in existenziellen Lebensfragen keineswegs. Andere Metaphern wie die der »Fee« oder des »Engels« rücken die Vertragsbeziehung, die zwischen den Eltern, vor allem aber zwischen Melanie und den drei außenstehenden Müttern ihrer Kinder besteht, in den Hintergrund. Zugleich aber ent-rücken gerade diese Metaphern sie auch aus der engsten Familienkonstellation und ziehen so eine Distanz, die notwendig ist, um das »traditionelle« Familienbild aufrechtzuerhalten.

Folgen der »neuen« Elternschaft

Ich habe diese autobiografische Erzählung hier so ausführlich wiedergegeben, weil sie gut zeigt, dass – zumindest im amerikanischen Kontext – neue Formen von Elternschaft entstehen, die erst durch die moderne Reproduktionsmedizin möglich geworden sind. Auch wenn es mir nicht in erster Linie darum geht, die Eizellspende oder die Leihmutterschaft zu diskutieren, so ist Melanies Art, ein neues Verständnis von Elternschaft zu gewinnen, diese sprachlich zu gestalten (dafür steht etwa der Begriff der »twiblings« oder »Geschwisterlinge«) und öffentlich zu machen, aufschlussreich. Und dies ist es, worum es mir geht: Was kann eine Ethik der Elternschaft meinen, die sich mit den neuen Formen der Elternschaft auseinandersetzt, ohne unmittelbar zu fragen, ob die jeweilige Form »richtig« oder »falsch« ist?

Eine Ethik der Elternschaft ruht auf den Interpretationen auf, die wir in der Auseinandersetzung mit unseren jeweiligen Wirklichkeiten gewinnen. Und da sich die Wirklichkeiten, unter denen Menschen heute Eltern werden, zumindest für manche radikal verändert haben, müssen die entstandenen Möglichkeiten neu interpretiert werden. Eine Ethik der Elternschaft, so verstanden, betrifft daher nicht nur die Diagnostik eines Kindes vor oder während der Schwangerschaft, sondern sie betrifft den Sinn oder die Bedeutung von Fortpflanzung – der »Selbstbeschreibung des Lebens«, wie Melanie Thernstrom sie nennt, unter den Bedingungen moderner Reproduktionsmedizin. Ihre Erzählung macht deutlich, wie autobiografisch, intim und individuell – das heißt *persönlich* – die Erfahrung der Fortpflanzung, aber auch die Erfahrung der Unfruchtbarkeit ist. Sie zeigt, dass der Prozess, Eltern zu werden, einschließt, das »Beste« für die Kinder zu wollen, was nicht notwendig immer auch das Erwünschte für sich selbst ist: Nachdem sie erfahren hat, dass sie eine »Risikoschwangere« ist, kann Melanie Abschied nehmen von ihrem Traum, selbst schwanger zu werden. Nach der Geburt lässt Melanie es zu, dass eine Leihmutter, Fie, ihr Kind stillt, auch wenn alle ihr davon abraten, weil es ihr eigenes »Nicht-Können« umso offensichtlicher zum Vorschein bringe: Da sie weiß, wie wichtig das Stillen für das Kind ist, überwindet sie ihr eigenes Ressentiment, um ihrem Kind das »Bestmögliche« zu geben.

Trotzdem liest man diese Erzählung wahrscheinlich nicht ohne Verwunderung und Überraschung, womöglich auch mit einer gehörigen Portion Skepsis darüber, was sich eine offenkundig nicht ganz schlecht situierte Frau aus den USA alles leisten kann (und muss), um sich ihren Wunsch nach einem eigenen Kind zu erfüllen. Unwillkürlich stellen sich Fragen ein, die ihren Ausgang von der Reise- und Wegmetaphorik nehmen: Wären andere Lebens-Wege möglich? Was bedeutet dieser Weg nicht nur für das Paar persönlich, sondern auch in sozialer Hinsicht? Was bedeutet ihr Weg für die Kinder, die in diesem Fall offenkundig liebende Eltern haben? Melanie Thernstrom sagt selbst, dass ihre Geschichte »romantisch« endet – aber das ist längst nicht immer der Fall. Müssen wir, dürfen wir ihr diese anderen Geschichten entgegenhalten? In der bioethischen Literatur wurde zum Beispiel heftig ein anderer »Fall« diskutiert: Er betrifft ein Paar, das sich während der »Leihmutter-Schwangerschaft« trennt. Nach der Geburt beansprucht die Leihmutter das Kind für sich, weil sie den Vertrag nur unter der Voraussetzung unterschrieben habe, dass das Kind von beiden Vertragspartnern versorgt werden würde. Unter den veränderten Bedingungen sei sie dem Kind gegenüber mehr verpflichtet als ihrer Vertragspartnerin, der sozialen Mutter (die zur *Mutter* des Kindes allein durch die rechtliche Anerkennung des Vertrages werden kann – ansonsten verbindet sie mit dem Kind nur die Beauftragung der Leihmutter!). Dennoch wird ihr, der sozialen Mutter, am Ende das Sorgerecht zuerkannt.[4]

Oder: Was wäre geschehen, wenn bei einem der Kinder eine Behinderung diagnostiziert worden wäre? Hätten Melanie und Michael es dann »trotzdem« angenommen? Oder hätten sie die Leihmutter zum Abbruch einer Schwangerschaft gedrängt? Wer hätte hier entscheiden sollen? Um wessen »reproduktive Autonomie« geht es in einem solchen Fall?

Was wäre gewesen, wenn der nicht unwahrscheinliche Fall eingetreten wäre, dass es zu einer Mehrlingsschwangerschaft gekommen wäre und Melanie und Michael plötzlich nicht zwei Kinder, sondern womöglich vier oder fünf bekommen hätten, für die sie auch die Sorge zu übernehmen hätten? Oder hätten sie die Leihmütter dann zu einem sogenannten selektiven Fetozid gedrängt, bei dem »überzählige« Föten getötet werden?

Melanie und Michael haben einen Vertrag mit der Eizellspenderin und den Leihmüttern abgeschlossen, über deren Details die Leserinnen und Leser nicht viel erfahren. Aber schließt er auch gesundheitliche Komplikationen ein? Wie lange währt diese Absicherung für die Spenderin und die Leihmütter? Diese Frage ist nicht aus der Luft gegriffen: So gibt es seit Jahren Beschwerden über die Medikamente, die zur Hormonstimulierung im Kontext der assistierten Fortpflanzung verwendet werden. Neue Berichte erhärten zum Beispiel die Verharmlosung der Nebenfolgen und Risiken etwa des Medikaments »lupron«, das von der amerikanischen Aufsichtsbehörde nicht für die Hormonstimulierung zugelassen ist, aber dennoch häufig dafür eingesetzt wird; Frauen berichten von schweren Nebenwirkungen, die bei einem Viertel der Befragten auch nach sechs Monaten noch nicht überwunden waren.[5]

In Deutschland (Stand 3/2011) sind bisher Eizellspenden und Leihmutterschaften verboten. Das heißt aber natürlich nicht, dass es nicht Paare gibt, die diesen Weg einschlagen, um Eltern zu werden. Sie nutzen die Möglichkeiten der europäischen und internationalen Agenturen und Kliniken, um ihren Kinderwunsch zu verwirklichen. Die Frage nach den Veränderungen der Elternschaftskonzepte stellt sich entsprechend für alle Praktiken, und auch die Frage nach der Ethik der Elternschaft wird zunehmend zu einem Thema der bioethischen Diskussion.

Elternschaft zwischen Biologie und sozialer Praxis

Der Wunsch nach einem Kind ist zugleich immer auch der Wunsch, in einer bestimmten Weise, nämlich als Familie, zu leben – wenn auch »Familie« heute die unterschiedlichsten Formen annehmen kann. Der Kinderwunsch bezieht sich damit nicht nur auf den Wunsch nach einem Kind als solchem, sondern zugleich darauf, das eigene Leben in einer bestimmten Weise zu leben. Schon dies ist ein Indiz dafür, warum so sehr um ein Kind gerungen wird; wenn es auch immer um »das« Kind geht, steht der Kinderwunsch zugleich doch auch symbolisch für eine Lebensform. Mit solchen Wünschen (oder Interessen) verbinden Menschen nicht nur ein kurzfristiges Glück, sondern Lebensglück und in gewisser Weise auch das Gelingen ihres eigenen Lebens. Bevor wir also auf die im engeren Sinn moralischen Fragen – der Verantwortung und Pflichten – der Elternschaft zu sprechen kommen, erscheint es mir notwendig, zu fragen, ob die Medizin uns dazu veranlasst (oder veranlassen kann), den vielleicht nicht so bewussten Sinngehalt von Elternschaft neu und womöglich besser auszubuchstabieren – oder ob die moderne Medizin gar den spezifischen Sinngehalt zu verschütten droht, der die Elternschaft von anderen Beziehungsformen unterscheidet.

Elternschaft ist nicht allein mit der genetischen Abstammung abzubilden; vielmehr verbinden wir ein bestimmtes Verständnis mit dem Begriff, der mit Annahme und Abkünftigkeit zu beschreiben ist. Aus der Perspektive der Eltern bedeutet die Annahme eines Kindes, dass sie sich als Verursacher oder primäre Ansprechpartner ihrer Kinder bekennen (denn Elternschaft kann auch geleugnet werden; zuweilen bleibt sie dem einen Elternteil, dem Vater eines Kindes, sogar verborgen). Wenn Eltern jedoch ein Kind bewusst als ihr Kind zeugen bzw. annehmen, dann tun sie das im Wissen, dass sie eine

Person in die Welt setzen und nicht ein »Etwas«. Sie tragen daher die Verantwortung für das Wohlergehen dieser Person, zunächst vor allem physisch und psychisch, zunehmend aber auch für die Entwicklung und Bildung einer Persönlichkeit, die für sich selbst sorgen und einstehen kann. Dies wünscht sich zum Beispiel auch Melanie Thernstrom für ihre Kinder: Sie sollen, so ihr Wunsch, für sich selbst einstehen können und die Meinungen anderer Menschen über ihre Entstehung selbst beurteilen lernen. In aller Kürze gesagt, heißt dies: Elternschaft kann nicht ohne die Verantwortung und Sorge für das Wohlergehen und die Entwicklung des Kindes gedacht werden.

Aus der Perspektive des Kindes ist diese »Abkünftigkeit« nicht Abstammung. Zeugung markiert die Fähigkeit, ein Kind »in die Welt zu setzen«, eine Fähigkeit, die bis vor Kurzem nur (heterosexuelle) Paare hatten (Zeugung kann allerdings auch durch Vergewaltigung geschehen, bei der die Zeugungs-Macht sich auf die Unterwerfungs-Macht der vergewaltigenden Person ausdehnt) – und das heißt für den Menschen, dass seiner Existenz eine grundsätzliche Passivität eingeschrieben ist. Diese Abkünftigkeit ist nicht identisch mit dem, was Hannah Arendt Geburtlichkeit oder »Natalität« nannte, denn für sie bedeutet der Anfangscharakter gerade auch Initiative und Handlungsfähigkeit. Unsere Körper zeigen jedoch ein markantes Zeichen der Abkünftigkeit, und sie verweisen zugleich auch auf unsere körperliche Verbindung mit der Mutter: Das »Zeichen« der Passivität und Abhängigkeit des Menschen ist der Nabel; er ist Verbindung und Trennung zugleich. Die Abkünftigkeit des Kindes von seinen Eltern provoziert die Frage danach, welchen Einfluss Eltern auf ihre Kinder automatisch nehmen – und nehmen wollen, können oder sollen.

Wenn weder die Entstehung eines Kindes noch die Art des Zusammenlebens Ähnlichkeiten mit dem in der (jeweiligen kulturell unterschiedlichen) Lebenswelt verankerten »hermeneutischen« Verständnis von Elternschaft aufweisen, dann tun wir uns schwer, eine Beziehungskonstellation mit dem Begriff Elternschaft zu bezeichnen. Wir wenden implizit unser Wissen um die Bedeutung, um den Sinngehalt eines spezifischen Sachverhalts an – und wenn die Unähnlichkeiten die Ähnlichkeiten extrem überwiegen, sprechen wir eigentlich über unterschiedliche Dinge. Für die Wissenschaft liegt darin allerdings ein großes Problem: Wir haben die Naivität des 18. und 19. Jahrhunderts verloren, Praktiken »unmittelbar« zu beschreiben und damit unsere Wertvorstellungen auf alle möglichen kulturellen Kontexte zu übertragen. Man denke nur an die Anfänge der Ethnologie, die im 19. Jahrhundert noch »Völkerkunde« hieß und alle Praktiken nach den Maßstäben der Europäer beurteilte, welche sozusagen den »Goldstandard« für das lieferten, was Menschsein ausmachen sollte. Wir wissen heute nicht nur um die kulturellen Unterschiede und entsprechend um die Spannbreite von Praktiken in den unterschiedlichen Kulturen, sondern wir wissen auch um die Grenzen unserer eigenen Perspektive bei der Beschreibung derselben. Deshalb ist nicht nur ein Phänomen oder eine soziale Praxis wie die Elternschaft selbst Veränderungen unterworfen, sondern ebenfalls die Beschreibungssprache, die unter Umständen einige Elemente anders bewertet als vorherige Generationen. Unter Umständen ergänzt sie aber auch die Praxis um neue Elemente.

Wenn ich also von Sinngehalt spreche, meine ich nicht, dass es nicht unterschiedliche Formen und auch ein ganzes Bedeutungsspektrum sowie Veränderungen in der Bewertung der Merkmale von Elternschaft gibt – die gibt es in der Tat ständig –, sondern vielmehr meine ich, dass wir sie ständig neu interpretieren müssen. In unterschiedlichen Interpretationen verbergen sich häufig auch unterschiedliche Wert-Traditionen, die aber nicht abstrakt diskutiert werden können, sondern die der Konkretion bedürfen. Wenn dies aber für bereits bestehende Praktiken gilt, dann muss dies auch für diejenigen Veränderungen gelten, die durch die medizinischen Technologien bewirkt werden: Weil wir technisch in die Fortpflanzung eingreifen (können), haben wir die Möglichkeit, die soziale Praxis der Elternschaft zu verändern und neu zu bewerten. Anders als langsame und schwer vorhersehbare gesellschaftliche Umwälzungen haben technische Veränderungen den Vorteil, dass sie zumindest teilweise *vor* der Etablierung auf ihre Implikationen für die Art, wie wir leben wollen, befragt werden können. In Bezug auf die Fortpflanzungsmedizin können wir aber auch auf andere Gesellschaften sehen, die andere Wege gehen oder gegangen sind. Und nicht zuletzt sollten wir die Geschichte zur Kenntnis nehmen, die die moderne Fortpflanzungsmedizin des 20. Jahrhunderts begleitet. Die Frage, die ich hier stelle, betrifft also diese Veränderungen auf der Wert- oder Bedeutungsebene und nicht nur die rechtlichen Normierungen einerseits und die faktischen Veränderungen des Eltern- und Familienmodells andererseits, die die Gesellschaftswissenschaften besser beschreiben können.

Was ist Elternschaft?

Elternschaft ist eine *soziale* Praxis. Bei der Analyse von sozialen Praktiken helfen uns die Naturwissenschaften nur bedingt: So können in unserem Kontext etwa die Molekularbiologie und Genetik zwar die *genetische* Abstammung eines Kindes von seinen genetischen Eltern einwandfrei nachweisen. Wenn dies aber das einzig maßgebliche Kriterium für Elternschaft ist, fallen alle anderen Bedeutungsdimensionen, die die Praxis von Elternschaft ebenso bestimmen, automatisch aus der Beschreibung heraus. Dann können wir aber nur noch einen kleinen Teil dessen abbilden, was mit Elternschaft gemeint ist. Da das Verständnis der Elternschaft aber über die biologischen Merkmale hinausgeht, müssten wir begründen, warum die *biologische* Elternschaft ausschlaggebend für die Bedeutung ist und den Sinn von Elternschaft angemessen widerspiegeln soll – zumal es viele Elternschaftskonzepte gibt, die dieser Perspektivenverengung widersprechen, Praktiken, die wir zusammengefasst als *soziale* Elternschaft bezeichnen. *Elternschaft ist also nicht nur Abstammungslehre, sondern darüber hinaus eine besondere Beziehung der Sorge um und für einen anderen Menschen, der über eine relativ lange Zeitspanne in seiner Existenz und in seinem Wohlergehen abhängig von denjenigen ist, die seine Eltern sind – entweder, weil sie die soziale Elternschaft (und Sorgepflicht) übernehmen oder weil ihnen das Recht zur Sorge überantwortet wird.*

Wenn wir also etwas mehr über die *Bedeutung* von Elternschaft erfahren wollen, als die Abstammungslehre uns lehren kann, müssen wir die Geistes-, Kultur-, Geschichts- oder auch Sozialwissenschaften befragen. In Romanen, in Kunstwerken, in der Architektur oder auch in der Sozialgeschichte erfahren wir etwas mehr über die Handlungsspielräume, aber auch über die Rahmenbedingungen von Elternschaft, über soziale Veränderungen, kulturelle Unterschiede und nicht zuletzt auch über die unterschiedlichen Wertvorstellungen, die mit dem Begriff und der Praxis von Elternschaft einhergehen.

Die philosophische oder auch die theologische Ethik gehen dabei als Geisteswissenschaften einer bestimmten Fragestellung nach, die sie von den anderen Geisteswissenschaften, aber auch von den Sozialwissenschaften unterscheidet und die diese ergänzen, keinesfalls aber ersetzen können: Sie fragen, inwiefern Elternschaft ein Lebensmodell ist, das zum *Gelingen* des Lebens (dem Lebensglück) von Eltern und Kindern beitragen kann – und sie fragen nach den Kriterien, die erfüllt sein müssen, damit die beteiligten Personen jeweils zu ihrem *Recht* kommen können. Die Erschließung der Bedeutung oder eben des Sinns von Elternschaft kann nicht unabhängig von den anderen Wissenschaften erfolgen, aber sie geht auch nicht einfach in den Perspektiven etwa der Molekular-, Neuro- oder Soziobiologie einerseits und derjenigen der Kultur- oder Sozialwissenschaften andererseits auf.

Die hermeneutische Erschließung des Sinngehalts von Elternschaft gehört deshalb notwendig zu den Aufgaben der *Ethik*. Sie hilft uns, zu *verstehen*, was Menschen mit verschiedenen Zielen, Handlungen und Praktiken verbinden: Sie analysiert und interpretiert, wie etwa der Kinderwunsch, die Elternschaft oder die Familie mit der Identität und dem Selbstideal, das Menschen von sich entwickeln, zusammenhängen. Das allgemein formulierte »Streben nach dem guten und gelingenden Leben« kann nicht unabhängig von Praktiken und Lebensformen dargestellt werden. Wir setzen uns sicherlich nicht ständig damit auseinander, was dieses Gelingen ausmacht; wir vertrauen auf Handlungsmuster und Lebensmodelle, denen wir zutrauen, dass sie uns glücklich machen können. Aber in Umbruchsituationen, wie ich sie für das 20. Jahrhundert, besonders aber für die letzten 40 Jahre nachzeichnen werde, wird diese Orientierungskraft geringer; wenn sich die Rahmenbedingungen sehr stark verändern, können wir nicht mehr die gleichen Antworten geben wie die vergangenen Generationen. Wir mögen dies in erster Linie als eine Befreiung erleben – es ändert jedoch nichts daran, dass wir uns der Kriterien für das Gelingen von Elternschaft und Familie als Lebensmodell neu vergewissern müssen. Dabei kommt es zwangsläufig zu gesellschaftlichen Auseinandersetzungen über die einer Praxis zugrunde liegenden Werte. Heute wissen wir noch nicht, wie weitreichend die Veränderungen sein werden, die durch die Möglichkeiten der Fortpflanzungsmedizin und die Gendiagnostik hervorgerufen werden. Vor allem aber wissen wir nicht, inwieweit diese beiden Handlungsbereiche auch den Sinngehalt von Elternschaft verändern werden.

Sofern Elternschaft mit dem Gelingen unseres Lebens zu tun hat, schließt sie die Selbstsorge genauso wie die Sorge um das Wohlergehen anderer Menschen ein, für die ich einstehen *will* und *soll*. Ich habe bereits darauf hingewiesen, wie wichtig diese Modalitäten des Handelns für das ethische Urteil sind; jetzt können wir dies auf die Elternschaft insgesamt beziehen: Während das »Wollen« (eines Kindes) eine persönliche Entscheidung ist, die eng mit meinen Wünschen und Interessen zusammenhängt, sind weder das »Sollen«, das mit der Elternschaft unweigerlich gegeben ist, noch das »Können« nur eine Sache meiner persönlichen Überzeugungen oder Fähigkeiten.

In Bezug auf das Sollen entwickeln unterschiedliche Kulturen unterschiedliche rechtliche Regularien und soziale Normen: Die chinesische Regierung greift zum Beispiel mit ihrer »Ein-Kind-Politik« im strengen Sinn gar nicht in das Reproduktionsverhalten ihrer Bürger und Bürgerinnen ein, aber sie belegt das jeweils zweite Kind mit einer so hohen Steuer, dass diese Regulierung faktisch als Verbot wirkt, mehr als ein Kind zu bekommen. Die meisten anderen Länder sprechen jedoch Paaren die Freiheit zu, selbst über den Kinderwunsch zu entscheiden – auch wenn die westlichen Länder keine größere Liberalität vortäuschen sollten, als sie bis in die jüngste Geschichte hinein selbst praktiziert haben. So wurden in Deutschland wie auch etwa in den USA Zwangssterilisationen von bestimmten Erwachsenen erst in den 1970er-Jahren für illegal erklärt. Aber auch jenseits der rechtlichen Regulierungen wirken sich soziale Normen auf die Wertvorstellungen aus: Familien, die heute sehr »kinderreich« sind, werden leicht als »arm«, »fremd« oder »konservativ« betrachtet; implizit gilt die soziale Anerkennungsnorm von Kleinfamilien, die einer sehr hohen Kinderzahl in unserer Gesellschaft im Weg steht. Umgekehrt geht aber die Wertschätzung der »Familie« mit einer latenten Abwertung von Paarkonstellationen, die den Kinderwunsch nicht einschließen, einher.

An der sozialen Praxis der Elternschaft können wir zeigen, was Respekt vor der Freiheit des Einzelnen heißt, aber das heißt nicht, dass die Elternschaft nicht selbst eine Verpflichtung enthält, deren Verletzung unter Umständen dazu führt, dass die Freiheit rechtlich eingeschränkt wird. Die Sorgepflicht, die mit der Elternschaft notwendig einhergeht, bezieht sich auf den Anspruch, das Wohlergehen eines anderen Menschen durch das eigene Handeln zu garantieren und zu fördern. Elternschaft enthält damit eine positive Pflicht, das heißt die Sorgepflicht gegenüber einem anderen Menschen, der als *Kind* in seinem Wohlergehen von *Eltern* abhängig ist.

So gesehen erhält die Fragestellung der Ethik – die die moralischen Praktiken reflektiert – eine doppelte Ausrichtung: Erstens muss sie fragen: Wie kann unter den Bedingungen der neuen Technologien Elternschaft als Bestandteil des »guten Lebens« im Sinne der Freiheit und Verantwortung für diese spezifische Lebensform gelingen? Zweitens muss sie fragen: Wie muss Elternschaft als *gesellschaftliche Praxis* gestaltet werden, um die Rechte und das Wohlergehen aller von ihr betroffenen Personen zu schützen und Eltern zur Erfüllung ihrer Sorgepflichten und Sorgerechte zu befähigen? Diesen beiden Fragen will ich in diesem Kapitel im Hinblick auf eine »Ethik der Elternschaft« nachgehen.

Das Streben nach einem gelingenden Leben und moralische Verantwortung

Dreh- und Angelpunkt der Gestaltung des guten Lebens ist die (Lebens-)*Erfahrung*. Erfahrung ist ein schillernder Begriff, der einerseits den Erlebnischarakter betonen kann, andererseits aber auch darauf abheben kann, dass Erfahrungen in Überzeugungen und Werthaltungen münden, die dem eigenen Handeln Orientierung geben. Aber auch die (Lebens-)Erfahrung ist kein statischer Zustand, sondern ein dynamisches Geschehen, das im Zusammenhang des ganzen Lebens reflektiert wird und das aufgrund neuer Erfahrungen revidierbar ist. Wünsche und Interessen, mit denen wir dieses Kapitel begonnen haben, sind Bestandteil der Reflexion des gelingenden Lebens. Manche Wünsche erweisen sich nach einer Weile als nicht so wichtig wie auf den ersten Blick geglaubt, andere erscheinen in der Konstellation mit anderen Wünschen als zweitrangig – und wiederum andere bleiben als für das eigene Glück notwendig auch über einen längeren Zeitraum konstant. Der Philosoph Harry Frankfurt hat dies einmal so ausgedrückt: Wir gleichen die kurzfristigen Wünsche mit den langfristigen ab und erweisen uns damit als Wesen, die nicht einfach nur ihren Wünschen (oder Trieben) ausgeliefert sind. Wenn ich also ein Kind bekommen möchte, ist es nicht ratsam, ständig Alkohol zu trinken, zu rauchen oder größere Mengen von Schmerzmitteln zu nehmen. Wir bewerten unsere Wünsche ganz automatisch vor dem Hintergrund unserer Lebensziele oder -pläne. Auch wenn diese nicht das »ganze« Leben umfassen, so sind Dauer und Kontinuität trotzdem Faktoren in diesem Abgleichungsprozess.

Charles Taylor, der diesen wichtigen Gedanken von Harry Frankfurt aufgenommen hat, geht noch einen Schritt weiter: Er sagt, dass die Bewertung der jeweiligen Wünsche nicht nur im Hinblick auf ein gesetztes Ziel erfolgt, sondern auch im Hinblick auf ein ethisches Bild, das wir von uns haben. Demnach fragen wir gar nicht nur danach, wie wir bestimmte Wünsche erfüllen können, sondern auch, ob die (längerfristigen) Wünsche *wünschenswert* sind. Um die Bewertung der Wünsche selbst geht es in der Auseinandersetzung um das »gute

Leben« in der Ethik-Diskussion. Philosophen tendieren dabei dazu, die Bewertung nur formal zu beschreiben, etwa so: *Abhängig vom jeweiligen Identitätsentwurf dürfen Handlungen zumindest nicht im Widerspruch zu diesem Selbstbild stehen – was auch immer jemand sich darunter vorstellen mag.* Demgegenüber geht die (christliche) theologische Ethik einen Schritt weiter: *Wenn jemand glaubt, dass sein Leben letztlich von der Beziehung Gottes zum Menschen getragen ist, und dies Auswirkungen auf die persönliche Identität hat, dann muss sein Anspruch sein, die mit diesem Glauben einhergehende Liebe, Barmherzigkeit und Gerechtigkeit Gottes als Merkmale auch seiner Identität zu begreifen.*

Weder mit der philosophischen noch mit der theologischen Aussage sind Handlungsnormen formuliert, die dem Einzelnen übergestülpt werden – wohl aber sind hier zwei Fluchtpunkte markiert, die für die ethische Reflexion auf die eigene Identität als Optionen möglich sind. Philosophisch ist der Fluchtpunkt eine Selbst-Kohärenz, die wir zuweilen auch als »Authentizität« beschreiben; in der christlich-theologischen Tradition ist diese Authentizität aber inhaltlich eingebettet, insofern sie auf die Erinnerung an die christlich-ethischen Prioritäten der Nächstenliebe, Anteilnahme und Gerechtigkeit festgelegt ist.

Was für die eine Person – vor dem Hintergrund ihrer Erfahrungen – richtig ist, ist jedoch kein *allgemeines* Kriterium für die Richtigkeit des Handelns. Weil wir die Freiheit des einzelnen Menschen (oder auch von Gruppen) anerkennen, sein Leben selbst zu gestalten, haben wir die Diskussion um den Wertepluralismus notwendig zu führen. Dieses Verständnis setzt die Autonomie, die Wahl- und Entscheidungsfreiheit einer Person, bereits voraus: Sie ist das Ideal des modernen Menschen, der auf die größtmögliche Gestaltungsfreiheit des Einzelnen setzt. Zuweilen wird so getan, als sei dies ein Zeichen des Niedergangs der »Moral«. Das Gegenteil ist aber der Fall, denn die Anerkennung von Pluralität ist Ausdruck einer toleranten Gesellschaft oder toleranter Gesellschaften.

Bei der Frage nach dem Glück geht es entsprechend um die Richtigkeit und Angemessenheit für bestimmte Menschen, die in je unterschiedlichen Kontexten leben; als solche unterliegt die Beantwortung der Frage, wie das je eigene Leben gelingen könne, einem hermeneutischen Erfahrungs- und Lernprozess, für den es allenfalls Orientierungen, Ratschläge und Hilfsangebote in Entscheidungssituationen geben kann. Dabei meint diese Form der Selbstbestimmung oder der Freiheit nicht, dass wir unsere Lebensfragen nur für uns selbst stellen oder zu beantworten versuchen. Die feministische Literatur hat den Begriff der »relationalen Autonomie« eingeführt, um deutlich zu machen, dass wir selbstverständlich in Beziehungen mit anderen Menschen leben, von denen wir abhängig sind, mit denen zusammen wir unser Leben gestalten und Entscheidungen treffen. Dies kann die theologische Ethik konstruktiv aufnehmen und um die prinzipielle Offenheit für das Angesprochenwerden durch Gott erweitern: (Christlicher) Glaube bedeutet dann, in den Dialog mit Gott einzutreten, was auch den Widerstreit, den Zweifel oder die Auflehnung meinen kann.

Es ist kein Widerspruch zu einer so verstandenen Autonomie, darauf hinzuweisen, dass wir in bestimmten Phasen des Lebens abhängig von anderen sind, dass wir grundsätzlich verletzbar und auf andere angewiesen sind und dass wir es keineswegs als Einschränkung unserer Freiheit empfinden, zusammen mit anderen zu leben, sondern dies im Gegenteil als »Frei-Raum« für eine gemeinsame Lebensgestaltung betrachten. Die Abkünftigkeit, die mit dem Kindsein gegeben ist, kann in das Verständnis der relationalen Autonomie integriert werden, ohne dass es die Freiheit unterbindet. Und umgekehrt: Jemanden in seiner Existenz »gezeugt« und somit in gewisser Weise »verursacht« zu haben, bedeutet nicht, ihm seine Freiheit als Person abzusprechen oder absprechen zu können. Die grundsätzliche Anerkennung eines Menschen bedeutet zuallererst dies: die Anerkennung seiner Eigenständigkeit als Mensch, als lebendiges Wesen, einer Eigenständigkeit, die in unterschiedlichen Phasen unterschiedlich ausgeprägt sein wird, mit unterschiedlichen Pendelbewegungen zwischen Abhängigkeit und Freiheit.

Halten wir fest: Autonomie im Sinne der grundsätzlichen Freiheit schließt ein, dass wir zuweilen der Orientierung nicht nur unseres

Könnens und *Sollens* bedürfen, sondern eben auch unseres *Wollens*. Die grundsätzliche Orientierungs- und Hilfsbedürftigkeit des Menschen schränkt Freiheit nicht ein, sondern ist vielmehr die Konsequenz der menschlichen Existenz.

Das 20. Jahrhundert hat in vielen Hinsichten die gesellschaftlichen Rahmenbedingungen verändert, wie Menschen in westlichen Ländern ihr Leben führen. An die Stelle eines durch soziale Muster vorgegebenen Lebenswegs tritt eine Vielzahl von Optionen, wie das eigene Leben und das Zusammenleben mit anderen gestaltet werden kann. Ziele und Zwecke, aber auch Normen und Ideale des individuellen Lebens können sehr viel stärker vom Einzelnen selbst gesetzt werden, als dies etwa im 19. Jahrhundert der Fall war. Das Ausmaß der Gestaltungsmöglichkeiten sowie die Betonung des Einzelnen, der sein Leben »führen« muss, bedeutet eine historische Zäsur.

Wie groß die Kluft zwischen einem traditionellen Konzept der Elternschaft und den heutigen Bedingungen in westlichen Gesellschaften ist, die ich hier beschreibe, wird deutlich, wenn wir uns die markantesten Veränderungen vor Augen führen:

Unter den Bedingungen der (westlichen) Gegenwart wird nicht nur die Elternschaft oder die Gestaltung der Familienbeziehung vielfältiger, komplexer und dynamischer. Es ist die gesamte Lebensgestaltung, die eine Umbruchsituation kennzeichnet und die den Wertewandel bewirkt. Machen wir uns klar, wie einschneidend die Veränderungen sind, dann wird auch die Notwendigkeit offenkundig, sich mit den eigenen Überzeugungen und Werten, aber eben auch mit den sozial vermittelten Werten und Normen auseinanderzusetzen. Wir müssen dies nicht ständig tun, das wäre eine große Überforderung und auch eine Überfrachtung unseres Lebens mit ethischen Fragen. Aber in allen großen Lebensentscheidungen wie der Berufswahl, der Familiengründung, unter Umständen der Wahl des Lebensschwerpunkts brechen die Fragen nach uns selbst auf: Wer will ich sein, was sind meine Wünsche, Vorstellungen und Erwartungen an mein Leben, wie und mit wem will ich leben? Diese Fragen stellen sich verstärkt in Situationen oder Phasen, in denen wir mit Einschränkungen oder Grenzen konfrontiert sind, und die Verunsicherungen können so deutlich spürbar werden, dass die Identität als Ganzes infrage gestellt wird.

Eltern-Kind-Beziehungen als »gewählte Beziehungen«

Verwandtschaftsbeziehungen, also Beziehungen, die über die biologische Abstammung Zugehörigkeiten definieren, haben über Jahrtausende hinweg maßgeblich die Gesellschaftsstruktur vorgegeben. Heute ist diese Zugehörigkeit zu einer Familie oder zu einem Clan erstens nicht mehr eindeutig auszumachen, zweitens aber auch durch räumliche Distanz oder das Lossagen von den eigenen Verwandten auflösbar. Wenn wir Familienbeziehungen pflegen, so tun wir es heute *freiwillig* und nicht mehr aus sozialem oder ökonomischem Zwang heraus. Verwandtschaftsbeziehungen werden damit anderen Beziehungen, die wir mehr oder weniger wählen, angeglichen – und stehen unter dem gleichen Druck, in unser Lebenskonzept integrierbar zu sein wie andere Beziehungen. Diese soziale Veränderung hat zum Teil weitreichende Folgen, die einerseits das Verhältnis von Eltern zu ihren Kindern betreffen, andererseits aber auch die Versorgung der älteren Menschen durch ihre Kinder.

Sofern durch die sogenannten Patchwork-Familien die biologische Zugehörigkeit der Familienmitglieder untereinander insgesamt abnimmt, ist auch die biologische *Elternschaft* von dieser Entwicklung betroffen. Durch Trennung und Neuaufnahme von Beziehungen gewinnt die soziale Elternschaft an Bedeutung, sodass auch die Eltern-Kind-Beziehungen zu »gewählten« Beziehungen werden.

Zum sozialen Selbstverständnis gehört es heute, dass Kinder »geplant« und somit auch »erwünscht« sind (auch wenn Schwangerschaften unter Umständen dann doch »ungeplant« und unerwünscht auftreten). Damit wird der Umgang mit Sexualität und Fortpflanzung automatisch »reflexiver«, das heißt der Überlegung und Auseinandersetzung zwischen Partnern unterstellt. In vielen westlichen Ländern führt dies gegenwärtig dazu, dass Frauen und Männer viel später Eltern werden, als dies in den Generationen vorher der Fall war. Die Auswirkungen sind nicht nur medizinisch, sondern auch sozial im weiteren Sinn zu betrachten, denn in den »modernen« Elternschaften verändern sich zum Beispiel auch die Beziehungen zwischen den Generationen und der Stellenwert, den Kinder in einer Gesellschaft einnehmen. Dies wird sich sicherlich noch einmal durch den demografischen Wandel verändern, der womöglich auch die Wertschätzung für Kinder in unserer Gesellschaft betrifft.

Die Geburtenregelung führt seit nunmehr 50 Jahren zu mehr Wunschkindern, aber auch zu einer starken Verringerung der Kinderzahl; Deutschland hat eine der niedrigsten Reproduktionsraten weltweit. Soziale Faktoren wirken sich immer auf die Familienplanung aus, was sich zum Beispiel daran zeigt, dass in der Nach-Wende-Zeit die neuen Bundesländer einen dramatischen Geburtenrückgang erlebt haben, der sich dann nach 20 Jahren »normalisiert« hat.

In medizinischer Hinsicht steigen mit einer später eintretenden Erstschwangerschaft das Risiko der Infertilität bzw. Sterilität sowie das Risiko, ein Kind mit einer angeborenen Behinderung zu bekommen. Unfruchtbarkeit und Risiken der Schwangerschaft erscheinen vor diesem Hintergrund häufig als »Nebeneffekte« der modernen Lebensführung. Die moderne Medizin »verspricht« jedoch, Abhilfe zu schaffen, indem sie durch das Angebot der entsprechenden Praktiken suggeriert: Ungewollte Kinderlosigkeit muss nicht mehr sein, und dank der Pränataldiagnostik ist die Geburt von Kindern mit Behinderungen vermeidbar.

»Traditionell« spielt die soziale Elternschaft vor allem für Väter eine besondere Rolle, weil sie vor der Entwicklung der genetischen Vaterschaftstests nie sicher sein konnten, ob sie der biologische Vater ihrer Kinder waren. Durch die Möglichkeit der Feststellung der Vaterschaft durch genetische Tests wird die Auseinandersetzung mit der biologischen und sozialen Vaterschaft aber virulent: Die »Anerkennung« der Vaterschaft kann die Anerkennung der sozialen Rolle bedeuten, die von der biologischen Vaterschaft unterschieden wird; sie kann aber auch in Form einer neuen Auseinandersetzung mit der

Bedeutung von biologischer und sozialer Vaterschaft deren jeweilige Merkmale erst freilegen. Im Kontext der Spermienspende werden Männer zum Beispiel mit der Neubestimmung ihres Selbstverständnisses konfrontiert. In der Situation der eigenen Zeugungsunfähigkeit sind Männer gezwungen, zwischen der biologischen und sozialen Vaterschaft zu unterscheiden. Nicht wenige Männer erfahren dies als eine Verstörung ihrer Identität, mit der sie erst umgehen lernen müssen. Nicht immer ist das Ergebnis dieser Auseinandersetzung die Abwertung der biologischen Vaterschaft; diese kann ebenso als so wichtig erfahren werden, dass eine Spermienspende zur Erfüllung des Kinderwunsches nicht mit dem eigenen Verständnis vereinbar erscheint.

In Bezug auf die Frage, wie Elternsein gelingen kann, sind wir von unseren eigenen Erfahrungen des Kindseins stark geprägt. Eltern – in unserer Kultur aber vor allem Mütter – spielen daher unter Umständen auch eine wichtige Rolle bei der Vermittlung von Erfahrungswissen in Bezug auf die Frage des Eltern-Werdens. Deshalb kann es zusätzlich verunsichernd sein, wenn die traditionelle Erfahrungsvermittlung der »Familienplanung« nicht greifen kann, weil die Schnittmenge an geteilten Erfahrungen zwischen den Generationen und sogar innerhalb der Generationen geringer wird. Dies lässt sich für die Erfahrung von Schwangerschaft und Geburt leicht zeigen: Mütter, die vor 1960 Kinder bekommen haben, konnten ihren Töchtern schon kaum mehr als Ratgeberin in Bezug auf den Umgang mit der Pränataldiagnostik oder assistierten Fortpflanzung zur Seite stehen. Häufig sagten oder sagen diese älteren Frauen: *Ich bin froh, dass ich diese Entscheidungen nicht treffen musste, wir wussten ja vieles gar nicht, was ihr heute wisst – und vielleicht war das auch besser so.* Dies ist eine »normale« Folge der Erweiterung von Handlungsspielräumen, aber damit bricht auch eine wichtige Orientierungsfunktion vor allem zwischen Müttern und Töchtern in einer wichtigen Lebensentscheidung ab.

Die Sehnsucht nach Glück – und die Grenzen

> »Allein es ist ein Unglück, dass der Begriff der Glückseligkeit ein so unbestimmter Begriff ist, dass, obgleich jeder Mensch zu dieser zu gelangen wünscht, er doch niemals bestimmt und mit sich selbst einstimmig sagen kann, was er eigentlich wünsche oder wolle ... Er ist nicht vermögend, nach irgendeinem Grundsatze mit völliger Gewissheit zu bestimmen, was ihn wahrhaftig glücklich machen werde, darum, weil hiezu Allwissenheit erforderlich sein würde.«[6]

Dieses Zitat von Immanuel Kant zeigt das Dilemma, das unser ganzes Leben durchzieht: Wir wollen nichts sehnlicher, als glücklich sein oder glücklich werden. Aber diesem Wunsch, dem Streben nach Glück, entspricht nicht notwendig auch eine genaue Vorstellung davon, wie und wodurch wir glücklich werden könnten, und noch weniger können wir wissen, ob wir durch das Erreichen der gesteckten Ziele wirklich glücklich werden. Um dies zu wissen, müssten wir in die Zukunft sehen können, wir müssten, wie Kant meint, allwissend sein, alle Verästelungen und Konsequenzen der Erfüllung unserer Wünsche kennen – und dies ist uns nicht möglich. Für Kant ist das Glück wegen dieser Unwägbarkeiten gar kein »Ideal der Vernunft«, wie er es nennt, sondern vielmehr ein »Ideal der Einbildungskraft«. Nicht, dass das Glücksstreben deshalb nicht wichtig wäre – das ist es, und jedes Handeln ist, wie Aristoteles in seiner Ethik sagt, letztlich auf das Glück, das Gelingen des eigenen Lebens, ausgerichtet. Aber »Glück« ist für Kant deshalb kein Kriterium für die moralische Beurteilung des Handelns, weil es zu subjektiv und gleichzeitig zu unsicher ist, als dass es eine vernünftige Beurteilung erlaubt.

Kant denkt darüber nach, wie wir – um ein modernes Wort zu verwenden – *integer* sein können, wie wir, in einer anderen ethischen

Wendung, eine *moralische Identität* entwickeln können, die sowohl unserer *Sorge um uns selbst* gerecht wird als auch im Einklang mit unserer durch vielfältige Beziehungen geprägten *Verantwortlichkeit* steht: Für Kant ist es klar, dass wir in diesem Bemühen nicht der Illusion verfallen sollten, zu glauben, in bestimmten Wunscherfüllungen liege das Lebensglück (die »Glückseligkeit« bedeutet immer schon mehr als nur das punktuelle Glück des Augenblicks). Kant meint, dass wir die Integrität, unsere moralische Identität gar nicht in den Zielen finden werden, sondern vielmehr in unserem Willen, insofern dieser mehr ist als Selbstinteresse, er sich also der »Moralität« öffnet.

Ich werde diesen letzten Gedanken im letzten Kapitel wieder aufgreifen, ihn aber anders als Kant füllen: An die Stelle des »guten Willens«, der für das allgemeine Sittengesetz, wie Kant es nennt, offen ist und dem sich der »gute Wille« frei unterwirft, werde ich den Begriff der Verantwortung für die moralische Perspektive einsetzen. Diese zwingt uns, unser natürliches Glücksstreben für uns selbst, das Selbstinteresse, zu überschreiten und Verantwortung als die *Antwort* auf eine Aufforderung zu verstehen, die von einem anderen – sei dieser nun nah oder fern – an uns gerichtet wird. Die ethische Reflexion ist dabei keineswegs trivial: Denn um eine angemessene »Antwort« in einer Handlungssituation zu finden, die weder die Sorge um uns selbst noch diejenige des anderen missachtet, bedarf es einer Reflexion, die nicht nur die Rechte und Pflichten gegeneinander abwägt, sondern die auch den Sinngehalt einer Praxis oder Lebensform im Blick behält.

Frauen heute – zwischen Emanzipation, Familie und Beruf

Auch unter den neuen Bedingungen der Pränataldiagnostik und der Fortpflanzungsmedizin wird der Wunsch nach dem Zusammenleben mit einem Kind (oder mehreren Kindern) nicht infrage gestellt. Daran ändern auch die Statistiken nichts, die gerade in Deutschland von der steigenden Attraktivität der Kinderlosigkeit ausgehen. Kinderlosigkeit ist nicht der vorläufige Endpunkt der Emanzipation, die gerade für Frauen attraktiv wäre; Vorkämpferinnen der Frauenemanzipation des 20. Jahrhunderts wie Simone de Beauvoir meinten zwar, die Mutterschaft sei geradezu als Zeichen der fortdauernden Unterwerfung der Frau unter ihre biologische Natur und unter die Herrschaft des Mannes zu betrachten – und müsste daher überwunden werden. Aber diese Interpretation hat sich auch in der Frauenbewegung selbst nicht durchgesetzt. Sie ist einem sehr viel differenzierteren Blick auf die Mutterschaft, Vaterschaft und insgesamt auf die Formen von Elternschaft gewichen und nur ein kleiner Teil der Paare vertritt die gewollte Kinderlosigkeit. Bei den meisten anderen spielt wahrscheinlich die Debatte um die »Ideologie« des »richtigen Frauenbildes« bzw. der »richtigen Biografie einer emanzipierten Frau« und heute auch des »richtigen« Männerbildes eine weitaus geringere Rolle als mehr oder weniger zufällige Faktoren: Denn die Planbarkeit der Familiengründung mag auch dazu führen, dass Paare den »rechten Zeitpunkt« einer Schwangerschaft immer wieder verschieben. Soziale und ökonomische Gründe mögen hier ausschlaggebend sein: Paarkonstellationen weisen häufig nicht die Kontinuität auf, die aus Sicht der Paare für eine Familiengründung erforderlich wären.

Die veränderten Frauenbiografien erfordern eine private, arbeitsmarktpraktische, aber auch eine soziale und politische Klärung der Vereinbarkeit von Familie und Beruf; aus historischer Perspektive erscheint dabei die Phase der »Alleinverdienerfamilie« als relativ kurz, nur in Deutschland etwas langlebiger, was die politischen Rahmenbedingungen betrifft. Während etwa die skandinavischen Länder oder Frankreich inzwischen den Geburtenrückgang mit der Veränderung der Rahmenbedingungen zwischen Familie und Beruf haben umkehren können, nimmt die Geburtenrate in Deutschland kontinuierlich ab – auch wenn die jüngsten Zahlen den Trend zumindest zu stoppen scheinen. Das heißt: Obwohl die Elternschaft in Befragungen immer wieder als Lebensideal angegeben wird, klafft eine große Lücke zwischen dieser Wunschbezeugung und den Realisierungsmöglichkeiten. Paarkonstellationen bzw. Single-Lebensentwürfe, politische Rahmenbedingungen, ökonomische Belastungen, die mit der Familiengründung verbunden werden und nicht bewältigbar erscheinen, ein insgesamt nicht besonders kinderfreundliches Klima in vielen Städten, schließlich sogar der Wohnungsmarkt in Großstädten usw. – dies alles beeinflusst Paare in ihrer Entscheidung der Familienplanung und mag in vielen Fällen nicht besonders ermutigend wirken.

In diesem Buch geht es jedoch nicht um die Familie im Allgemeinen; auch geht es nicht um die sozialen Bedingungen für die Elternschaft oder um die Erziehung von Kindern, die in unzähligen pädagogischen Fach- und Beratungsbüchern analysiert werden. In diesem Buch geht es nur um einen kleinen Ausschnitt des großen Themas »Familie«, nämlich um die Auswirkungen der modernen Medizin auf das Konzept der Elternschaft und die ethischen Fragen, die sich durch diese Entwicklung stellen. Insofern ist meine Perspektive von vorneherein auf diese Dimension verengt, und es geht mir »nur« um die Dimensionen einer Ethik der Elternschaft, die die Entwicklungen in der und durch die Medizin reflektieren muss. Denn trotz aller sozialen und psychologischen Erklärungen ist es eben auch richtig, dass medizinische Ursachen der Kinderlosigkeit bzw. auch Komplikationen während der Schwangerschaft für Kind und Frau zunehmen. Hier also steht nicht die gewollte Kinderlosigkeit oder die Kinderlosigkeit aus sozialen Gründen zur Debatte, sondern die diagnostischen Möglichkeiten der modernen Medizin, die es Paaren ermöglichen, Entscheidungen über gesundheitsbezogene Tests für ihr zukünftiges Kind zu fällen. Das heißt: Weil sich unser Handlungs- und Entscheidungsspielraum so radikal erweitert hat, ist es an der Zeit, nicht nur die medizinischen Techniken und die Diagnostik selbst zu diskutieren, sondern ebenso die Bedeutung von Elternschaft unter den neuen Bedingungen.

Da wir uns aber alle daran gewöhnt haben zu denken, dass die Entscheidung, Eltern zu werden, »ganz privat« gefällt wird und gefällt werden sollte, lassen wir die werdenden Eltern mit den heute notwendig mit Elternschaft verbundenen Entscheidungen allein. Dem möchte ich entgegenwirken.

Die Schwächen der Ethik der »privaten Autonomie«

Eine ganze Reihe von Ethikern und Ethikerinnen plädiert dafür, die Autonomie der Frauen bzw. der Paare zu respektieren und ihnen allein die jeweilige Entscheidung zu überlassen. In gewisser Weise ist dies trivial: Selbstverständlich sind es die Paare und während einer Schwangerschaft die Frauen, die ihr Handeln verantworten müssen. Gemeint ist daher mit dem Plädoyer für die »reproduktive Autonomie« denn auch eigentlich ein Plädoyer gegen die rechtliche Regulierung. Frauen und Paare, die sich ein Kind wünschen, so sagen diese Ethiker und Ethikerinnen, seien die besten Fürsprecher des Kindes – weil das Wohlergehen ihres Kindes der genuine, quasi-natürliche Wunsch als Eltern sei. Darüber hinaus seien sie aber auch sich selbst, ihren Partnern und unter Umständen weiteren Kindern verpflichtet. In ihre Entscheidungsautonomie einzugreifen, werte genau diese Verantwortlichkeit ab; entsprechend würden Paare, besonders aber Frauen paternalistisch behandelt, als könnten sie nicht selbst moralisch richtige Entscheidungen treffen. Rechtliche Regulierungen könnten darüber hinaus Grenzsituationen nicht gerecht werden; nicht zuletzt stellten strenge Gesetze sogar die Moral- und Entscheidungsfähigkeit der Betroffenen infrage.

Aber eine solche Interpretation bedeutet unter anderem auch eine Neutralisierung der moralischen Dimension: Jeder Kommentar scheint in der Konsequenz in die Falle des Paternalismus (oder Maternalismus) zu laufen; Elternschaft wird damit zumindest bis zur Geburt der »privaten« Autonomie überantwortet und weite Teile des Handlungskontextes oder der Handlungsbedingungen werden ausgeblendet. Eine Ethik der privaten reproduktiven Autonomie setzt darauf, dass Eltern alleine die Fürsprecher ihrer Kinder und ihres (zukünftigen) Wohlergehens sind. Diese Position hat jedoch zwei große Schwächen:

Zum einen ist sie zu optimistisch, denn die elterlichen Interessen können nun einmal prinzipiell mit den Rechten und Interessen von Kindern konfligieren. Wir sehen dies zum Beispiel an der zunehmenden Praxis der Geschlechtsselektion, die aus elterlicher Sicht nachvollziehbar sein mag, aber dennoch mit Fürsorge nichts zu tun hat – hier geht es allein um eine »wunscherfüllende« Reproduktionsmedizin aus sozialen Gründen. Wer der privaten Autonomie in Sachen Elternschaft das Wort redet, kann im Prinzip keine Praxis regulieren, egal wie hoch der Preis dafür gesellschaftlich sein mag.

Zum anderen verdrängt die Position der privaten Autonomie die gesellschaftliche – und neue – Dimension der Elternschaft unter den Bedingungen der modernen Fortpflanzungsmedizin. Sie individualisiert die moralischen Fragen und verengt sie auf die Entscheidungssituation vor oder während der Schwangerschaft. Damit gerät der historische, soziale und vor allem der biomedizinische Kontext aus dem Blick, der jedoch neue Rahmenbedingungen schafft. Es ist richtig, die Schwangerschaft als eine Phase zu betrachten, in der die Entscheidungen von Frauen eines besonderen Schutzes bedürfen. Dies gilt aber nicht in der gleichen Weise für die Biomedizin, die Entscheidungsfragen der Fortpflanzung herbeiführt, auf die wir als Gesellschaft eine Antwort finden müssen.

Ich will aber versuchen, die Vorwürfe, bei Regulierungen und darüber hinaus bei moralischen Einwänden werde die moralische Integrität der Akteure infrage gestellt, ernst zu nehmen. Sofern es um Regulierungen geht, stammt die zugrunde liegende Argumentation aus der Tradition einer liberalen, stark angelsächsisch geprägten Ethik. Deren Gegenstand ist vor allem die Verteidigung der Rechte des Einzelnen gegenüber dem Staat. Insofern macht es auch Sinn, die Selbstbestimmung zu betonen. Aber die Auseinandersetzung über den politischen Liberalismus gehört entweder in die Rechtsphilosophie, die das Verhältnis von Recht und Moral klärt, oder aber in die politische Ethik, die sich mit der Legitimation und Gestaltung von Institutionen beschäftigt.

Dieser rechtsethischen bzw. politisch-ethischen Diskussion steht die fundamentalethische Reflexion gegenüber, die einen ganz anderen Gegenstand hat als die Verteidigung der individuellen Bürgerrechte in einem liberalen Staat. Meines Erachtens trifft erst diese Autonomiekonzeption den Kern der moralischen Auseinandersetzung, um die es mir geht: Das *ethische* oder moralphilosophische Konzept der Autonomie – wie es etwa Kant vertreten hat, als er von der grundsätzlichen Verantwortung *aufgrund* der Freiheit und Moralfähigkeit gesprochen hat – verpflichtet nämlich jeden Handelnden, also auch die Eltern eines zukünftigen Kindes, auf eine moralische Selbst-Reflexion und weist Hetero-Nomie, den Rekurs auf eine andere Autorität als die der eigenen »mündigen« Vernunft, ab. Autonomie in diesem »fundamentalethischen« Sinn basiert auf der Begründung und Verantwortbarkeit des Handelns – gegenüber sich selbst und jedem anderen. Um diese ethische Reflexion geht es, wenn ich zur Beantwortung der Frage, was denn verantwortbar ist, zunächst einmal klären muss, um welche Handlungen und Handlungskontexte mit welchen Akteuren und Betroffenen und welchen Zielen es denn eigentlich geht.

In der Tat teile ich nicht die Auffassung, dass die Ethik in ihrer Funktion der Reflexion moralischer Werte und Normen einzig die Autonomie im Sinne der bürgerrechtlichen Autonomie anzumahnen hat. Frauen und Paare werden seit Jahren im moralischen Konflikt, der sich bis in die Erfahrungsberichte hinein klar von den psychischen, sozialen oder medizinischen Dimensionen unterscheiden lässt, alleingelassen, anstatt angemessen begleitet zu werden. Für die Paare selbst – und so sie dies annehmen wollen –, für ihre Begleitung, die letztlich von Beratungsinstitutionen (oder auch Seelsorgern und Seelsorgerinnen) geleistet werden muss, bedarf es einer ethischen Reflexion, die die Verantwortung der Paare im Kontext der Elternschaft und Gendiagnostik ernst nimmt: umsichtig, langsam und die Handlungsmodalitäten des Wollens, Sollens und Könnens unterscheidend.[7] Diese Reflexion dient zuallererst der Selbstvergewisserung der Handelnden und in zweiter Linie der Selbstvergewisserung einer Gesellschaft, die zentrale Praktiken des Zusammenlebens reflektieren muss. Denn sosehr jeder Bürger und jede Bürgerin zur Einhaltung von Gesetzen gezwungen ist, so wenig sind wir zur moralischen Reflexion *gezwungen*; die moralische Reflexion des eigenen Handelns ist vielmehr eine *Signatur der Freiheit*, der Autonomie, die sich unter anderem auch auf die Frage der Elternschaft bezieht.

In einer Ethik der Elternschaft spielt die Verantwortung eine große, wenngleich auch nicht die einzige Rolle. Vielmehr geht es um die Vergewisserung dessen, was ich den Sinngehalt von Elternschaft genannt habe: um die Bedeutung und den Sinn, der mit der Praxis von Elternschaft einhergeht, einschließlich der Kriterien für das richtige Handeln in dieser spezifischen, asymmetrischen Beziehungskonstellation. Dass die Frage nach dem richtigen Handeln als Frage nach dem Spielraum und nach den Grenzen der elterlichen Souveränität gegenüber dem Kind in die Zeit der Schwangerschaft oder bereits in die Planung der Zeugung vorverlegt wird, ändert nicht grundsätzlich etwas am Grundmodell von Elternschaft: Dies ist die Sorge um und für einen anderen Menschen, dessen Leben und Wohlergehen am Anfang seines Lebens von dieser Sorge abhängig ist – einem Menschen, der allein durch seine Gegenwart oder Existenz in die Obhut seiner Eltern gegeben ist, aber auch ihrer grenzenlosen Macht über ihn ausgeliefert ist. Die Rede von der reproduktiven Autonomie verschleiert diese Verantwortung, die mit dem *Begriff* der Elternschaft gegeben ist.

Ethische Dilemma-Situationen

Ich habe dieses Kapitel mit der Geschichte eines Kinderwunsches begonnen, bei dem es einzig um das Kind als solches geht. Melanie Thernstrom erzählt nicht, ob an den Embryonen, die aus den Eizellen der Eizellspenderin und den Spermien ihres Mannes hervorgingen, eine Präimplantationsdiagnostik durchgeführt wurde. Dies ist in den USA im Kontext der In-vitro-Fertilisation (IVF) nicht unüblich, aber wir erfahren darüber nichts. Ebenso wenig wissen wir, ob die zwei Leihmütter eine Pränataldiagnostik haben durchführen lassen, und wir erhalten somit keinen Einblick in diese Dimension der Schwangerschaft, die heute so viele Frauen und Paare umtreibt. Aber um zu verstehen, wie massiv sich die Veränderungen der modernen Medizin auch auf ganz »traditionelle«, medizinisch nicht-assistierte Schwangerschaften auswirken, müssen wir die Erfahrungen dieser Frauen ernst nehmen.

Diagnose Downsyndrom – was nun?

Da ist zum Beispiel eine schwangere Frau, die zunächst mit der Vermutung, später dann mit der Diagnose konfrontiert ist, dass ihr Kind das Downsyndrom hat. Sie formuliert Fragen, die ich exemplarisch zitiere, in einer beinahe nicht enden wollenden Kreisbewegung – und es ist dieses Kreisen, das den Konflikt zugleich als Konflikt der eigenen Identität und der eigenen Überzeugungen, also als ethischen Konflikt, kenntlich macht:

> »In den letzten 28 Tagen ist Folgendes passiert: Blutungen und zum ersten Mal die Angst, unser Zwergi zu verlieren. Dann die Fruchtwasseruntersuchung, das Ergebnis, der Blasensprung und zum zweiten Mal die Angst, unseren David zu verlieren.«[8]

Die Frau hat, so zeigt ihre Sprache, eindeutig eine Beziehung zu ihrem Kind aufgenommen. Sie nennt es »Zwergi« und »David«, und sie will es nicht verlieren.

- »Wie geht's jetzt weiter?
- Was steht uns noch alles bevor?
- Wie lang halt ich das noch aus?
- Sind diese ganzen Komplikationen nur Prüfungen, die wir bestehen müssen, oder doch vielleicht deutliche Zeichen meines Körpers, die Schwangerschaft abzubrechen?
- Die Schwangerschaft abbrechen!! Niemals könnte ich das tun!! Ich kann doch nicht unser Wunschkind töten!!«

Dieses Kind ist ein »Wunschkind« und die Entscheidung über den Schwangerschaftsabbruch bezeichnet diese Frau als Tötung, als etwas, das ihren moralischen Überzeugungen widerspricht.

- »Aber wie wäre es, wenn David auf der Welt wäre?
- Wie stark wäre seine Behinderung?
- Wie sehr würde die neue Situation unsere Beziehung belasten?
- Bis jetzt war es schon alles andere als leicht, aber wie geht die Schwangerschaft weiter?«

Hier ist der Konflikt zwischen Fürsorge und Selbstsorge auf den Punkt gebracht: Niemand weiß, wie stark Davids Behinderung sein wird, und niemand kann wissen, wie sich ein Kind mit einer Behinderung auf die Partnerbeziehung auswirken wird. Die Frage ist, wie Kant richtig und keinesfalls polemisch sagt, eine Sache der »Einbildungskraft«. Hier geht es nicht mehr nur um das »Wunschkind« David, sondern um die Herausforderung für das ganze »System« Familie. Sollen, Wollen und Können – Tötungsverbot, das Leben des Kindes und die Belastung für die Familie geraten aus dem Gleichgewicht, und die moralische Überzeugung über das »richtige« Handeln kollidiert mit dem Wunsch und der Einschätzung der eigenen Fähigkeiten bzw. Belastungsgrenzen. All das geht einher mit der Sorge einer Fehlgeburt:

»Es besteht immer noch die Gefahr, dass sein Herz einfach so aufhört zu schlagen, bevor er auf die Welt kommt. Das Risiko liegt immerhin bei 30 Prozent.

- Wie schaff ich das psychisch?
- Wie halte ich das Warten zwischen den Ultraschallkontrollen aus?
- Nehmen wir mal an, es geht alles gut – hab ich dann noch die Kraft, ein behindertes Kind zu versorgen?
- Was ist, wenn er dann zu der Behinderung noch andere organische Probleme hat – wie z.B. einen Herzfehler? Wenn er vielleicht operiert werden muss!?

- Hält das unsere Beziehung aus?
- Aber trotz allem – abbrechen? Ihm doch keine Chance geben?
- Darf ich so was überhaupt entscheiden?
- Darf ich Gott spielen?
- Kann überhaupt irgendwer mit den Konsequenzen so einer Entscheidung leben, geschweige denn ich?
- Lieber ein Ende mit Schrecken als ein Schrecken ohne Ende?«

Diese Frau beschreibt eine moralische Dilemma-Situation, die weder durch den einfachen Verweis auf das Existenzrecht des Kindes unabhängig vom spezifischen Kontext noch mit dem Verweis auf die Entscheidungsautonomie in der gegebenen Situation behoben werden kann. Denn dem Existenzrecht, das die Frau anerkennt, stehen nicht nur die Selbstsorge und die Sorge um die Partnerschaft gegenüber, sondern ebenso auch die Fürsorge für das Kind. Eine Hierarchisierung der Normen mag theoretisch, je nach ethischer Ausgangsposition, im Sinne des Existenzrechts des Kindes oder des Rechts auf Wohlergehen der Eltern möglich sein, sie wird dennoch das Dilemma in dieser Situation nicht ganz aufheben können. Wie ich noch ausführlich begründen werde, halte ich es in der Tat auf der fundamentalethischen Ebene nicht für möglich, diesem Dilemma zu entkommen – und deshalb muss die Ethik auf die Beurteilung im Einzelfall verweisen. Erst unter Berücksichtigung aller Faktoren, die für eine konkrete Entscheidung relevant sind, kann die Hierarchisierung zwischen Wollen, Können und Sollen erfolgen. Schließlich gesteht sich die Frau ein, dass sie tatsächlich den Abbruch der Schwangerschaft in Erwägung zieht:

»Immer wieder kamen dieselben Fragen hoch:
- Darf ich das entscheiden?
- War es nicht doch vielleicht Schicksal, dass er sich uns als Eltern ausgesucht hat?
- Wie kann ich mit dieser »Schuld« leben?
- Aber auch: Was werden Freunde/Bekannte sagen?
- Wie werden die Kollegen in der Firma reagieren, wenn ich ohne Bauch wieder da bin?
- Wie halt ich die ganzen Fragen von Familie/Freunden/Bekannten/Kollegen aus?
- Zwei meiner größten Ängste waren [sic!] auch, ob man irgendwann weiß, dass man sich entschieden hat, und woher man weiß, dass diese Entscheidung richtig ist. Bei diesen Fragen konnte mir die Psychologin weiterhelfen: Wenn man sich richtig entschieden hat, weiß man es einfach. (Im Nachhinein kann ich sagen, sie hatte recht.)«

Ethisch ausgedrückt bedeutet die »richtige« Entscheidung eine neue Kohärenz zwischen Wollen, Können und Sollen. Nur wenn die Modalitäten in Einklang gebracht werden können, ist es auch möglich, die jeweilige Entscheidung vor sich selbst (und anderen) zu rechtfertigen. Dabei geht es vor allem um die Gewichtung: Wenn das Wollen des Kindes (*dieses* Kindes) stark genug ist, wird es letztlich mit dem Sollen in Einklang gebracht werden können. Das Können bleibt jedoch als Herausforderung (und Unsicherheit), weil es mit Belastungen zu tun hat, die Eltern nicht vorhersehen können. Die Alltagsweisheit, dass das Wollen Kräfte und Fähigkeiten freisetzt, die man von sich selbst nicht erwartet hat, mag dabei durchaus hilfreich sein – aber niemand kann darauf setzen. Für eine Gesellschaft gilt es jedoch, die Eltern zur »besonderen« Elternschaft und Verantwortungsübernahme zu befähigen, indem sie sie in ihren Bedürfnissen ernst nimmt und die entsprechenden Hilfsangebote anbietet. Wenn Eltern sich für die Verantwortung und somit für das Kind entscheiden, haben sie daher ein *Recht* auf Rahmenbedingungen, die es ihnen ermöglichen, die elterliche Fürsorgepflicht auch realisieren zu können.

Wenn die Einschätzung des Nicht-Könnens überwiegt, zum Beispiel, weil die Versorgung eines Kindes mit Behinderung die Partnerschaft gefährden würde oder weil sich ein Paar diese Verantwortung mit den verfügbaren Ressourcen nicht vorstellen kann, dann wird diese Einschätzung nicht nur den Wunsch, das Kind zu »behalten«, sondern darüber hinaus auch die Beurteilung des Sollens beeinflussen. Ein alter Grundsatz der Ethik lautet, dass moralische Verpflichtungen auf der Fähigkeit aufruhen, sie auch erfüllen zu können, und zwar nur so weit, wie diese Realisierungsmöglichkeiten reichen. Über das Können hinaus kann niemand verpflichtet werden. In der Tradition der Ethik bezieht sich das Nicht-Können freilich eher auf die äußeren Bedingungen: Wenn ich nicht schwimmen kann, kann ich auch keinen Ertrinkenden retten. Aber es ist sinnvoll, diese Einsicht auch auf die Selbsteinschätzung im Hinblick auf die Übernahme von Verantwortung für einen anderen Menschen zu beziehen. So würde niemand von einem Sohn fordern, dass er seine pflegebedürftigen Eltern pflegen *muss*, wenn er sich dazu psychisch nicht in der Lage sieht. Wohl aber würde man von ihm erwarten können, dass er den Eltern dabei hilft, eine Pflege zu bekommen. Aus dem gleichen Grund ist es nicht nur rechtlich, sondern auch moralisch richtig, dass Mütter ihre Kinder zur Adoption freigeben können – wenn eben möglich in Form einer offenen Adoption, bei der der Kontakt zwischen Mutter und Kind aufrechterhalten werden kann.

Aber *während* der Schwangerschaft kann niemand *stellvertretend* die Verantwortung für das Kind übernehmen. Daher ist die Beurteilung der Belastungsgrenzen während der Schwangerschaft und nach der Geburt unterschiedlicher Natur. Dies allein könnte eine Rechtfertigung dafür darstellen, das Tötungsverbot in engen Grenzen für die Schwangerschaft auszusetzen. Dies wäre in gewisser Weise die ethische Antwort auf den politischen bzw. rechtlichen Slogan von der reproduktiven Autonomie: Die Ethik würde ihn jedoch als Bürde der Entscheidungsverantwortung unter Bedingungen ansehen, in denen die Verantwortung nicht an andere übergeben werden kann. *Diese* Rechtfertigung hat nichts mit einer willkürlichen Verfügungsfreiheit über den eigenen Körper zu tun, und sie ist auch viel mehr als nur die Abwehr eines Gesetzes, das scheinbar in die Privatsphäre einer Person eindringt.

Die ethische Begleitung und Beratung wird alles daransetzen, dass eine Frau bzw. ein Paar die Kohärenz zwischen ihrem bzw. seinem Wollen, Sollen und Können (wieder-)herstellen kann. Deshalb ist es so wichtig, sich die gesellschaftlichen Modelle der »Befähigung« zur Elternschaft genau anzusehen: Werden Eltern in Deutschland wirklich angemessen unterstützt? Dies ist letztlich eine Frage an den Sozialstaat und unter Umständen auch an unser Gesundheits- und Bildungssystem sowie unsere Arbeitswelt. Sie ist aber auch eine gesellschaftliche Frage: Werden Eltern und ihre Kinder ausreichend wertgeschätzt? Oder gehen wir ihnen nicht doch letztlich lieber aus dem Weg?[9] Es kann nicht so getan werden, als hätten die unterschiedlichen Formen der Befähigung – oder eben der Geringschätzung – notwendiger Unterstützung keine Auswirkungen auf die Einschätzung des Könnens.

Ich bin mir nicht sicher, ob im Fall der Entscheidung für einen Schwangerschaftsabbruch eines eigentlich gewollten Kindes überhaupt eine Kohärenz zwischen Wollen, Sollen und (Nicht-)Können hergestellt werden kann. Wahrscheinlicher scheint es mir zu sein, dass die Bewertung des eigenen Nicht-Könnens das Wollen und Sollen überschattet. Die Entscheidung ist dann zwar rational (und ethisch) richtig, dennoch bleiben aber auch im Nachhinein die Trauer und der Zwiespalt bestehen. Dies ist zumindest das Ergebnis einer soziologischen Studie, die Luc Boltanski in Frankreich durchgeführt hat (seine Gesprächspartnerinnen sprachen mit ihm über Schwangerschaftsabbrüche nach ungeplanten Schwangerschaften): Die von ihm interviewten Frauen sagten, dass sie trotz ihrer Überzeugung, das Richtige getan zu haben, auch nach Jahren noch Gefühle der Trauer und des Verlusts, zuweilen auch eine Art schuldloses Schuldgefühl haben. Boltanski interpretiert dies so, dass ihre Entscheidung auf einem extremen Konflikt basiert, der letztlich nicht auflösbar ist.[10] Die Ethik nennt dies ein Dilemma, bei dem die Eindeutigkeit der Sollensforderungen nicht hergestellt werden kann.

Wenn Eltern um die »richtige« Entscheidung ringen

Die Frau, deren Geschichte ich hier dargestellt habe, entscheidet sich letztlich für den Schwangerschaftsabbruch. In der Rückschau beschreibt sie, wie sie ihre Verantwortung anzunehmen bereit war – sie bewertet ihr Handeln als für sie in ihrer einzigartigen Situation richtig und damit auch moralisch verantwortbar:

> »Am Anfang war uns klar: Wir geben David eine Chance, auch weil man vor Schwierigkeiten nicht einfach so davonläuft. Mir ist allerdings klar geworden, dass ich nicht vor der Behinderung und den dadurch entstehenden Problemen davonlief, sondern vor dem Abbruch. Ich wollte auf keinen Fall meinen Sohn töten.
> Mein Verstand hatte sich bereits entschieden – aber mein Herz nicht.
> Langsam wurde mir jedoch bewusst, dass man sehr wohl sein Schicksal selbst in die Hand nehmen darf. Es gibt fast immer mehrere Möglichkeiten, für die Konsequenzen ist jeder selbst verantwortlich. Ich erspare dadurch uns, aber auch ganz sicher David eine ganze Menge Leid. Ein ganz wichtiger Aspekt bei der Entscheidung war die psychische Belastung. Ich konnte mir vor lauter Angst vor der restlichen Schwangerschaft und der schwierigen Situation nachher kaum noch vorstellen, die Schwangerschaft zu beenden.«

Hier kämpfen Eltern um ihr Kind, sie ringen um die richtige Entscheidung, und sie übernehmen schließlich die Verantwortung für ihr Handeln. Deutlich wird aber auch – und dies bestätigt Boltanskis Studie –, dass es keinen Weg gibt, der zu verallgemeinern wäre. Wenn die Anerkennung der elterlichen Autonomie darin besteht, keine vorschnelle Verallgemeinerung zu versuchen, dann kann dem nur zugestimmt werden. Aber dies gilt letztlich für jede ethische Konfliktsituation, und trotzdem ist es notwendig, eine ethische Sprache zu finden, die den Konflikt auch ethisch beschreibbar macht. Dies tue ich, indem ich auf die drei Handlungsmodalitäten verweise. Das Wollen und das Können sind der persönlichen Einschätzung überantwortet – sie obliegen der »Einbildungskraft«, die aber dennoch von sozialen Wertvorstellungen und gesellschaftlichen Rahmenbedingungen geprägt werden. Der *Ausgangspunkt* während der gewollten Schwangerschaft ist daher in der Tat mit einer Ethik der Sorge zu beschreiben: Frauen wollen, können und sollen für ihr zukünftiges Kind sorgen, zum Beispiel, indem sie den Mutterschaftsrichtlinien folgen, die ihnen Orientierung geben, wie sie sich in der Schwangerschaft verhalten können und sollen.

Im ethischen Konflikt, der meistens erst nach dem Befund durch die Pränataldiagnostik erfolgt, werden Frauen mit Fragen konfrontiert, die Schwangere aufgrund einer ungewollten Schwangerschaft ebenso kennen: *Wollen* Sie unter diesen besonderen Umständen Ihr Kind? *Können* Sie für es sorgen – während der Schwangerschaft, nach der Geburt? Und drittens: Was sind Sie Ihrem Kind schuldig? Was bedeutet die Verantwortung jetzt? Das Nachdenken über das Wollen und Können führt unweigerlich zu diesen moralischen Fragen; aber das Sollen tritt zunächst als Norm auf, die *von außen* an die Handelnden herangetragen wird: Deshalb erscheint sie wie ein Befehl (»Imperativ«, sagte Kant). Erst wenn die Sollensforderung, die die Selbstsorge und Fürsorge gleichermaßen umfasst, in das eigene Wollen integriert werden kann, gelingt die Kohärenz. In einem ethischen Konflikt muss sie also aktiv hergestellt werden. Anders gesagt: *Persönlich* und *konkret* wird das Sollen erst durch die *Rückkehr* vom Nachdenken über die allgemeinen Grundsätze des Handelns zur konkreten Handlungssituation, in der das Handeln nicht nur durch das Sollen, sondern auch durch das Wollen und Können motiviert werden muss. Diese allgemeinen Grundsätze habe ich in der Einleitung mit der Bewahrung und Beförderung des Lebens und Wohlergehens, dem gesellschaftlich notwendigen Respekt vor der Freiheit und – dies vor allem vonseiten des Staates – dem Grundsatz der Gleichbehandlung benannt.

Gewiss wird die Freiheit eingeschränkt, wenn ein Gesetz einer schwangeren Frau verbietet, eine Schwangerschaft nach einem pränataldiagnostisch festgestellten Krankheitsbefund abzubrechen, wenn durch diesen Befund nicht *ihre* Gesundheit jetzt oder nach der Geburt beeinträchtigt wird. Auch eine Pflichtberatung oder die Einhaltung einer zeitlichen Frist zwischen Diagnose und Abbruch – wie 2009 beschlossen – ist ein Eingriff in die radikal verstandene bürgerrechtliche Autonomie. In der Tat braucht der Gesetzgeber eine gute Legitimation, um eine solche Regulierung vorzunehmen, und die rechtlichen Begründungen werden in unterschiedlichen Ländern – mit ihren unterschiedlichen Rechtstraditionen – notwendig unterschiedlich ausfallen; dies ist unter anderem auch eine Konsequenz demokratischer Willensbildung. In Deutschland wird die Regulierung des Schwangerschaftsabbruchs mit dem *grundsätzlichen* Schutz des menschlichen Lebens begründet, der auch für ein Kind vor der Geburt gilt (unabhängig, ob wir das menschliche Wesen nun Embryo oder Fötus nennen). Wer *für* eine radikale private Autonomie der Schwangerschaftsentscheidungen eintritt, wendet sich also zugleich *gegen* die Einbeziehung des (Lebens- und Würde-)Schutzes nicht-geborener Menschen in das bestehende Recht. Eine andere Frage ist dagegen, *wie* dieser Schutz vom Staat am besten realisiert werden soll – und *ob* er zum Beispiel während der Schwangerschaft gegen den Willen der Frau durchgesetzt werden kann oder sollte.[11]

Wann beginnt das elterliche Fürsorgegebot?

Mit diesem Buch möchte ich zeigen, dass die Ethik sehr wohl in der Lage ist, den Respekt vor der Handlungsfreiheit mit einer ethischen Bewertung des Handelns zu verbinden; vor allem aber möchte ich zeigen, dass die Konfliktsituation während der Schwangerschaft eine andere ist als vor der Zeugung und nach der Geburt. Gewiss ist dies ein schwieriges Unterfangen, aber ich meine, dass die Frauen und Paare in ihren Entscheidungskonflikten einen Anspruch darauf haben, dass die Ethik – ohne dem Handlungs- und Entscheidungsdruck ausgesetzt zu sein – diese Reflexion zumindest vorantreibt.

Nicht immer muss die Kluft in der Erfahrung auf eine so dramatische Entscheidung wie den Schwangerschaftsabbruch bezogen werden – es reicht schon, sich klarzumachen, wie anders es für werdende Eltern ist, das Geschlecht ihres Kindes (durch Schwangerenvorsorge und Pränataldiagnostik ermöglicht) lange vor der Geburt zu kennen. Auch diese scheinbar triviale Veränderung bedeutet eine einschneidende Veränderung im Prozess des Eltern-Werdens: Denn die Beziehung zum Kind erhält heute viel früher Konturen; ein Kind ist lange vor der Geburt ein konkreter »Anderer« und nicht nur ein Kind, das von vielen Einbildungen und Vorstellungen getragen ist. Eltern können – und das ist ein nicht unwesentlicher Faktor der Identifikation und Beziehungsaufnahme – ihrem Kind schon während der Schwangerschaft einen Namen geben. Dies ist nicht mehr so sehr ein Spiel mit der Fantasie (»Wenn es ein Mädchen ist; wenn es ein Junge ist ...«), sondern der Beginn der konkreten Eltern-Kind-Beziehung auf der Basis der visuellen Wahrnehmung und einem medizinischen Wissen, das die weibliche Körperwahrnehmung ergänzt. Diese Veränderung müssen wir *als* Veränderung anerkennen, um zu verstehen, wie sich das Konzept von Elternschaft verändert.

Eine mögliche ethische Konsequenz dieser *Vorverlegung* des Beginns der Elternschaft vor die Geburt besteht darin, dass damit auch die Verantwortung, die mit Elternschaft gegeben ist, vorverlegt wird. Was bedeutet die vorverlegte Begegnung mit dem Kind für seine

Wertschätzung? Und was bedeutet sie für das Verständnis der elterlichen Verantwortung?

Muss dann das elterliche Fürsorgegebot ebenfalls nach vorne verlegt werden? Muss dann aber nicht auch das Tötungsverbot, das selbstverständlich für Neugeborene gilt, für alle Menschen gelten, denen wir einen »Namen« geben, weil sie für uns individuell erfahrbare *soziale* Wesen geworden sind? Wie können wir dann aber angemessen über Konflikte wie den späten Schwangerschaftsabbruch oder auch die selektive Tötung im Fall von Mehrlingsschwangerschaften sprechen? Haben wir womöglich noch gar nicht die ethische Sprache gefunden, die diese Handlungen angemessen beschreiben könnte?

Nicht nur das Recht, sondern auch die meisten Ethiken schließen die Tötung eines Kindes nach seiner Geburt aus und lassen einzig in der Neugeborenenmedizin einen Behandlungsabbruch zu, wenn sich die Behandlung als aussichtslos erweist. Im Sinne der Verantwortung für ein Kind hängen die Neugeborenenmedizin und die Pränataldiagnostik eng zusammen: Hier wie dort geht es um ein Kind (oder Zwillinge bzw. Mehrlinge), deren individuelles Überleben und Wohlergehen in jeder medizinischen Intervention zur Debatte steht. Hier wie dort geht es nicht nur um die Eltern und nicht nur um die Kinder, sondern um »Eltern und Kinder« gemeinsam, weil sie in einer unauflösbaren Beziehung zueinander stehen. Dennoch können Pränatalmedizin und Neugeborenenmedizin nicht den gleichen ethischen Maßstäben unterlegt werden. Denn die Schwangerschaft bleibt eine »besondere« Phase, weil in dieser Zeit keine Handlung vollzogen werden kann, die nicht über die Mutter führt. Es ist sinnlos, die Schwangere und ihr Kind als voneinander getrennte Wesen betrachten zu wollen; auch wenn der moderne Ultraschall ein Kind so zeigt, dass sich die ganze Wahrnehmung auf seinen Körper richtet, während der Frauenkörper eher ungeformt als Hülle abgebildet wird: Die beiden Körper sind nun einmal miteinander verbunden.

Ein Kind ist vor seiner Geburt weder wie ein Mensch zu betrachten, der sich mehr oder weniger zufällig wie in einem Gefäß im Körper seiner Mutter befindet, noch ist er ein Mensch, der an diesen

Körper »angekettet« ist. Vielmehr ist ein Kind während der Schwangerschaft in seiner Mutter aufgehoben und geschützt. Es ist mit seiner Mutter so verbunden, dass es sich mit ihrer *unwillkürlichen* Hilfe entwickeln wird. In dieser Phase kann die mütterliche Verantwortung nicht an andere abgegeben werden; es gibt keine soziale Mutterschaft während der Schwangerschaft, sondern allenfalls eine antizipierte, eine vorweggenommene, imaginierte soziale Elternschaft. Selbst die »Vertrags«- oder »Leih«-Mutter ist mit *ihrem* Kind schwanger, auch wenn sie es nach der Geburt an die Vertragspartner abgeben wird. Insofern ist es richtig, die Geburt eines Kindes als wichtige ethische Zäsur beizubehalten und die Schwangerschaft als besondere Phase zu betrachten. Unter dem Aspekt der Sorge und der Sorgepflicht jedoch gibt es sehr wohl Überlappungen, insbesondere etwa bei der Behandlung von Kindern kurz vor der Geburt, zu der eine Schwangere (ethisch) verpflichtet ist, wenn diese für das Leben und Wohlergehen des Kindes notwendig ist. Insgesamt gibt es hier viele Fragen, die erst durch die moderne Medizin entstanden sind. Sie machen die ethische Neujustierung immer wieder notwendig.

Viele Mütter bzw. Paare, die im Zeitalter der Pränataldiagnostik und der assistierten Fortpflanzung ihre Kinder bekommen haben, werden in den nächsten Jahren Großeltern werden. Sie werden ihren Kindern den gesellschaftlich »neuen« Erfahrungsschatz weitergeben können; dadurch vollzieht sich dann der Wertewandel über die Generationen hinweg. Konflikte sind hier genauso wie in traditionellen Eltern-Kind-Konstellationen möglich, etwa wenn Eltern ihren Kindern gestehen, dass sie eigentlich ungewollte Kinder waren. Oft wissen Kinder, wenn ihre Mütter Fehlgeburten hatten. Inwiefern Schwangerschaftsabbrüche zwischen Eltern und Kindern thematisiert werden können (und sollen), hängt nicht zuletzt mit der ethischen Kohärenz bzw. Inkohärenz zusammen, die ich als Gleichgewicht zwischen Wollen, Können und Sollen beschrieben habe und die mit der Verarbeitung der Entscheidungen eng verflochten ist.

Unter den Bedingungen der Pränataldiagnostik und der assistierten Fortpflanzung werden Eltern ihren Kindern unter Umständen sagen, dass sie einen biologischen Vater haben, der nicht ihr sozialer Vater ist, oder sie werden ihnen erzählen, wie sie die Pränataldiagnostik erlebt haben. Diese Geschichten werden zu einem neuen Bestandteil der kindlichen Identitäten werden. Das heißt: Die *Vergewisserung* über den Sinngehalt und den Bedeutungswandel von Elternschaft schließt die Vergewisserung über das Kindsein ein; für das Nachdenken über die eigene Elternschaft ist das Kindsein immer schon Bestandteil der biografischen Erfahrung, die sich nicht nur psychologisch auswirkt, sondern auch zur ethischen Reflexion herausfordert.[12]

In den nächsten Kapiteln werde ich zeigen, wie sich die Elternschaft aus deutscher Perspektive in den letzten Jahrzehnten verändert hat – und welchen Herausforderungen sich Paare, die heute Kinder in die Welt setzen, stellen müssen.

2

Die Medikalisierung der Schwangerschaft im 20. Jahrhundert

Medizinischer Fortschritt und Schwangerschaft

Das 20. Jahrhundert markiert in den westlichen Ländern einen ähnlich radikalen Einschnitt in der Geschichte der Erforschung der menschlichen Entwicklung, Schwangerschaft und Geburt wie das 18. Jahrhundert, dem Beginn der modernen Embryologie. Während die moderne Embryologie entsteht, läutet die Medizin als Wissenschaft zugleich auch einen neuen Umgang mit der Schwangerschaft und der schwangeren Frau ein. Dies wird häufig mit dem Begriff der »Medikalisierung« der Schwangerschaft charakterisiert. Die Veränderungen lassen sich anhand der Betreuung der Gebärenden, der Begleitung der Schwangeren und des »Embryonen-Monitoring«, also der medizinischen Beobachtung der kindlichen Entwicklung, ablesen.

Im Vergleich zu den vorangegangenen Jahrhunderten veränderte sich die Einstellung zu Schwangerschaft, zum ungeborenen Kind und zur Mutterschaft in den westlichen Ländern seit dem 18. Jahrhundert kontinuierlich. Bis zu diesem Zeitpunkt basierten die Erkenntnisse der Embryologie und Schwangerschaft einerseits auf Spekulation, andererseits aus Vergleichen, die von Tieren zu Menschen gezogen wurden. Es gab zwei Denkansätze für die Entstehung des Lebens, die seit der Antike kaum verändert die Diskussionen beherrschten; Aristoteles hat diese zwei entscheidenden Denkmöglichkeiten aufgezeigt, die die Diskussion bis heute prägen: Der Embryo, so sagt Aristoteles, müsse bei der Zeugung entweder schon ganz vorhanden sein, sodass er im Mutterleib nur noch heranwächst (Präformation), oder aber der Embryo entwickle sich im Laufe der Zeit zur Leib-Seele-Einheit (Epigenetik).

Während Aristoteles eher der Epigenetik-Theorie zugeneigt war, die in der jüdisch-christlich-islamischen Religion ein Echo in der

Sukzessivbeseelung fand, dominierte im 17. und 18. Jahrhundert eher die Präformations-Theorie. Gestritten wurde allerdings darüber, ob der Embryo (zuweilen wurde er »Homunculus« genannt) im Spermium als ganzer Mensch vorhanden ist und während der Schwangerschaft vom Mutterleib (!) nur genährt wird – oder aber umgekehrt schon in der Eizelle vorhanden ist.

Der lebende menschliche Embryo und Fötus war für den ärztlichen Zugriff lange unzugänglich. Erst mit der Entwicklung verschiedener Untersuchungstechniken wie der Mikroskopie im 17. Jahrhundert und der Endoskopie Ende des 18. Jahrhunderts kann das hohe Maß an Spekulation innerhalb der Human-Embryologie überwunden werden. Die maßgeblichen Entdeckungen der Zellbiologie stammen aus dem 19. Jahrhundert, und sie leiten die »modernen« Forschungen zur Embryologie ein.

Während die Ernährungs- und Verhaltensmaßnahmen ebenso wie die Vorsorge- und Schutzregelungen für die schwangere Frau auch unter den neuen Bedingungen der naturwissenschaftlich orientierten Humanmedizin in der Hand der Hebammen bleiben, verändert sich der Zugang zur Geburt mit der Institutionalisierung der allgemeinen medizinischen Behandlung in Krankenhäusern und der Verfeinerung der Operationsmethoden seit dem 19. Jahrhundert. In den letzten Jahrzehnten des 20. und beginnenden 21. Jahrhunderts lässt sich dieser Trend des medizinischen Zugangs zur Geburt an der gravierenden Zunahme von Kaiserschnittgeburten ablesen. Diese »Medikalisierung« schreitet durch die Entwicklung der Pränatalmedizin (Diagnostik und Therapie) und die immer weiter nach vorne verlagerte Frühgeborenenmedizin (Neonatologie) fort.

Bis weit ins 20. Jahrhundert beschränkt sich die ärztliche Betreuung der schwangeren Frauen jedoch auf die Geburt – Eingriffe in den Geburtsablauf, die nicht auf das mütterliche Wohlbefinden, sondern auf das des Kindes gerichtet sind, finden sich überhaupt erst seit den 1930er-Jahren. Dennoch: Die Verlagerung der Geburt ins Krankenhaus vollzieht sich als radikale Abkehr von den traditionellen Praktiken der Geburtsheilkunde, und zwar (erst) im 20. Jahrhundert.

Diese Veränderung nimmt den Wandel in den zwei anderen Bereichen bereits vorweg, der sich in den letzten 100 Jahren vollzogen hat: die Begleitung der schwangeren Frau während der Schwangerschaft und die Kontrolle der Embryonal- und Fötalentwicklung. Letztere ist so schwierig zu beurteilen, weil sie einerseits zur besseren Vorbereitung auf Therapien eingeführt wird, andererseits jedoch zur Verhinderung der Geburt von Kindern mit Behinderung.

Neuer Umgang mit Schwangerschaft

DIE BEGLEITUNG WÄHREND DER GEBURT: Finden noch zu Beginn des 20. Jahrhunderts in Deutschland kaum mehr als 1% der Geburten im Krankenhaus statt, so werden in den 1930er-Jahren bereits etwa ein Viertel aller Kinder im Krankenhaus geboren, 1970 sind es beinahe 100%. Es ist unbestritten, dass durch diesen Wandel die Kinder- und Müttersterblichkeit radikal zurückgegangen ist. Was aber häufig übersehen wird, ist die radikale Veränderung des gesamten Rahmens der Schwangerenbegleitung und der medizinischen Betreuung vor, während und nach der Geburt.

In Europa erfährt die Hebammenbetreuung während der Geburt in den 1970er-Jahren ein »Comeback«, in den USA ist dies dagegen nicht der Fall. Heute traut sich nur die radikale Minderheit von Frauen eine Hausgeburt mit Begleitung einer Hebamme, aber ohne den medizinischen Apparat eines Krankenhauses zu. Dieser ist nicht notwendig bei einer »normalen« Geburt, wohl aber bei Komplikationen, vor allem aber für die Durchführung eines Kaiserschnitts. Die Institution des Krankenhauses bringt es mit sich, dass schwangere Frauen zumindest implizit als Patientinnen behandelt werden; eine Geburt ist ein potenzielles Gesundheitsrisiko, und dies ist das Deutungsschema, mit dem heute die Erfahrung von Schwangerschaft und Geburt belegt ist.

Ohne diese Tendenz zur Medikalisierung der Geburt – und ohne den damit einhergehenden Übergang der Betreuung der Schwangeren durch Ärzte – wären die sehr viel weiter gehenden Entwicklungen in der Pränatalmedizin wohl kaum denkbar gewesen; es ist, als hätte die »medizinische Geburt« ein Klima geschaffen, das sich immer weiter auf den gesamten Schwangerschaftsverlauf ausdehnte und das im letzten Drittel des 20. Jahrhunderts sogar die Zeugung von Kindern außerhalb des Frauenkörpers, einschließlich der Samen- bzw. Eizellspende umfasst.

Wie tief greifend die Veränderungen sind, kann an der Zunahme von medizinisch nicht indizierten Kaiserschnittgeburten abgelesen werden, die inzwischen von Ärzten und Hebammen gemeinsam beklagt werden. Die sogenannten »Wunschkaiserschnitte« machen aus dem Geburtsvorgang eine von vornherein geplante Operation. Sie sind zum einen Ausdruck eines allgemeinen gesellschaftlichen Trends zur Planung und Kontrolle der Biografie, die auch die biologischen Prozesse einschließt. Zum anderen sind die geplanten Kaiserschnittgeburten aber auch Zeichen eines zunehmenden Kontrollverlusts von Frauen, die sich immer mehr in die (ihnen aus unterschiedlichen Motiven angebotenen) Regelabläufe in den Kliniken einbinden lassen, ohne nach den medizinischen oder psychischen Folgen zu fragen.

DIE BEGLEITUNG DER SCHWANGEREN: Über Jahrhunderte werden Schwangere von Hebammen begleitet und betreut. Sie wachen über die Ernährung und die »Umstände« der Schwangerschaft – häufig allerdings erst in der zweiten Hälfte, nachdem die Frauen Kindsbewegungen spüren. Mit Kräutern und traditionellen Methoden wird die Zeit der Schwangerschaft als Vorbereitung auf die Geburt unterstützt – das mangelnde Wissen über den Embryo verhindert dabei bis ins 18. Jahrhundert eine umfassende Gesundheitskontrolle.

Längst nicht alle Schwangerschaften sind zur damaligen Zeit erwünscht. Sie bergen ein hohes Risiko für die Frauen, es herrscht eine hohe Kindersterblichkeit. Kinder sind einerseits ein Faktor der Alterssicherung, andererseits aber müssen sie versorgt werden. Der Abbruch von Schwangerschaften erfolgt meistens aus Armutsgründen; sie bleiben bis weit ins 19. Jahrhundert hinein Ausdruck einer Gesellschaftsordnung, die auf Klassen- und Geschlechterungleichheit basiert, in der Frauen von Männern wirtschaftlich abhängig sind. Schwangerschaften sind viel mehr ein soziales »Phänomen« als ein medizinisches: Nicht Ärzte, sondern Hebammen und »weise Frauen« versorgen die Frauen mit Mitteln, um Schwangerschaften möglichst beschwerdefrei zu überstehen – oder aber, um sie abzubrechen.

Die zunächst selbstverständliche, dann aber verteidigte Zuständigkeit der Frauen bzw. Hebammen für die Schwangerschaft begleitet die Diskussion um die Betreuung der Schwangerschaft bis weit ins 20. Jahrhundert. Immer wieder leitet dabei die technologische Entwicklung den Wandel ein: Insbesondere die Ultraschalltechnologie und die biochemische Analyse von Urin und Blut sowie die zytologischen bzw. genetischen Untersuchungen zur Identifikation von »Abweichungen« oder »chromosomalen Defekten«, die seit den 1960er-Jahren immer weiterentwickelt werden, scheinen eher zur Expertise der Ärzte zu gehören als zur Expertise von Hebammen, deren Wissen vor allem auf Erfahrungswissen basiert. Dass es hier einen weiteren gesellschaftlichen Kontext zu beachten gilt, ist offensichtlich: Der Arztberuf ist bis weit ins 20. Jahrhundert hinein ein »männlicher« Beruf, während der Beruf der Hebamme bis heute ein Beruf von Frauen für Frauen ist.

Die Medikalisierung der Schwangerschaft gehört daher sowohl in den Kontext der allgemeinen Medizingeschichte, die sich immer mehr von diesem Erfahrungswissen abwendet und sich selbst als eine (natur-)wissenschaftliche Disziplin betrachtet, als auch in den Kontext der widersprüchlichen Ermächtigungsbewegung von Frauen, die um ihre »reproduktive Autonomie« kämpfen und sich gleichzeitig der männlich geprägten Gynäkologie und Geburtsmedizin aussetzen. *Dieser* Wandel verdrängt das jahrhundertealte »weibliche Wissen« von Hebammen, aber auch das Erfahrungswissen, das Mütter ihren Töchtern über Generationen hinweg mitgegeben haben. Dass es aber diese Polarisierung von weiblichem Erfahrungswissen und männlich geprägtem medizinischen Wissen überhaupt gibt, ist nicht der Medizin und ihren Methoden anzulasten, sondern erklärt sich nur aus der gesellschaftlich wirkmächtigen Geschlechterordnung, die erst im 20. Jahrhundert aufgebrochen wurde, sodass heute auch Frauen die Gynäkologie und Geburtsmedizin prägen.

Obwohl jede schwangere Frau bis heute die Möglichkeit hat, sich während der gesamten Schwangerschaft von einer Hebamme begleiten zu lassen, und obwohl die meisten Gynäkologen die Laboruntersuchung nicht selbst vornehmen, sondern extern durchführen lassen, ist die Schwangerenbetreuung in der zweiten Hälfte des 20. Jahrhunderts nahezu vollständig in die Hand von Ärzten und Ärztinnen übergegangen. Ist in der Geburtsmedizin der Kaiserschnitt das Symbol für die (notwendige) Medikalisierung, so ist in der Schwangerschaft der Ultraschall das Symbol für die Kontrolle der Entwicklung des Kindes geworden. Mit der Entwicklung der Ultraschalltechnologie – 1958 wird zum ersten Mal ein lebender Embryo auf diese Weise dargestellt – wird der Embryo sichtbar; die Betreuung und Begleitung der Schwangerschaft als Beobachtung (»Monitoring«) nicht nur der schwangeren Frau, sondern eben auch des Embryos bzw. Föten wird eingeleitet. Zwar werden insbesondere Ernährungs- und Alltagsgewohnheiten der schwangeren Frau mitkontrolliert, doch bezieht sich das ärztliche Handeln vor allem auf die Kontrolle der kindlichen Entwicklung während der Schwangerschaft. Was als Begleitung der schwangeren Frauen beginnt, wird mit der Einführung der Ultraschalldiagnostik um die kontinuierliche Überprüfung der Entwicklung des Embryos oder Föten ergänzt.

In der Pränataldiagnostik steht, wenig überraschend, der Gesundheitszustand des Kindes im Mittelpunkt der Untersuchungen. Der Übergang von der ärztlichen Betreuung zu einer *Überprüfung* der embryonalen Entwicklung mithilfe biochemischer bzw. genetischer Tests, für deren Bestimmung die Ärzte genauso wenig kompetent sind wie zum Beispiel Hebammen, leitet womöglich wiederum einen Wandel in der Schwangerenbetreuung ein, der die Selbstwahrnehmung der schwangeren Frauen immer obsoleter werden lässt.

DER EMBRYO ALS EIGENSTÄNDIGES WESEN: Schon mit der Entwicklung naturwissenschaftlicher Methoden im 18. Jahrhundert verändert sich der Zugang zum menschlichen Embryo. Die traditionelle, von der aristotelischen Epigenetik inspirierte Auffassung von der sukzessiven Beseelung des Embryos wird infrage gestellt. Auf der Grundlage der neuen Erkenntnisse spricht nun weit mehr für die »Individuation«, theologisch ausgedrückt: für die »Beseelung« schon zum Zeitpunkt der Zeugung. Die Präformations- bzw. Homunculus-These wird von den Wissenschaftlern fallen gelassen und der Prozess der Zeugung mit der anschließenden Zellteilung als Zeitraum der Menschwerdung angenommen.

Diese Erkenntnis bleibt nicht ohne Auswirkung auf die ethische und rechtliche Diskussion des 19. Jahrhunderts – gesellschaftlich betrifft sie zu dieser Zeit aber (noch) nicht die Beobachtung des Embryos während einer jeden Schwangerschaft.

Die Durchsetzung der Simultanbeseelung gegenüber der Sukzessivbeseelung ist moralgeschichtlich nur vor dem Hintergrund der Wissenschaftsgeschichte, vor allem aber der Zellforschung, die seit der zweiten Hälfte des 19. Jahrhunderts entsteht, verständlich: Nicht länger ist vertretbar, dass der männliche Embryo um den 40. Tag, der weibliche Embryo um den 80. Tag ein beseeltes Lebewesen ist, sondern die »Menschwerdung« geschieht zum Zeitpunkt der Zeugung. So verabschiedet sich die katholische Kirche 1869 von der Sukzessivbeseelung – diese bestimmte bis dahin auch den moralischen Status der Embryonen – und verlegte, nach heutigen Maßstäben gerechnet, den Beginn des individuellen menschlichen Lebens in die Mitte bzw. sogar ans Ende des ersten Drittels der Schwangerschaft. Freilich wird zum Beispiel die Ablehnung des Schwangerschaftsabbruchs schon vorher gar nicht so sehr mit dem moralischen Status des Embryos begründet, sondern vielmehr mit dem allgemeinen, theologisch begründeten Fruchtbarkeitsgebot.

Vor dem Hintergrund der neu entbrannten Diskussion um den Schwangerschaftsabbruch macht die katholische Kirche nun jedoch, unter Rekurs auf die wissenschaftlichen Erkenntnisse, die *Simultan-*

beseelung zur offiziellen kirchlichen Lehre: Simultan, das bedeutet gleichzeitig mit der Zeugung, entsteht ein menschliches Lebewesen, dem selbstverständlich der ganze menschliche Schutz (»Lebensschutz«) zukommt.

Erst gegen Ende des 19. Jahrhunderts ermöglichen die Zellbiologie und die neu entstehende Wissenschaftsdisziplin der Human-Embryologie neue Erkenntnisse der menschlichen Entwicklung. Dies verändert die Wissenschaft und die pränatale Medizin grundlegend. Es zwingt die Ärzte, Philosophen und Theologen, den »moralischen Status« des Embryos (des »ungeborenen Kindes«) neu zu bestimmen.

Barbara Duden hat aus kulturgeschichtlicher Perspektive die »Entdeckung des Embryos« rekonstruiert: über anatomische Zeichnungen, die aber nie bis ins Innere der Gebärmutter vordringen, bis zu den Präparationen des 20. Jahrhunderts.[13] Im Ergebnis bedeuten ihre Studien, dass die »personale« Eigenständigkeit des Embryos auch im moralischen Sinne von dieser »Entdeckung« abhängig ist, historische und philosophische Wertzuschreibungen daher immer auch in Relation zum jeweiligen Wissensstand zu sehen sind.

DER SCHWANGERSCHAFTSABBRUCH: Die neuen Wertzuschreibungen werden in der Bevölkerung des ausgehenden 19. und beginnenden 20. Jahrhunderts kaum geteilt – Schwangerschaften sind für sie bis zu den äußerlichen Anzeichen, entweder das Glück oder aber das Problem einer Frau, deren sozialer Status unter Umständen mit der Geburt eines Kindes zur Disposition steht.[14] Lange wird die Diskussion auf der einen Seite um eine »soziale Indikation« als Grund für den Abbruch einer Schwangerschaft geführt. Dem begegnen auf der anderen Seite die Ärzte mit dem Hippokratischen Eid, ihrer Berufsethik, die sie auf die Rettung von Leben und die Heilung von Krankheiten verpflichtet. Für die christlichen Kirchen steht einzig die »medizinische Indikation« im Einklang mit ihrer Morallehre (und auch sie ist in der katholischen Kirche lange umstritten): Sie rechtfertigt die Inkaufnahme des Todes des Embryos bzw. Föten in dem Fall, wenn die Mutter auf anderem Wege nicht gerettet werden kann und dadurch auch das Leben des Föten gefährdet wäre. Die medizinische Indikation wird dementsprechend *immer* mit dem Schutz des Lebens bzw. der Gesundheit der Mutter begründet und nicht mit dem Gesundheitszustand des Kindes. Dessen Tod wird in Kauf genommen, wenn dies die Folge der Hilfe für die lebensgefährlich erkrankte Mutter ist.

Die Vertreter der »sozialen Indikation« können schon zu Beginn des 20. Jahrhunderts Ärzte häufig nur dann von der Rechtfertigung des Schwangerschaftsabbruchs überzeugen, wenn sie die soziale Indikation möglichst eng an die medizinische Indikation heranführen, etwa, indem sie Krankheit infolge von Armut durchaus als medizinisches Risiko einzustufen versuchen. Nicht immer lässt sich dann die Unterscheidung trennscharf vornehmen. Es überrascht also nicht, dass sich in den Argumentationslinien immer wieder »soziale« Gründe in die medizinische Indikation mischen. Allerdings: Das Kind selbst als eine *medizinische* Indikation im Sinne der (das Leben oder die Gesundheit) gefährdenden Dilemma-Situation zu bewerten, ist in der historischen Perspektive eine extreme Dehnung dessen, was bisher unter die medizinische Indikation gefallen ist.

Wie auch immer die Debatte um den Schwangerschaftsabbruch historisch zu beurteilen ist, so ist unbestreitbar, dass der moralische Status des Embryos erst dann zu einem eigenständigen Thema der Medizin und Medizinethik werden kann, nachdem seine Individualität und biologische Entwicklung aus der spekulativen Biologie in die empirische Embryologie überführt worden ist.

Die Biologisierung der Fortpflanzung

Die theoretische Neugier in der Disziplin der Embryologie bezieht sich auf die Entwicklung des Embryos. Diese wird viel stärker im Zusammenhang mit der »Wissenschaft vom Leben«, also der modernen Biologie, gesehen als in den Jahrhunderten zuvor, in denen vor allem die Beseelungslehre des Aristoteles die Anthropologie bestimmte. Wie kommt es aber zu diesem radikalen Wandel? Erstens führen die *technischen Erfindungen* des 19. Jahrhunderts zu diesem Wechsel in der Wissenschaft: Vor allem die Erfindung des Mikroskops im 17. Jahrhundert, dann aber, um 1850, revolutioniert die Erfindung des Endoskops den Blick ins Innere des Körpers und ermöglicht dadurch auch den Blick auf verschiedene Entwicklungsstadien des Embryos. Zweitens stellt die im 19. Jahrhundert von Darwin maßgeblich entfaltete *Evolutionsbiologie* die traditionelle Anthropologie infrage und betont stattdessen die Kontinuität mit dem gesamten biologischen »Leben«. Dies ist der Beginn der Ausweitung der Lebenswissenschaften, wie wir sie im 20. Jahrhundert kennenlernen. Und drittens führen die neuen Erkenntnisse der *Vererbung* von Gregor Mendel in der Genetik sowie die Etablierung der »Eugenik« genannten Vererbungslehre als wissenschaftliche Disziplin zu einer immer stärkeren Verselbstständigung der Anthropologie, der Fortpflanzungsmedizin und der Vererbungslehre.

Das Problem für die Pränatal- und Geburtsmedizin besteht nun aber darin, dass die biologische Wissenschaft zwar der medizinischen Praxis zuarbeitet, mit ihren Erkenntnissen aber nicht die Sorge um die Gesundheit eines Patienten verbindet, wie dies die Medizin tun muss. Erst aus der Zusammenführung der »Wissenschaft vom Leben« mit der Humanmedizin resultiert die »Biologisierung« der Fortpflanzung, die ihre weitreichenden Folgen erst im letzten Drittel des 20. Jahrhunderts zeitigt.

Der Schatten der Eugenik und die Humangenetik

Nicht nur die Anthropologie interessiert sich im 19. und beginnenden 20. Jahrhundert zunehmend für die »Kinder im Mutterleib«, auch die neue Disziplin Eugenik ist an ihnen interessiert. Aber ebenso wenig wie die Embryologie ist auch die Eugenikbewegung, die zu Beginn des 20. Jahrhunderts vor allem in Westeuropa, Russland und in den USA entsteht, an der Begleitung schwangerer Frauen per se interessiert. Sie verficht vielmehr einen Gesundheitsbegriff, der eher die Gesundheit des »Volkskörpers« als diejenige des individuellen Embryos vor Augen hat – und dies durchaus mit einem rassistischen Hintergrund. Es treffen hier, so lässt sich sagen, zwei wissenschaftliche Entwicklungen aufeinander: die Anthropologie, die den Embryo sichtbar werden lässt, und die Fortpflanzungslehre, die im Sinne der eugenischen Vererbungslehre an der Verbesserung des »Genpools« des jeweils eigenen »Volkskörpers« interessiert ist. Da diese nur über die Beeinflussung des Zeugungsverhaltens zu erreichen ist, gerät die Fortpflanzung ins Visier der Eugeniker; die Schwangerenbegleitung geht, wie wir bereits gesehen haben, zu dieser Zeit von den Hebammen in die Hand der Ärzte über – und nicht wenige Ärzte sind sehr aufgeschlossen gegenüber den genetischen »Utopien« der Eugeniker. Francis Galton, ein Cousin Darwins und der Begründer der Eugenik, beabsichtigt dabei zum Beispiel eine »künstliche Zuchtwahl«, um der »Degenerierung« der britischen Rasse entgegenzuwirken. Diese »Degeneration« hat, so Galton, ihren Grund nicht etwa in einer Fehlleistung der Evolution, sondern vielmehr in der »Mitleidsmoral« des Christentums oder des Humanismus, welche die »natürliche Auslese« verhindere.[15] Auch Alfred Ploetz, der Begründer der Eugenik in Deutschland, setzt in seiner Schrift *Von der Tüchtigkeit unserer Rasse und der Schutz der Schwachen* auf ein »utopisches« Rassenprogramm.

Das Ziel der »Volksgesundheit«

Die Medizin und die – soziobiologisch ausgerichtete – Eugenik treffen sich an dem Punkt, an dem die Fortpflanzung quantitativ und qualitativ beeinflusst werden soll. Dabei geraten diejenigen Familien ins Visier der »Populationsgenetiker«, die aufgrund willkürlich festgelegter Kriterien als »Risikofamilien«, das heißt als »schädlich für die Volksgesundheit«, eingeschätzt werden. Sie werden schon zu Beginn des 20. Jahrhunderts dahingehend »beraten«, auf die Zeugung von Kindern zu verzichten: Dieser Ansatz wird wegen der Strategie der Verhinderung der Geburt unerwünschter Kinder »negative Eugenik« genannt. Die »positive Eugenik«, die auf die »Zucht« besonderer Merkmale setzt, hat demgegenüber keinen großen »Erfolg«.

Das erfolgreichste »Instrument« zur negativen Selektion ist die Zwangssterilisation, die von der eugenischen Bewegung als bestes Mittel der Rassenpolitik propagiert wird. Adressaten sind dabei keineswegs »nur« Menschen mit körperlicher oder geistiger Behinderung, sondern in recht willkürlicher Fixierung Alkoholkranke, Dumme, Arme, Indianer, Zigeuner oder bestimmte Gruppen von Immigranten.

Zwangssterilisationen werden – mit großer Unterstützung der Eugeniker – zuerst in den USA eingeführt. Bis 1917 sind sie dort bereits in 17 Staaten Praxis. 1927 entscheidet der Oberste Gerichtshof der Vereinigten Staaten, dass die Sterilisation eines Mädchens mit Epilepsie rechtens gewesen sei – dies bedeutet die endgültige rechtliche Legitimation der Zwangssterilisation, weil das amerikanische Recht auf Präzedenzfällen basiert. Das »Zuchtprogramm« wird auf verschiedenen Ebenen angesetzt: Neben den Zwangssterilisationen werden Ehen zwischen Menschen für ungültig erklärt, die den Selektionskriterien nicht entsprechen, oder sie werden gar nicht erst zugelassen; bestimmten Einwanderern (besonders aus Ost- und Südeuropa) wird nun die Einreise in die USA verweigert. In Europa folgen (Zwangs-)Sterilisationsgesetze in der Schweiz und in Dänemark, während in Deutschland und Großbritannien, deren Bevölkerung sich im Gegensatz zu ihren Wissenschaftlern nicht so enthusiastisch den eugenischen Ideen anschließen mag, die *Freiwilligkeit* der negativen Selektion betont wird. Dies geschieht vor allem in der *Beratung* zum Zeugungsverzicht und zur Sterilisation behinderter Angehöriger.

Eugenische Indikationen für Sterilisationen werden, das zeigt dieser historische Bezug sehr deutlich, keineswegs nur in Deutschland und keineswegs nur von den Nazis propagiert und durchgeführt: Alle Länder, die in der wissenschaftlichen Forschung führend sind und die sich der Populationsgenetik verschrieben haben, insbesondere aber Deutschland, Großbritannien, Skandinavien, Russland und die USA, haben Programme, die Sterilisationen und Zeugungsverzicht als Mittel zur »negativen Selektion« vorsehen. Die Nationalsozialisten stehen in der Kontinuität dieser eugenischen Weltanschauung, und das »Gesetz zur Verhütung erbkranken Nachwuchses« von 1933 findet die breite Zustimmung der eugenisch ausgerichteten Wissenschaftler und Mediziner. »Neu« ist allerdings der Rassismus gegenüber Menschen jüdischen Glaubens, womit die »Rassengesetze« eine wichtige Grundlage für die Schoah bilden.

Nach Schätzungen wurden unter der Nazi-Diktatur zwischen 350.000 und 400.000 Menschen zwangssterilisiert. Selbstverständlich fällt auch das Euthanasieprogramm der Nazis in die Kategorie der rassistisch motivierten »Ausmerzung« – von *diesem* staatlichen Mordprogramm mit rassistischem Hintergrund distanzieren sich die Eugenikanhänger aus den anderen Ländern klar; die anderen Ziele bestehen jedoch fort und werden zum Teil erst in den 1970er-Jahren Gegenstand kritischer öffentlicher Diskussionen. Die Elemente der Freiwilligkeit und der direktiven (das heißt mit einer bestimmten Zielsetzung durchgeführten) Beratung nimmt die humangenetische Entwicklung nach dem Zweiten Weltkrieg wieder auf. Lange wird die internationale Forschergemeinschaft der Humangenetik in Kontinuität zum freiwilligen Programm der Eugenik vor dem Zweiten Weltkrieg stehen; der Bruch erfolgt erst um ca. 1970, indem erstens der Gedanke der *Volksgesundheit* und zweitens der Gedanke der *Direktivität* in der Beratung fallen gelassen werden.

Humangenetik nach dem Zweiten Weltkrieg

Der Schatten dieser Geschichte der ersten Hälfte des 20. Jahrhunderts lastet schwer auf der Entwicklung der Humangenetik nach dem Zweiten Weltkrieg, insbesondere natürlich in Deutschland. Während die Embryologie ohne größere Gesellschaftskritik mit der seit den 1950er-Jahren verstärkt forschenden Fortpflanzungs- oder Reproduktionsmedizin verbunden wird, beklagen sich Humangenetiker bis heute, dass sich in Deutschland, anders als in anderen Ländern, die öffentliche Gesundheitsvorsorge immer wieder Anfeindungen ausgesetzt sieht, sofern sich diese auf die Genetik vor der Zeugung bzw. vor der Geburt eines Kindes bezieht. Nicht einmal der Begriff der Prävention scheint in diesem Bereich der Medizin »unschuldig«, umso weniger ein Begriff wie »Volksgesundheit«, der etwa im englischen als »public health« unproblematisch verwendet wird:

> »Volksgesundheit und Genetik gemeinsam – dies weckt stets die Furcht vor einem Rückfall in staatliche Eugenik, vor einem Eingriff in die reproduktive Entscheidungsfreiheit Einzelner, um ein gesellschaftliches Ziel (die Verbesserung des ›Genpools‹) zu erreichen ... reproduktive Entscheidungen angesichts genetischer Risiken zu treffen, ist und bleibt Sache des Einzelnen.«[16]

In den 1950er- und 1960er-Jahren bemüht sich die Humangenetik bzw. die Pränatalmedizin zwar, den Bezug zur genetischen Verbesserung und zur »Volksgesundheit« im Sinne der »alten« Eugenik zu tilgen; aber bekanntlich verläuft die Auseinandersetzung mit der Vergangenheit alles andere als offensiv. Gewiss: Wie überall in den westlichen Ländern tritt die individuelle Selbstbestimmung in den Vordergrund, eine staatlich gesteuerte eugenische Gesundheitspolitik ist, insbesondere in Deutschland, nicht mehr denkbar. Aber die Beteuerung vom Neuanfang bleibt trotzdem häufig nur Rhetorik: Denn es ändern sich weder die Personen – zuvor maßgeblich rassistisch argumentierende Wissenschaftler (wie Fritz Lenz in Göttingen und Otmar von Verschuer in Münster) werden trotz ihrer Verstrickungen in die Eugenikprogramme der Nazis als Institutsleiter der deutschen Humangenetik beschäftigt – noch die Ausrichtung der humangenetischen Beratung: Es geht bis weit in die 1970er-Jahre weiterhin gezielt um die »Prävention« von behinderten Kindern, sofern diese durch eine »erbliche Vorbelastung« in Familien verstärkt auftreten. Das heißt: Zwar wird das Kriterium der Freiwilligkeit (wieder) aufgenommen, zugleich aber wird die Ausrichtung der Beratung im Sinne der Vermeidung von Nachwuchs mit erblich bedingten Krankheiten aufrechterhalten.

Die Betonung der Freiwilligkeit taugt entsprechend als Distanzierungsmerkmal zur »alten« Eugenik wenig, appellierte diese doch vor dem Rassengesetz von 1933 ebenso an die Paare, sich freiwillig an der »negativen Selektion« zu beteiligen. Nicht darin liegt der Unterschied, sondern in der völkisch-rassistischen Begründung, die in der Tat verschwindet: Argumente, die die Verbesserung des »Genpools« zum Inhalt haben, sind, zumal in Deutschland, nicht mehr »hoffähig« und verschwinden in den Jahrzehnten nach dem Krieg zunehmend als Begründung der humangenetischen Praxis. Freilich stimmt auch dies im internationalen Kontext nicht – die hier maßgeblichen Akteure sowie die junge Generation der Molekulargenetiker verschreiben sich in auffälliger Kontinuität noch in den 1950er- und 1960er-Jahren den populationsgenetischen Zielen der alten Eugenikbewegung und die gesellschaftlichen »Utopien« leben in einigen Schriften der Soziobiologie weiter. Nicht von ungefähr wird ein Roman wie *Schöne neue Welt*, der bereits 1932 von Aldous Huxley geschrieben wurde, zum Negativ-Symbol auch der neuen, modernen Nachkriegsgesellschaften, denen es nicht gelingt, die Fantasie der »Menschenzüchtung« zu bannen.

In den 1950er- und 1960er-Jahren propagieren also nach wie vor international anerkannte westliche Wissenschaftler die negative und die positive Selektion im Zusammenhang mit der Fortpflanzung: Prävention wird, wie schon in der frühen Eugenikbewegung, als Verhinderung der Geburt von Kindern mit einer Behinderung interpretiert. Besondere Brisanz erhalten die Forschungen der international anerkannten Genetiker Jungk, Muller und Lederberg über die genetischen Mutationen, die sie im Gefolge der Atombombenabwürfe über Nagasaki und Hiroshima, aber eben auch weiterer nuklearer Strahlenexperimente in den USA in den 1950er-Jahren untersuchen. Diese Experimente führen nicht unwesentlich zu Erkenntnisfortschritten über Mutationen und Vererbungsvorgänge, die die Wissenschaftler für die Weiterentwicklung der Molekulargenetik nutzen. Die erstmalige Abbildung der DNA-Struktur durch Francis Crick und James Watson im Jahr 1953 führt dabei zu einer Beflügelung der Molekularbiologie und mit ihr der Evolutionsbiologie. James Watson, der in den 1980er- und 1990er-Jahren die Entschlüsselung des menschlichen Genoms als Leiter des sogenannten Human Genome Project vorantreiben wird, hat nie einen Hehl aus seiner eugenischen Überzeugung gemacht: So setzt er sich zum Beispiel schon lange für die negative Selektion und für pränatale Reihenuntersuchungen mit dem Ziel der Abtreibung »betroffener« Föten ein. Unter die Merkmale, die analysiert werden sollten, fällt für ihn zum Beispiel auch die Homosexualität (von der Watson annimmt, sie habe eine genetische Ursache). Vorläufig zum letzten Mal erregt dieser für die Humangenomforschung so zentrale Forscher Ende 2007 in Großbritannien dadurch die Öffentlichkeit, dass er seine (nie verschwiegene) rassistische Theorie der Intelligenz öffentlich propagiert.[17]

Fortschritt der Genforschung

Interessant ist dabei, dass auch die »positive Eugenik« wiederbelebt wird: Inzwischen finden die ersten Versuche zur künstlichen Befruchtung des Menschen statt und die Wissenschaftler fantasieren darüber, eine Samenbank mit besonders »wertvollem« Erbgut aufzubauen. Wenige Jahrzehnte später gibt es diese tatsächlich: Mithilfe berühmter Nobelpreisträger, die ihre Spermien spenden, gründet Robert Klark Graham die Samenbank 1980 in den USA; erst 1997 wird sie geschlossen. Pränatalmedizin und Humangenetik auf der einen Seite, und Humangenetik und »künstliche« Befruchtung auf der anderen Seite – dieses Doppelgespann bestimmt von nun an die Pränataldiagnostik und Fortpflanzungsmedizin.

Während die ältere Humangenetik vor allem Risikoprognosen mithilfe von Familienstammbäumen erstellte, gelingt es seit den 1950er- und 1960er-Jahren, neue Erkenntnisse über die Vererbung als solche sowie auch über »Fehlbildungen« zu gewinnen. 1956 wird die Anzahl der Chromosomen bestimmt; das Downsyndrom wird 1959 auf ein gegenüber den doppelt vorkommenden Chromosomen überzähliges Chromosom Nummer 21 (daher der Name »Trisomie 21«) zurückgeführt. Auch andere Chromosomenanomalien werden nun mit klinischen Symptomen identifiziert. Neue zytologische Verfahren ermöglichen die sogenannte Karyotypie, die in den 1970er-Jahren dank der Entdeckung der DNA-Struktur durch Watson und Crick durch die Genotypanalyse ergänzt wird.

Kontinuierlich werden Humangenetik und Pränatalmedizin zusammengeführt: Ab 1958 wird die Sonografie als Instrument der Kontrolle der organischen Entwicklung des Embryos und Föten in der Geburtshilfe entwickelt; 1966 wird die Fruchtwasseruntersuchung eingeführt, die zunächst der Bestimmung der Rhesus-Inkompatibilität zwischen Mutter und Kind dient, schnell aber auch zur Identifikation von Chromosomenveränderungen angewendet wird. Begünstigt wird dieses »Monitoring« der schwangeren Frauen durch die Novellierung des Mutterschaftsgesetzes und die Einführung der Mutterschaftsrichtlinien 1966: Von nun an werden jeweils dem Wissensstand angepasste pränatale Untersuchungen in den Katalog der Leistungen aufgenommen, die von den gesetzlichen Krankenkassen übernommen werden müssen.

Wertewandel: Kinderrechte und eine neue Haltung gegenüber behinderten Menschen

Blickt man allein auf dieses Segment der Wissenschafts- und Medizingeschichte, unterliegt man schnell der Versuchung, dass die Eugenik und die ihr nachfolgende Humangenetik das beherrschende

Thema der Fortpflanzungsmedizin im 20. Jahrhundert gewesen ist. Dies ist aber natürlich nicht der Fall: Nicht nur lebt die eher »traditionelle« medizinische Schwangerenbegleitung weiter, vielmehr erlebt sie sogar in der Bewegung um die »natürliche Geburt« seit den 1970er-Jahren eine Renaissance; auch stehen eher die »neuen« Eugeniker nach dem Zweiten Weltkrieg im Kreuzfeuer der öffentlichen Kritik. Die Nachkriegsgeneration in Deutschland mag sich zwar vor allem institutionell nur sehr langsam aus dem Denkgebäude der Nazizeit befreien – dennoch verändert sich die deutsche Gesellschaft in den ersten Jahrzehnten nach dem Krieg in vielen Bereichen. Zwei Beispiele mögen diesen Wertewandel zeigen – auf die Veränderung des Elternschaftskonzeptes werden wir noch ausführlich zu sprechen kommen:

Erstens gehört in diesen Kontext die Deklaration über Kinderrechte der Vereinten Nationen aus dem Jahr 1959, die zum Beispiel das Recht auf Leben und bestmögliche Gesundheits- und Entwicklungsförderung von Kindern festschreibt, und zwar unabhängig von ihren körperlichen oder geistigen Fähigkeiten oder anderen Merkmalen wie Geschlecht oder Ethnizität. Die implizite Voraussetzung der Kinderrechtsdeklaration (wie auch der 1989 verabschiedeten UN-Konvention zu Kinderrechten) ist, dass dieser Status Kindern ab der Geburt zukommt. Ältere Auffassungen, die bis zum Ende des 19. Jahrhunderts unangetastet blieben, sahen Kinder demgegenüber als »Eigentum« ihrer Eltern an – insofern spiegelt die internationale Bewegung der Anerkennung von Kinderrechten einen bedeutsamen Wertewandel wider.

Zweitens gehört zu den gesellschaftlichen Veränderungen zweifellos auch eine neue Haltung gegenüber behinderten Menschen. Ein Beispiel: Die seit den 1950er-Jahren gesellschaftlich auftretende Initiative »Aktion Sorgenkind« (seit den 1990er-Jahren heißt sie »Aktion Mensch«) mag von Behindertenverbänden heute zu Recht kritisch beurteilt werden – in der damaligen Zeit jedoch rückt sie Menschen mit Behinderung ins Licht der Öffentlichkeit, zeigt ihre Bedürfnisse und Möglichkeiten und bereitet so auch den Boden für die Entwicklung ausgefeilter Fördermöglichkeiten. Freilich basiert der Umgang mit behinderten Menschen in diesen Jahrzehnten auf einer Politik der »Be-sonderung«, um eine hochwertige Betreuung zu ermöglichen. Die Kehrseite dieser »Sonderbehandlung« mit durchaus guter Absicht ist aber die »Ab-sonderung«, die eine Gesellschaft gar nicht erst zwingt, sich mit Integrationsmöglichkeiten auseinanderzusetzen, und die Familien mit behinderten Angehörigen leicht in die Isolation treibt. Mit der Verabschiedung der UN-Konvention über die Rechte von Menschen mit Behinderung im Jahr 2007, die Deutschland 2009 ratifiziert hat, ist ein weiterer Meilenstein gelungen, der die ex-klusive Förderung durch die in-klusive Förderung ersetzt und damit auch die sozialen Faktoren der Behinderung stärker berücksichtigt. Ein rein medizinischer Begriff der Behinderung ist mit der Konvention nicht mehr vereinbar.

Die Beratung von Paaren vor der Zeugung von Kindern bzw. während der Schwangerschaft wird in der zweiten Hälfte des 20. Jahrhunderts zu einer genuinen Aufgabe der Humangenetik. Sie wird von universitären Instituten angeboten und durchgeführt, die sich langsam von den »alten« Eugenikern emanzipieren. In den 1970er-Jahren verändert sich dadurch auch das Gesicht der humangenetischen Beratung, und zwar sicher nicht im Sinne der »alten« oder »neuen« Eugeniker – das Credo lautet nun: weg von der Prävention, hin zur nicht-direktiven Beratung von individuellen Paaren, und zwar ohne weitergehende Zielsetzung in Bezug auf die »Volksgesundheit«.

Die Ausrichtung auf die Bedürfnisse der individuellen Paare bzw. schwangeren Frauen, die so lange im Hintergrund geblieben waren, ist eine Errungenschaft, und sie bedarf zur Durchsetzung einer neuen Generation von Humangenetikern, die sich von den alten eugenischen Zielen radikal distanziert. Erst jetzt kommt die Geschichte auf den Prüfstand, das immer noch geltende Gesetz zur Zwangssterilisation wird endgültig abgeschafft (1974) und die Gesellschaft für Humangenetik öffnet sich dem Gespräch mit den Behindertenverbänden. Dennoch: Wenn diskutiert wird, dann über die Gewährleistung der individuellen Autonomie und die Beratung bzw. Hilfe für Paare, in deren Familiengeschichte das »Risiko erblich bedingter Behinderungen oder Krankheiten« ausgemacht werden kann. Wenig diskutiert wird dagegen über die Begriffe Gesundheit, Krankheit oder Behinderung, die den jeweiligen angebotenen Optionen zugrunde liegen. Dies ändert sich erst in den 1980er- und 1990er-Jahren – nicht zuletzt, zumindest in Deutschland, durch das neue Selbstbewusstsein der Behindertenverbände einerseits und durch die Reproduktionsmedizin andererseits.

Wir können bis hierhin festhalten: Erst durch die Aufarbeitung der Sozialgeschichte der Medikalisierung und die Biologisierung der Schwangerschaft vor allem im 20. Jahrhundert wird klar, wie sehr der Krankheits- und Gesundheitsbegriff, den wir in der Humangenetik bzw. Pränatalmedizin zugrunde legen, selbst einer Konstruktion unterliegt, die durch gesellschaftliche Einflüsse mit beeinflusst ist. Über weite Strecken des 20. Jahrhunderts beherrschen die Schwangerenvorsorge und die Entwicklung der Geburtshilfe die Diskussion; hinzu kommt aber die Debatte um den Schwangerschaftsabbruch und – zunächst aus der Biologie kommend, dann zunehmend politisch zugespitzt – die Diskussion um die negative oder positive Beeinflussung der »Qualität« der Nachkommen im Sinne eines völkischen oder rassistischen Denkens. In der zweiten Hälfte des 20. Jahrhunderts werden diese Elemente abgelehnt; was bleibt, sind individuelle Beratungsprogramme, die nun die Verantwortung und Entscheidung den Eltern überlassen, damit diese im »besten Interesse« ihres Kindes handeln. Wenn heute mit Empörung auf kritische Anfragen reagiert wird, die die Kontinuität zur Eugenikbewegung des 19. und 20. Jahrhunderts herausstellen, dann meinen die Wissenschaftler vor allem die staatlich gelenkten »Zucht«-Programme. Kritiker meinen aber meistens gar nicht dies, sondern die Annahme, dass ein objektiver normativer Standard der (Volks-)Gesundheit (»public health«) Rückwirkungen auf die humangenetischen Tests hat, die implizit oder auch (vor allem international) explizit von der Richtigkeit der *Prävention* von Kindern mit angeborenen Behinderungen ausgehen.

Die Annahme objektiver Gesundheitskriterien der Lebensqualität, die Entscheidungen über das Lebensrecht und den Lebenswert eines Menschen nach sich ziehen, ist meines Erachtens jedoch zu Recht in Kontinuität zur Eugenikbewegung zu sehen. Dies bestätigen einerseits diejenigen Ethiker, die eine »individuelle« oder »liberale« Eugenik für begründbar erachten und damit den Eugenikbegriff selbst positiv wiederbeleben, andererseits aber auch diejenigen, die die elterliche Autonomie mit verpflichtenden gendiagnostischen Maßnahmen *einschränken* wollen.[18] Das heißt: Weder kann eine umfassende Kontinuität zur Eugenikbewegung des 20. Jahrhunderts behauptet werden, wenn diese das Naziprogramm der »Menschenzucht« meint, noch kann ein vollständiger Bruch mit den biologischen und medizinischen *Begründungen* der Eugenikbewegung behauptet werden, die für eine strukturelle Bekämpfung angeborener Behinderungen über die entsprechenden Fortpflanzungsprogramme plädierten.

Der Begriff der »reproduktiven Autonomie«

Niemand in der Wissenschaftsgemeinschaft geht heute davon aus, dass die Entscheidungs- und Handlungsfreiheit von Frauen ignoriert werden darf. Diese wird heute unter dem Stichwort der »reproduktiven Autonomie« diskutiert. Doch eigentlich ist dies kein ganz treffender Begriff, wenn damit in erster Linie die Verantwortung gemeint ist, die unter anderem auch auf das veränderte Verhältnis von Eltern und Kindern zurückgeht und die in den Kinderrechten normativ verankert ist. Auf die Tücken dieses Begriffs, der zuweilen eher als »Kampfbegriff« gegen jede Regulierung der Fortpflanzungsmedizin eingesetzt wird denn als Begründung für die Engführung der Verantwortung auf die Eltern – und die Eltern alleine –, werden wir in der ethischen Diskussion zurückkommen. Aus historischer Perspektive betrachtet, vermischen sich hier jedoch mehrere Stränge der gesellschaftlichen Auseinandersetzung: Zum einen ist dies die Verteidigung der Frauenrechte gegenüber einer paternalistischen Medizin *und* Gesetzgebung, die vor allem aus der Erfahrung des gesellschaftlichen Umgangs mit Schwangerschaftsabbrüchen resultiert. Hier bedeutet reproduktive Autonomie den Kampf um die Handlungsfreiheit von Frauen gegenüber anderen Akteuren, die nicht unmittelbar von den Konsequenzen einer Schwangerschaft betroffen sind.

Zum anderen bedeutet die reproduktive Autonomie aber die liberale Verteidigung der Neutralität des Staates, etwa im Fall der Reproduktionsmedizin, der Embryonenforschung oder der Präimplantationsdiagnostik. Diese Begründungslinie, die häufig von Reproduktionsmedizinern gegenüber Befürwortern einer Regulierung der Fortpflanzungsmedizin angeführt wird, hat weniger mit den Rechten von Frauen zu tun als mit der Überzeugung des politischen Liberalismus. Dem politischen Liberalismus geht es um die Bestimmung von Politik, Recht und Ethik bzw. Wertauffassungen in pluralen Gesellschaften. In der westlichen Rechtstradition darf der Staat (mit seinen Rechtsinstitutionen) in die Freiheiten Einzelner nur dann eingreifen, wenn die Rechte anderer betroffen sind; insbesondere nach der angelsächsischen Tradition des »politischen Liberalismus« hat sich der Staat demgegenüber aus dem Widerstreit in der Zivilgesellschaft über das »gute Leben« herauszuhalten. Diese Auffassung über das Verhältnis von Staat, Gesellschaft und Individuen stimmt aber nicht ganz mit der deutschen politischen Philosophie überein – weil historisch insgesamt in Europa nicht der angelsächsische politische Liberalismus vorherrschend war. Insbesondere gilt für die deutsche Rechtstradition nach dem Zweiten Weltkrieg, dass der Würdeschutz expliziter Bestandteil des deutschen Grundgesetzes ist und der Staat mit seinen Rechtsinstitutionen die Subjekte festlegen muss, die unter diesen Würdeschutz fallen. Die Entscheidung darüber, welchen Status etwa ein menschlicher Embryo hat, ist daher keine persönliche Entscheidung von Paaren (oder Medizinern), sondern eine rechtlich relevante – und daher politische – Entscheidung, da die Nichtregulierung etwa von Embryonenforschung oder auch die Präimplantationsdiagnostik einer impliziten Neutralisierung des Würdeschutzes gleichkäme. Reproduktive Autonomie kann in diesem Kontext daher nur als Handlungsfreiheit und Handlungsverantwortung im Rahmen der – auf Menschenwürde basierenden – Gesetze aufgefasst werden.

Herausforderung Bioethik

Von einer wissenschaftstheoretischen bzw. wissenschaftsethischen Begleitreflexion der gesellschaftlichen Dynamiken, die nach dem Zweiten Weltkrieg zu beobachten sind, ist bis weit in die 1980er-Jahre hinein wenig zu spüren. Es bedarf vielleicht erst der Entstehung einer anderen Disziplin, nämlich der Bioethik, die zu dieser Zeit aus den USA nach Europa und Deutschland kommt, um der Notwendigkeit einer Neubestimmung der Werte in einer pluralen Gesellschaft einen Namen zu geben. Außerdem bedarf es der Auslotung zwischen Wissenschaft, Politik, Recht und Ethik. Die Bioethik entsteht in den USA mit dem expliziten Ziel, die neuen Technologien, vor allem mit Blick auf medizinische Humanexperimente, aber auch die biomedizinischen Entwicklungen am Lebensanfang (Fortpflanzungsmedizin, Embryonenforschung und genetische Diagnostik) sowie die Entscheidungen am Lebensende (Organspende und die Bestimmung des Todeszeitpunkts, Sterbehilfe und assistierter Suizid) ethisch zu reflektieren. Nachdem jedoch die kritische Funktion der Bioethik gegenüber der Biomedizin spätestens mit der Prominenz von Bioethikern wie Peter Singer angezweifelt wurde, reagieren heute zunehmend entweder die Theologie, ansonsten aber die kritische Soziologie bzw. Philosophie auf den Anspruch, die Veränderungen mit einer kritischen Analyse zu begleiten.

Pränataldiagnostik als Instrument der Schwangerenvorsorge

Die entscheidenden biomedizinischen Entwicklungen hin zur Pränataldiagnostik und »modernen Fortpflanzungsmedizin« finden in den 1960er- und 1970er-Jahren statt. Sie sind gekennzeichnet durch Begriffe wie »Pille«, die Analyse der Struktur der DNA und des menschlichen Genoms, die assistierte Befruchtung oder In-vitro-Fertilisation, die Fruchtwasseruntersuchung, die Entwicklung prädiktiver Gentests und schließlich die selektive Präimplantationsdiagnostik. Am extremen Ende dieser Entwicklung mag die Klonierung eines Embryos als »Spender« menschlichen Gewebes stehen, die jedoch (bisher) von der überwältigenden Mehrheit aller Staaten abgelehnt wird. An den Schlagworten, die in den letzten Jahrzehnten ins kollektive Wissen derjenigen eingehen, die sich überhaupt mit der Fortpflanzung beschäftigen, lässt sich die radikale Veränderung der Fortpflanzung absehen – die Medikalisierung und Biologisierung, die im 19. Jahrhundert entsteht, ist seit wenigen Jahrzehnten ein »normaler« Bestandteil der Schwangerschaft und Fortpflanzung, auch wenn dies beinahe lautlos geschieht.

Könnte es sein, dass wir derzeit den nächsten »Schub« erleben? Dass die Analyse des menschlichen Genoms und die damit einhergehende Revolution der Molekularbiologie die Elternschaft noch einmal radikal verändert? Einige Hinweise sprechen für eine zunehmende Privatisierung und Ökonomisierung: Während bis in die 1990er-Jahre die pränatale Diagnostik und humangenetische Beratung vor allem in der Hand der Universitätskliniken liegt, verändert das Angebot der biochemischen Risikotests sowie der DNA-Analysen dies noch einmal gravierend. Es lohnt sich, darauf gesondert einzugehen, weil die Entwicklung der Gentests, die außerhalb der Medizin etwa für Vaterschaftstests, in der Kriminalistik, für Arbeitnehmertests oder in der

Versicherungspraxis eingesetzt werden, vor ungeborenen Kindern bzw. Embryonen oder Föten nicht haltmacht. Während jedoch in den postnatalen medizinisch orientierten Diagnosen und auch in den nicht-medizinischen Handlungsfeldern selbstverständlich die Existenz des genetisch Getesteten nicht zur Disposition steht, ist dies in der pränatalen Diagnostik anders. Hier kann ein Gentest über Leben und Tod entscheiden – indem die statistische Wahrscheinlichkeit, eine bestimmte Krankheit oder eine bestimmte Behinderung zu entwickeln, rechtlich gesehen die Tötung dann erlaubt, wenn sie aus der Sicht der schwangeren Frau als unzumutbar betrachtet wird und ein Arzt ihr die gesundheitliche Beeinträchtigung bescheinigt.

Die Entwicklung von Gentests

Beginnen wir *diese* Geschichte noch einmal mit der Fruchtwasseruntersuchung. Sie wird in den 1960er-Jahren entwickelt. Die Begründung lautet: Die Fruchtwasseruntersuchung erlaubt es, präventiv therapeutisch intervenieren zu können, insbesondere im Fall der Rhesusunverträglichkeit. Dies geschieht in der Zusammenarbeit von humangenetischen Instituten, gynäkologischen Praxen bzw. Neugeborenenstationen und Labors. Neben dieser therapeutischen Zielrichtung erlaubt die Fruchtwasseruntersuchung nun aber auch denjenigen Paaren, die eine bekannte familiäre Krankheit nachweisen können, die Identifizierung derjenigen Föten, die die Krankheitsmerkmale aufweisen. Auch für sie, so argumentieren die Pränatalmediziner zusammen mit den Humangenetikern, könne die Fruchtwasseruntersuchung Abhilfe leisten. Wir haben allerdings gesehen, dass zu dieser Zeit nicht wenige Humangenetiker immer noch die Vermeidung der Fortpflanzung mit »Erbschäden« propagieren; entsprechend ist es nicht abwegig, anzunehmen, dass neben dem therapeutischen Interesse durchaus auch das Interesse besteht, die Fruchtwasseruntersuchung als Screeningmethode für Risikopatienten zu entwickeln, um im Fall »betroffener« Föten die Schwangerschaft abbrechen zu lassen.

Bald weitet sich der Kreis der Adressatinnen der Fruchtwasseruntersuchung aus: Je mehr (monogenetisch bedingte und daher relativ leicht mit den gängigen Analyseverfahren feststellbare) Krankheiten analysierbar werden, desto mehr Paare geraten in den Blick. Der Zusammenhang zwischen dem Alter der schwangeren Frau und der Zunahme von Chromosomenstörungen bewirkt ein Übriges. Zunehmend betonen die Ärzte dabei, dass die Fruchtwasseruntersuchung nicht alleine der Identifizierung von Krankheiten dient, sondern dass die Frauen selbst mit so viel Angst in die Schwangerschaften gehen, dass eine Fruchtwasseruntersuchung ihnen diese Sorge zu einem großen Teil wieder nehmen könne. Schon in den 1980er-Jahren rückt demgegenüber die therapeutische Zielrichtung eher in den Hintergrund.

Zwischen 1970 und 1990 vollzieht sich der Generationswechsel innerhalb der Humangenetik. Nun kommt das zweite Merkmal der Distanzierung von der Vorkriegs-Eugenik stärker zum Tragen: Neben der Freiwilligkeit ist es nun die Individualität eines jeden Falls, die die humangenetische Beratung ausmacht. Das bedeutet, dass es keine Ausrichtung mehr auf wie auch immer geartete gesellschaftliche »Fortpflanzungsprogramme« gibt; keine Zielsetzung vonseiten der Ärzte für die Paare, sondern vielmehr bildet Information in Form eines genetischen Beratungsgespräches den Kernbestand der Partnerberatung. Die Nicht-Direktivität, zusammen mit der Betonung der individuellen Hilfe, bestimmt von nun an das Berufsethos der Humangenetik. Nicht vonseiten der Eugenik droht diesem hohen Verantwortungsideal Gefahr, sondern vielmehr von der technischen Entwicklung selbst: Es sind die Tests, die nun ein scheinbar »autonomes« Leben in der Schwangerenvorsorge und -begleitung entfalten; sie machen das Ziel des Dreischritts von Beratung-Test-Beratung zunichte, weil sie sowohl quantitativ als auch finanziell die Beratungskapazitäten übersteigen.

Trotzdem wird lange am Ideal festgehalten, Paaren vor der Entnahme des Fruchtwassers, die zur Information über die genetische Ausstattung des Kindes führt, eine genetische Beratung anzubieten.[19] Die Defizite in der Bereitstellung führen auch innerhalb der Gesellschaft für Humangenetik Ende der 1980er-Jahre zu heftigen Diskussionen. Hinzu kommt, dass die Fruchtwasseruntersuchung keineswegs die einzige Diagnosemöglichkeit ist; neben der Sonografie sind es vor allem einige andere invasive Techniken, die den Humangenetikern Sorge bereiten.

Bemerkenswert sind zwei Stellungnahmen der Fachgesellschaft der Humangenetik aus den Jahren 1990 und 1992 anlässlich eines Risikotests für das Downsyndrom, der später unter dem Namen »Triple-Test« eingeführt wurde. Auf diesen Test will ich exemplarisch etwas ausführlicher eingehen – denn wir können an ihm den grundlegenden Wandel ablesen, der in der Gesellschaft für Humangenetik vollzogen worden ist[20]:

Die Firma Amersham Buchler GmbH & Co. KG, so heißt es in der ersten Stellungnahme von 1990, möchte unter dem Namen »FETO CHECK« einen Test-Kit zur »nicht-invasiven Pränataldiagnostik des Downsyndroms, langfristig auch für einige andere Entwicklungsstörungen, auf den Markt bringen«. Neben Einwänden gegen die Namenswahl hält die Gesellschaft für Humangenetik die intendierte Zielsetzung – die Identifizierung von Risikoträgerinnen für die Trisomie 21 – für unvertretbar. Sie schreibt: »Das Testergebnis führt für das Downsyndrom allenfalls zu einer Modifizierung des altersentsprechenden Risikos und enthält alle problematischen Aspekte von Screeningmethoden.«

Zwei Jahre später plädiert die Fachgesellschaft sogar für ein Moratorium: Sie weist auf die Schwächen des Testverfahrens hin, auf die Unsicherheit der Risikobestimmung, nicht zuletzt aber auch auf das Defizit der vorherigen Aufklärung der schwangeren Frauen. Hierdurch werden in vielen Fällen Befunde unzutreffenderweise in Richtung einer dramatischen Risikoerhöhung interpretiert, wodurch erhebliche Unruhe unter den Schwangeren entsteht. Als Folge solcher Mitteilungen wird sehr häufig eine Fruchtwasseruntersuchung mit nachfolgender Chromosomendiagnostik als einziger Ausweg angesehen.

Trotz dieser Warnungen entwickelt sich der Triple-Test in den folgenden Jahren zu einem Standardangebot der pränatalen Diagnostik – und das, obwohl er nicht einmal in den Katalog der von den Krankenkassen übernommenen Vorsorgeuntersuchungen gehört. Längst nicht alle Humangenetiker teilen allerdings die skeptische Einschätzung der Gesellschaft für Humangenetik und auch die Zurückhaltung gegenüber den Reihenuntersuchungen (»screenings«) wird keineswegs von allen geteilt.[21]

Nun könnte man denken, dass der kritischen Einschätzung der Deutschen Gesellschaft für Humangenetik vielleicht inzwischen Rechnung getragen wurde. Zudem wurden doch in den letzten 20 Jahren die Tests in vielen Hinsichten verbessert. Was passiert in dieser Zeit eigentlich mit dem Triple-Test? Verschwindet er? Wird er verändert?

In einem aktuellen Überblicksartikel aus dem Jahr 2010 wird deutlich, dass der Triple-Test nach wie vor eingesetzt wird, und zwar vor allem zum »Screenen« von Downsyndrom. Tim Reynolds, ein britischer Medizinprofessor, hat untersucht, inwiefern dieser Risikotest heute überhaupt noch sinnvoll ist. Er kommt zu dem Schluss, dass der Triple-Test heute durch andere Risikotests (vor allem den sogenannten Quadruple-Test) ersetzbar wäre, dennoch aber – zumindest in Großbritannien – weiter eingesetzt wird. Er nennt verschiedene Gründe, unter ihnen die höheren Kosten für bessere Tests, die kaum eine bessere Prognose liefern. Dennoch erwartet Reynolds, dass der Triple-Test in Zukunft mehr und mehr ersetzt werden wird.

Die Kommerzialisierung der Gentests

Der Übergang des Angebots pränataler Tests von Universitäten zu den gynäkologischen Praxen einerseits und von öffentlich gut kontrollierten Tests zu privat, das heißt zusätzlich zur gesetzlich empfohlenen Leistung, angebotenen Tests andererseits ist damit bereits Anfang der 1990er-Jahre vollzogen. In der Folge wird diese Tendenz durch das zunehmende Angebot genetischer Tests steigen. Dadurch werden die qualitativ hochwertigen Tests mit psychosozialer und ethischer Begleitung durch die humangenetischen Institute noch mehr in die Defensive gerückt, bis schließlich niemand mehr eine Qualitätssicherung für die Beratung vor und nach der Diagnose für finanzierbar hält.

Ende der 1990er-Jahre tritt die Analyse des menschlichen Genoms in eine neue, dramatische Phase. Mit Craig Venter hat das staatlich geförderte Human Genome Project einen privaten Konkurrenten bekommen, und immer mehr Biotechnologie-Firmen werden gegründet, die spezifische Verfahren anbieten, die notwendig sind, um genetische Tests durchführen zu können. Derzeit sind ca. 5000 monogen vererbte Krankheiten bekannt, für mehr als 1000 davon sind genetische Tests verfügbar. Die Universitätsinstitute arbeiten mit den Anbietern zusammen, doch mittlerweile drängen immer mehr von ihnen, auch unabhängig von den medizinisch ausgerichteten Instituten, die der öffentlichen Kontrolle unterliegen, auf den Markt.[22] Das Internet wird zu einem besonderen Markt, sogar für die sogenannten prädiktiven Tests, die zu einem Gutteil nur auf einer Risikoabschätzung basieren. Heute kann jeder kommerzielle Tests an der eigenen DNA durchführen lassen: Eine kleine DNA-Probe reicht; sie wird an ein privates Gentest-Labor wie zum Beispiel das isländische »DeCODEme« oder »23andME« geschickt und dort für ca. 1000 US-Dollar ausgewertet.

Bei der Pränataldiagnostik ist dies schwieriger, weil die Gewebeprobe vom Föten genommen werden muss – dies geschieht aber heute noch mit Ultraschallüberwachung über eine Biopsie; prinzipiell könnte diese Probe, deren »Eigentümer« die Frau (oder das Paar?) ist, privat an ein Gentest-Labor geschickt werden.

In unserem Kontext der Pränataldiagnostik heißt dies: Nur einige Jahre nach der Einführung der Fruchtwasseruntersuchung wird diese schon in gynäkologischen Praxen angeboten, die eng mit Speziallabors zusammenarbeiten, in denen Chromosomenanalysen durchgeführt werden. Damit ist das »Monopol« der universitären humangenetischen Institute aufgebrochen. Zugleich bricht das – stets nur als Vision vorhandene – Konzept der intensiven individuellen Begleitung ein, das in der Humangenetik seit den 1970er-Jahren entwickelt wurde: Kaum etabliert, ist es faktisch zunichtegemacht. Die niedergelassenen Ärzte haben weder die Ausbildung noch den (finanziellen) Anreiz, ihre Patientinnen eingehend über die genetischen Wahrscheinlichkeitstests zu informieren. Hinzu kommt, dass gerade Familienmitglieder mit einer Vorgeschichte oft sehr viel besser über das jeweilige Krankheitsbild informiert sind, als die Frauenärzte dies sein können – schließlich sind die meisten der bekannten monogenetisch vererbten Krankheiten extrem selten. Aber der Unterschied zwischen erfahrener Krankheit in der Familie und genetischer Diagnose bleibt bestehen: Auch wenn ein Gentest einen »positiven Befund« aufweist, sagt dies noch nichts über die »Expressivität« bzw. »Penetranz« der genetischen Veränderung aus. Man weiß bis heute nicht, welche Ausprägung ein bestimmter genetischer Befund wirklich haben wird, und ob es nicht Faktoren gibt, die die genetischen Merkmale kompensieren können. Die Interpretation der genetischen Daten erfordert ein Wissen, das auch Frauenärzte nicht notwendig aufweisen – zumal sich der Forschungsstand rasant verändern kann.

Nicht nur die Humangenetiker beschäftigen sich seit den 1990er-Jahren immer wieder mit verschiedenen Aspekten der Schwangerenbetreuung. Heute gehört es zum Standard in einer jeden Arztpraxis, dass dort zumindest Broschüren ausliegen, welche über die verschiedenen Diagnosemöglichkeiten informieren. Dass dabei einige »Angebote« gar nicht von den Kassen übernommen werden, stellen Schwangere häufig erst später fest. Zunehmend verschwimmt die Grenze zwischen den sogenannten nicht-invasiven und den invasiven Diagnosetechniken; insbesondere die ausgereiften Sonografie- oder Ultraschallgeräte spielen eine entscheidende Rolle in der Pränataldiagnostik. Es herrscht bei all diesen Angeboten jedoch ein seltsames Missverhältnis vor: Während in immer leuchtenderen Farben die Fortschritte ausgemalt werden und die Techniken »Sicherheit« und »Gesundheit« des Kindes nach dem Testergebnis suggerieren, vermögen die meisten Tests keineswegs Aufschluss über einen individuellen Krankheitsverlauf, über die Schwere einer diagnostizierten Behinderung oder die Ausprägung bei einem individuellen Kind zu geben. Häufig geht es um nicht mehr als um statistische Wahrscheinlichkeitswerte, die die meisten Paare (und womöglich auch die Ärzte) nur schwer auf ihren individuellen »Fall« beziehen können. Dass im Hintergrund der Pränataldiagnostik das größte nach dem Zweiten Weltkrieg durchgeführte Bevölkerungs-Screening stattfindet, wird aufgrund der Freiwilligkeit meistens gar nicht gesehen. Und nicht zuletzt wird die mögliche Konsequenz der Pränataldiagnostik, die Entscheidung über die Fortführung oder den Abbruch einer Schwangerschaft, so gut verdrängt und gesellschaftlich tabuisiert, dass sie gerade kein Entscheidungskriterium für oder gegen die Durchführung des Tests darstellt. Wie wir im nächsten Kapitel noch einmal genauer sehen werden, kommt es im Falle eines »positiven« Befundes dann leicht zu dramatischen Situationen für Schwangere, die scheinbar »plötzlich« entstanden sind.

Richtlinie zur Pränataldiagnostik

In ihrer Richtlinie zur Pränataldiagnostik von 2003 fasst die Bundesärztekammer die derzeit angebotenen Testmöglichkeiten zusammen. Sie werden als Ergänzung zu den Mutterschaftsrichtlinien betrachtet[23]:

Anlass	Test	Entnahmetechnik
Erhöhtes Alter der Schwangeren	Chromosomenanalyse	Chorionzottenentnahme Früh-Amniozentese Standard-Amniozentese (mit oder ohne Plazentapunktion) Alternativ: Nabelschnurpunktion

Verdächtiger Ultraschallbefund oder auffälliges Ergebnis der Untersuchung biochemischer Marker	Chromosomenanalyse und weitergehende Laboruntersuchung	Amniozentese (mit oder ohne Plazentapunktion) Alternativ: Plazentapunktion Chorionzottenentnahme (z.B. bei Nackenödem, Plexuszyste) Früh- oder Standard-Amniozentese und Plazentapunktion Alternativ: Nabelschnurpunktion
Risiko für eine molekulargenetisch erkennbare Störung	DNA-Analyse	Chorionzottenentnahme oder Plazentapunktion (mit oder ohne Amniozentese)
Risiko für eine biochemisch erkennbare Störung	Biochemische Analyse	Chorionzottenentnahme, Früh- oder Standard-Amniozentese und Plazentapunktion

Zeitpunkt des Eingriffs:

Frühamniozentese:	SSW 12 + 0 bis 14 + 6,
Standard-Amniozentese:	ab SSW 15 + 0,
Nabelschnurpunktion:	ab SSW 17 + 0,
Chorionzottenentnahme:	ab SSW 10 + 0 (wegen eventuell eingriffsbedingter Extremitätenfehlbildungen nicht früher)

In den Ausführungen der Bundesärztekammer heißt es weiter:
3.4 Pränatale Diagnostik bei erhöhtem Risiko (zum Beispiel nach dem Ergebnis der Untersuchung biochemischer Marker); Möglichkeiten der gezielten pränatalen Diagnostik bei erhöhtem Risiko sind

NICHT INVASIV:

- mikrobiologische Untersuchungen aus dem Blut der Schwangeren,
- gezielte Sonografie,
- Röntgendiagnostik, eventuell Magnetresonanztomografie.

INVASIV (SIEHE TABELLE):

- Chorionzotten-/Plazentabiopsie,
- Amniozentese,
- Chordozentese,
- Organbiopsie (zum Beispiel Haut, Leber, Muskel),
- Embryo-/Fetoskopie.

DAS ZYTOGENETISCHE ERGEBNIS IST VERFÜGBAR

- in der Kurzzeitkultur nach 1 bis 3 Tagen (hat die Bedeutung eines vorläufigen Ergebnisses),
- in der Langzeitkultur nach 10 bis 21 Tagen,
- nach Nabelschnurpunktion nach 3 bis 5 Tagen.

Die Interphase-FISH-Diagnostik und/oder molekulargenetische Schnelldiagnostik kann als Schnelltest zur Erkennung der häufigsten Aneuploidien dienen, jedoch – mit Ausnahmen – eine Karyotypisierung nicht ersetzen.

Eine psychosoziale, von den Ärzten unabhängige Beratung, die den medizinischen Befund im Kontext der familiären Biografien interpretieren kann, gehört nicht zu den Maßnahmen der gesetzlich gestützten Schwangerschaftsbetreuung: Diese richtet sich stark an der technisch aufwendigen Analyse von Risikofaktoren (Röteln, Schwangerschaftsdiabetes, Rhesusunverträglichkeit, HIV/Aids etc.) aus und überlässt die psychologischen, sozialen und ethischen Fragen den Paaren selbst.

Im Gendiagnostikgesetz, das seit Februar 2010 in Kraft ist, nimmt die genetische Beratung zwar einen breiten »normativen« Raum ein, da eine Beratung sowohl vor einer genetischen Untersuchung als auch danach – unabhängig vom Ergebnis – angeboten werden muss. Aber zum Beispiel fallen darunter weder die Risikotests wie der genannte Triple-Test oder Quadruple-Test noch der kombinierte Erst-Trimester-Test, der ebenfalls nicht auf einer genetischen Untersuchung basiert. Darüber hinaus besteht eine genetische Beratung darin, die medizinischen Risiken, die Krankheitsbilder, die verschiedenen Untersuchungsmöglichkeiten und den möglichen Schwangerschaftskonflikt darzustellen – eine weitergehende psychosoziale oder gar ethische Beratung ist nicht vorgesehen. Unabhängig davon, wie man zu einem umfassenden Beratungsangebot stehen mag, das unter Umständen die Schwangerschaft noch mehr in einen Zustand allgemeiner Besorgnis und Angst vor dem Risiko für die physische und psychische Gesundheit von Frau und Kind wahrnehmen lässt, darf die genetische Beratung nicht mit einer umfassenden Beratung verwechselt werden.

Es ist vielleicht symptomatisch für die Schwierigkeit, mit der Pränataldiagnostik rechtlich und politisch umzugehen, wie lange es dauerte, bis der Deutsche Bundestag sich dazu durchringen konnte, neben einer dreitägigen Bedenkzeit die Beratungspflicht vor einem medizinisch indizierten Schwangerschaftsabbruch nach der 12. Woche zu beschließen. Immerhin: Nach dem reformierten Schwangerschaftskonfliktgesetz (seit 1.1.2010 in Kraft) ist im Konflikt um den Abbruch einer Schwangerschaft der Hinweis auf das *Recht* auf eine psychosoziale Beratung vonseiten des behandelnden Arztes obligatorisch.

Die Pränataldiagnostik aus Sicht der Eltern

Die Gesundheit der Embryonen wird, so lässt sich sicher ohne zu große Verzerrung der historischen Forschung sagen, einerseits auf der Grundlage der modernen Genetik, andererseits auf der Grundlage der modernen Embryologie, zu einem Forschungsfeld der Pränatalmedizin. Während die Genetik auch nach dem Zweiten Weltkrieg zunächst auf der Analyse von Familienstammbäumen basiert und nur ungefähre Daten liefern kann, ist die Embryologie durch die Entwicklung zum Beispiel der Sonografie und anderer visueller Techniken im Vorteil. Hinzu kommen, wie wir gesehen haben, die Fortschritte in der Biochemie, die die Nutzung bisher in ihrer Aussagefähigkeit unbekannter Blutwerte von Mutter und Kind für die Gesundheitskontrolle des ungeborenen Kindes ermöglichen.

Von all diesen Entwicklungen erfahren die schwangeren Frauen nur insofern, als ihnen Vorsorgeinstrumente und Diagnosetechniken angeboten werden, die ihren Eltern vollkommen fremd erscheinen müssen: Wir haben gesehen, wie sehr sich die Schwangerenbetreuung, vor allem aber die Geburtshilfe in der ersten Hälfte des 20. Jahrhunderts verändert hat. In den letzten Jahrzehnten vollzieht sich der Übergang von der Forschung zur allgemeinen Praxis, zunächst schleichend, dann jedoch, seit den 1980er-Jahren, immer schneller und in seiner Unumkehrbarkeit immer dramatischer. Zur Jahrtausendwende wird die Schwangerenbetreuung zu einem Gutteil als Prognose und Diagnose der Gesundheit des Kindes betrachtet – wobei für diese Prognose und Diagnose immer weniger ärztliche Betreuung notwendig ist.

In der medizinisch geprägten Betreuung von schwangeren Frauen verändern insbesondere die Bilder des Embryos bzw. Föten die Wahrnehmung und Erfahrung von Schwangerschaft und Geburt: An die Stelle des Fühlens in der zweiten Hälfte der Schwangerschaft tritt seit den 1960er-Jahren die technisch vermittelte visuelle Wahrnehmung, die dem Arzt zur Beobachtung des Kindes dient, für die Eltern freilich zu einem Bestandteil der Erfahrung bzw. Beziehung zum Kind wird. Die Generation der Nachkriegsmütter kann sich dank des technischen Fortschritts ein »Bild« von ihrem Kind machen. Das Vorstellungsbild, das weitgehend von der Imagination geprägt ist und des Selbstgespürs der schwangeren Frau bedarf, wird ergänzt, zuweilen aber auch ersetzt durch das Bild, das mit technischen Mitteln erzeugt wird und dadurch prinzipiell »allen« und nicht nur der werdenden Mutter zugänglich ist. Das bewegte Schattenbild des Ultraschalls, das mit gesteigerter Technik dreidimensional alle Details bis zu den Adern, den

Fingernägeln oder Organen zeigt, verschiebt die Intimität der weiblichen Erfahrung der physischen Symbiose hin zur öffentlichen Wahrnehmung eines Föten, der vor allem in seiner Individualität, und das heißt eben auch in seiner Differenz zur Mutter, gesehen wird.

Viele werdende Eltern freuen sich auf diese visuelle Begegnung mit ihrem Kind. Sie erwarten etwas, das den Bildern von Lennart Nilsson gleicht, mit denen meine Generation aufgewachsen ist: Zum ersten Mal veröffentlichte Nilsson 1965 Fotos der embryonalen Entwicklung im Buch *A Child is Born,* und seitdem finden sie sich in allen möglichen Varianten in Broschüren, Bildbänden und heute natürlich im Internet. Werdende Eltern sind in den 1960er-Jahren von den technischen Möglichkeiten, den Fotos und bewegten Bildern genauso fasziniert wie die Ärzte; nur haben beide Akteure unterschiedliche Motive, die Bilder des »eigenen Embryos« oder des Embryos bzw. Föten ansehen zu wollen: Die Eltern wollen ihr zukünftiges Kind möglichst schon während der Schwangerschaft kennenlernen und eine Beziehung zu ihm aufbauen. Die Ärzte benötigen die Bilder, um Diagnosen und Prognosen zu erstellen.

Ärzten und Eltern geht es bei der Schwangerenbetreuung um die Gesundheit des Kindes. Dem Arzt oder der Ärztin kommt die Aufgabe zu, insbesondere die Frauen zu »beruhigen« – diese haben keinen Zugang zu ihrem Kind, der ihnen ein Urteil darüber erlaubt, ob seine Entwicklung »gut« verläuft; der Arzt jedoch ist aufgrund der Visualisierungstechniken sowie der biomedizinischen Analysen (Analyse des Bluts, der Chorionzotten, des Fruchtwassers, des Nabelschnurbluts, in der invasiven Diagnostik die direkte Analyse der DNA) der »Experte« in Sachen Gesundheit des Kindes. Beide Seiten beobachten also die Entwicklung des Kindes, jeweils mit ihrer eigenen »Expertise«. Zuständig für die gesundheitliche Kontrolle der Entwicklung ist aber der Arzt oder die Ärztin. Aus diesem Grund ist es weder richtig, zu sagen, Ärzte würden den Frauen die Pränataldiagnostik »überstülpen«, noch ist es richtig, zu sagen, dass Ärzte quasi von Frauen zu immer mehr Dienstleistungen getrieben werden, die sie von sich aus vielleicht gar nicht anbieten würden.

Wir haben gesehen, wie sich bereits in der ersten Hälfte des 20. Jahrhunderts die Beziehung von Frauen zu Hebammen bzw. Ärzten verändert. Die Visualisierungstechniken verändern nun aber die Beziehung zwischen schwangeren Frauen und ihrem ungeborenen Kind in radikalerer Weise als je zuvor. Es verändert sich darüber auch das Verhältnis der gesellschaftlichen Öffentlichkeit zu den ungeborenen Kindern, die nun medizinisch abstrakt »Föten« und »Embryonen« genannt werden.

Im Hintergrund dieser Entwicklung findet aber zeitgleich eine weitere soziale Veränderung statt: Das Verhältnis der Geschlechter zueinander verändert sich und es lässt die sozialen Rollen derjenigen, die Kinder in die Welt setzen bzw. Eltern werden, nicht unberührt. In den 1950er- und 1960er-Jahren wird die Alleinverdiener/Vater- und Hausfrauen/Mutter-Rolle als »Normalbiografie« betrachtet, in den Jahrzehnten danach werden aber immer mehr andere Muster einer weiblichen Biografie in Deutschland denkbar und anerkannt.[24] Schwangerschaften und Geburten sind längst nicht mehr so dominant im Leben der Frauen wie zuvor. Die Rolle der Männer verändert sich ebenso – erstmals sind sie während der Geburten anwesend, sie begleiten ihre Frauen während der Schwangerschaft und definieren die Vaterschaft neu. Die Geburtenkontrolle, die sexuelle Befreiung und, einmal mehr, der Diskurs über den Schwangerschaftsabbruch erweisen sich als Wegbereiter für den grundlegenden Wertewandel im Geschlechterverhältnis, der die westlichen Gesellschaften in den 1960er- und 1970er-Jahren erfasst.

Stichwort Risikoschwangerschaft

Aber es gibt auch Tragödien, die in die kollektive Erfahrung von Eltern der Nachkriegsgeneration, vor allem aber von Müttern eingebrannt sind: In Deutschland steht für eine der größten Tragödien im Zusammenhang mit angeborenen Behinderungen der Name »Contergan«. In den 1960er-Jahren wird er zu einem Symbol für die *Risiken* einer Schwangerschaft, obwohl diese unter ärztlicher Aufsicht steht, und die Frauen, die »nur eine Tablette« gegen Kopfschmerzen nehmen, sich häufig von ihren Ärzten haben beraten lassen. Seit dies 2007 durch die Verfilmung der Contergan-Geschichte und die entsprechende Medienbegleitung des Films wieder ins öffentliche Bewusstsein gerückt worden ist, muss die Frage neu gestellt werden, warum dieser Skandal so wenig Wirkung auf die Entwicklung der Medizinethik in Deutschland zeitigte. Mich interessiert hier jedoch vor allem der zeitliche Zusammenhang mit der Entwicklung der pränatalen Diagnostik.

Die »Contergan-Kinder«, die infolge des Medikamentenskandals Ende der 1950er- und Anfang der 1960er-Jahre geboren werden, sind den jungen Frauen in Deutschland genauso präsent wie etwa die sogenannten »mongoloiden« Kinder. Beide Gruppen sind vielleicht in der deutschen Gesellschaft nur sichtbarer, weil sie sichtbarer sein *dürfen* als andere Menschen mit Behinderung. Auch hier spielen Initiativen wie die »Aktion Sorgenkind« oder die »Lebenshilfe« eine große Rolle. In dieser Phase aber gelten angeborene Behinderungen, die zumindest nicht durch elterliches Verhalten (oder Unterlassen) verschuldet sind, insgesamt als »Tragödie«. Sie können *jeder* Frau und jeder Familie zustoßen, und nicht selten paart sich die Erleichterung über das eigene gesunde Kind mit der Verdrängung und Marginalisierung der Familien, die ein anderes Schicksal haben.

Die invasiven Methoden der Pränataldiagnostik werden, wie ich es zunächst aus Perspektive der Ärzte dargestellt habe, seit den 1960er-Jahren sogenannten Risikopaaren angeboten. Dies gilt vor allem für die Fruchtwasseruntersuchung, später auch für die Chorionzottenbiopsie. Aber wer bestimmt, welche Familien zu diesen Risikopaaren gehören? Und welche Merkmale werden als Risiko gewertet? Nach Wolfgang Lenhard erfolgt die Einstufung nach den folgenden Kriterien:

> »Eine Schwangerschaft wird dann als Risikoschwangerschaft eingestuft, wenn entweder ein anamnestisches oder ein befundetes Risiko vorliegt. Zu den anamnestischen Risiken zählen ein Alter der Frau über 35, mehr

> als ein Schwangerschaftsabbruch in der Vorgeschichte, ein Kaiserschnitt bei der letzten Geburt oder eine Erkrankung der Schwangeren an Diabetes mellitus. Ein befundetes Risiko wird festgestellt, wenn eine Plazentainsuffizienz oder Lageanomalie vorliegt oder wenn vorzeitig Wehen einsetzen. Darüber hinaus wird eine Reihe von Schwangerschaften als Risikoschwangerschaft eingestuft, ohne dass das Risiko näher spezifiziert wird.«[25]

Aus der Vorgeschichte einer schwangeren Frau werden also das Alter, mehrere Schwangerschaftsabbrüche, eine Kaiserschnittgeburt als Risikofaktoren gewertet. Während der Schwangerschaft zählen als Risiken die Diabetes oder die Plazentainsuffizienz; vor der Geburt ist unter Umständen die Lage des Kindes ein Risikofaktor, was aber keine Auswirkung auf die pränatale Diagnostik hat. Eines scheint aber klar zu sein: Risikoschwangerschaften nehmen, so stellt Wolfgang Lenhard fest, kontinuierlich zu: Zwischen 1970 und 2000 steigt der Anteil an Risikoschwangerschaften von weniger als der Hälfte auf zwei Drittel an. Zum Teil, so Lenhard, liegt die Rate sogar noch höher, und bis heute dürfte der Trend eher weitergegangen als gestoppt worden sein. Die Risikoschwangerschaft ist somit zum Normalfall geworden, was wir nun mit der Dynamik der »Medikalisierung« zusammensehen können: Es geht hier nicht einfach um ein »gefühltes« Schlagwort, dem auf der anderen Seite die »ganzheitliche«, aber risikoreiche Schwangerenbetreuung gegenübersteht, sondern *es geht um eine soziale Dynamik, die die »Normalität« der Fortpflanzung zum Sonderfall, zum Risikofaktor in der weiblichen Biografie bzw. der familiären Beziehungskonstellation erklärt.*

Wenn zwei Drittel aller Schwangerschaften Risikoschwangerschaften sind, dann erhöht dies die Angst der Schwangeren, und mit der Angst steigt die Bereitschaft, immer mehr medizinische Kontrollen durchzuführen, die diese Angst nehmen sollen. Die Frage ist dann aber an die Medizin zu richten, ob die Kriterien der Identifizierung einer Schwangerschaft als Risikoschwangerschaft trennscharf genug sind. Darüber müsste gesprochen werden, die oben von Lenhard genannten Kriterien müssten gesondert auf ihren Sinn hin überprüft werden – und natürlich sehr viel transparenter sein, damit schwangere Frauen bzw. Paare die Einstufung als Risikoschwangerschaft einordnen können.

Die Risikoschwangerschaft ist unter anderem das Einfallstor für die Pränataldiagnostik – auf diesen Zusammenhang kommt es mir hier an: In den 1970er-Jahren wurden gerade einmal sechs Fruchtwasseruntersuchungen in sogenannten Risikoschwangerschaften durchgeführt (die zu solchen vor allem aufgrund der familiären Geschichte einer genetisch bedingten Krankheit wurden), bis 1993 waren es schon über 50.000, verlässliche Zahlen für die Zeit nach 2000 gibt es nicht – sie dürften jedoch um ein Vielfaches über diesen Zahlen liegen. Mit den Untersuchungsmethoden, zu denen in den 1990er-Jahren noch die hoch entwickelten 3-D-Sonografien kommen, kann Paaren nun das »Angebot« gemacht werden, ihre ungeborenen Kinder mit einer hohen Genauigkeit auf angeborene Krankheiten oder Behinderungen untersuchen zu lassen. Den größten Teil nehmen dabei – insbesondere aufgrund des Altersrisikos – die Chromosomenstörungen ein; aber auch familiär bekannte genetisch bedingte Krankheiten können nun immer besser diagnostiziert werden. Dies gilt besonders für monogenetische Krankheiten, die, wie ich bereits bei der Erläuterung der Möglichkeiten von Gentests gezeigt habe, identifiziert werden können. Identifiziert werden können aber auch Krankheiten wie zum Beispiel Chorea Huntington, eine im Erwachsenenalter ausbrechende Krankheit, oder genetisch bedingte Risikofaktoren für die Entstehung von Brustkrebs. Das Gendiagnostikgesetz von 2010 verbietet es zwar, diese sogenannten prädiktiven Tests für Krankheiten anzubieten, die erst im Erwachsenenalter ausbrechen – aber im Zusammenhang mit der Zulassung der Präimplantationsdiagnostik fordert zum Beispiel die Akademie der Wissenschaften Leopoldina Anfang 2011, dass dies geändert werden müsse.

Aber auch die Cystische Fibrose (oder Mukoviszidose, wie sie in Deutschland eher genannt wird), bei der nicht nur diejenigen Föten identifiziert werden, die die Krankheit einmal haben werden, sondern auch diejenigen, die »nur« Anlageträger sind, bei denen aber die Krankheit selbst nicht ausbrechen wird, sind pränatal identifizierbar.

Was beinahe als zwangsläufige Entwicklung zu einer flächendeckenden Diagnostik erscheint, ist dabei jedoch keineswegs von allen Medizinern und Gynäkologen, geschweige denn von allen Paaren bzw. Frauen so intendiert. Bereits seit den 1980er-Jahren warnen auch die Humangenetiker vor einer »entfesselten« Pränataldiagnostik. Während in anderen Bereichen der modernen Medizin große öffentliche Debatten geführt werden, breitet sich die Pränataldiagnostik eher still, dafür aber mit einer ungeheuren Geschwindigkeit aus: In wenigen Jahrzehnten wird sie zu einem Standard, der in keiner Schwangerschaft fehlen darf. Eine Frau, die kein Ultraschallbild ihres Nachwuchses vorzuweisen hat, wird zum »Sonderfall«; die Ablehnung von Ultraschalluntersuchungen erscheint in bestimmten Kontexten als geradezu abwegig, zumindest aber als ungewöhnlich und zunehmend erklärungsbedürftig. Eine Frau, die mit über 30 Jahren als »Spätgebärende« betrachtet wird, muss sich eher dafür rechtfertigen, wenn sie keine Fruchtwasseruntersuchung macht, als eine 20-jährige Frau, die diese machen lässt. Es sind diese Phänomene, die einen Wertewandel sichtbar machen – auch wenn sehr lange niemand so recht darüber sprechen mag.

Eltern werden unter Vorbehalt?

Bei der Pränataldiagnostik geht es, scheinbar ganz unideologisch, um die Vermeidung von Nachwuchs, der gesundheitlich mit Beeinträchtigungen geboren würde. »Selektion« oder »individualisierte Eugenik« würden die wenigsten Paare als ihr Motiv nennen, das sie in ihrer Entscheidung für eine Pränataldiagnostik leitet, handelt es sich doch nicht um die Wahl zwischen verschiedenen Föten, und es geht auch nicht um ein irgendwie geartetes Verbesserungsprogramm des »Genpools«. Für die *Eltern* geht es bei der Pränataldiagnostik vielmehr um eine Untersuchung, an deren Ende, so hoffen sie, eine angstfreiere Schwangerschaft und die »gute Hoffnung« auf ein gesundes Kind steht, auch wenn sie wissen, dass unter Umständen eine tragische Konflikt- und Entscheidungssituation entstehen kann. Bis dahin steht ihre Schwangerschaft und, für das Paar, ihre Elternschaft unter dem Vorbehalt der Gesundheitskontrolle.

Das deutsche Recht beschreibt den normativen Wertungsrahmen so: Getestet werden dürfen genetische Merkmale, die mit einer Medikamentengabe in Konflikt geraten könnten, oder Merkmale, die einen medizinischen Zweck erfüllen und so als medizinische Prävention betrachtet werden können:

> »Eine genetische Untersuchung darf vorgeburtlich nur zu medizinischen Zwecken und nur vorgenommen werden, soweit die Untersuchung auf bestimmte genetische Eigenschaften des Embryos oder Fötus abzielt, die nach dem allgemein anerkannten Stand der Wissenschaft und Technik seine Gesundheit während der Schwangerschaft oder nach der Geburt beeinträchtigen, oder wenn eine Behandlung des Embryos oder Fötus mit einem Arzneimittel vorgesehen ist, dessen Wirkung durch bestimmte genetische Eigenschaften beeinflusst wird und die Schwangere nach §9 aufgeklärt worden ist und diese nach §8 Abs. 1 eingewilligt hat.«
> Gendiagnostikgesetz §15: Vorgeburtliche genetische Untersuchungen

Aus ärztlicher Sicht ist die Pränataldiagnostik also hochgradig interpretationsbedürftig – doch kann nicht übersehen werden, dass sie in der Praxis in den meisten Fällen keinen therapeutischen Grund im Sinne des Gesetzes hat. Vielmehr hat die Pränataldiagnostik einen diagnostik-identifikatorischen Grund, der nur indirekt einen »medizinischen Zweck« hat: Ginge es nicht um die »Alles-oder-Nichts-Entscheidung«, könnten in vielen Fällen das Fehlgeburtsrisiko von 0,5–1% vermieden und die Tests *nach* der Geburt durchgeführt werden.

Vom Wert des Wissens

Das gesellschaftliche, von Ärzten und Paaren offensichtlich geteilte Verständnis geht jedoch davon aus, dass das Wissen über den Gesundheitszustand des Kindes entweder einen selbstständigen Wert während der Schwangerschaft hat, auch wenn dies keine Auswirkungen auf das medizinische Handeln hat, oder aber einen Wert dadurch erhält, dass es den Handlungsspielraum der schwangeren Frau erweitert, sofern ein Krankheitsbefund vorliegt: So sind die Frauen schwanger, aber sie werden Eltern nur unter Vorbehalt, dass ihr Kind die genetischen Tests gesund übersteht.

Gesellschaftlich gesehen, hat die Praxis der Pränataldiagnostik jedoch einen diskriminierenden *Effekt* in Bezug auf bestimmte Behinderungen bzw. Krankheiten, der ebenso wenig bestritten werden kann wie die Tatsache, dass die meisten Eltern in der Tat nur ihren eigenen, je individuellen Fall vor Augen haben.

Die meisten Paare werden sich gerade während der gewollten Schwangerschaft den Konfliktfall nach einem Krankheitsbefund nicht vorstellen wollen; die Verdrängung ist zum Teil auch eine nachvollziehbare Abwehrreaktion gegenüber negativen, unberechenbaren Handlungsfolgen. Schließlich ist die Schwangerschaft insgesamt eine Zeit der potenzierten Erfahrung von Endlichkeit, von Kontrollverlust und Konfrontation mit dem Neuen, von dem eine schwangere Frau nicht wissen kann, wie es sie verändern wird.

In der Tat erweitert die Pränataldiagnostik den Handlungsspielraum: Je nach Befund können in der Tat pränatale Therapien angeboten werden, auch wenn dies in den allermeisten Fällen nicht der Fall ist. Sie reichen von der indirekten medikamentösen Therapie des Kindes über die Mutter bis zu direkten operativen Interventionen (bisher sind die meisten allerdings im experimentellen Stadium); diskutiert werden die pränatale Stammzelltherapie sowie die somatische Gentherapie (Letztere ist allerdings in den letzten Jahren eher unwahrscheinlich geworden).[26] In einigen Fällen führt die Pränataldiagnostik auch dazu, dass Frauen beruhigt werden können: Dies gilt etwa für die Rötelninfektion, die in etwa 10% der Fälle auf das Kind übergeht, in 90% aber nicht. Ein fötaler Bluttest kann hier Gewissheit bringen. Vor allem aber wird eine bessere und schnellere Versorgung des Kindes nach der Geburt ermöglicht – dies gilt zum Beispiel für Stoffwechselkrankheiten wie die Phenylketonurie.

Der Konflikt lässt zudem nicht nur eine einzige Antwort zu, auch wenn die öffentliche Meinung den Konfliktfall immer so darstellt, als ginge es nur darum, den als »krank« oder »behindert« identifizierten Föten so schnell und still wie möglich zu beseitigen. Vielmehr kann es ebenso gut sein, dass ein Paar präventiv eine Klinik für die Geburt wählen kann, die das Kind unmittelbar nach der Geburt medizinisch betreut; Paare können sich beraten lassen, Kontakt mit Selbsthilfegruppen aufnehmen oder sich auch über die verschiedenen therapeutischen Möglichkeiten für ihr Kind informieren. Nicht zuletzt können sie sich mit der Situation arrangieren, indem sie den Gedanken zulassen, ein krankes Kind zu bekommen.

Dies alles muss nicht für jede Frau und für jedes Paar möglich sein – falsch ist es nur, die Gleichung Pränataldiagnostik = Schwangerschaftsabbruch aufzumachen. Dies ist nicht nur rechtlich falsch, sondern entspricht auch nicht dem Anspruch an eine verantwortliche Entscheidung der Elternschaft, die zumindest ergebnisoffen sein muss. All dies steht im Hintergrund der Neufassung des Schwangerschaftskonfliktgesetzes, das den Hinweis auf die umfassende (»psychosoziale«) Beratung verbindlich macht und eine dreitägige Bedenkfrist einführt, die bei akuten medizinischen Indikationen ja nicht notwendig gegeben ist. Auch in Bezug auf den Schwangerschaftskonflikt ist der rechtlich-normative Rahmen also anders als die Lesart, die gesellschaftlich suggeriert wird: Ein Schwangerschaftsabbruch ist rechtlich nach einem auffälligen Befund, der unter die medizinische Indikation fällt, nur bei einer akuten oder nach der Geburt drohenden schwerwiegenden gesundheitlichen Beeinträchtigung der schwangeren Frau möglich. Der Begründungszusammenhang ist nicht das Kind, sondern die Gesundheit der Frau. Aus ethischer Perspektive geht es daher auch darum, diese Ergebnisoffenheit einzuklagen und darauf hinzuweisen, dass nicht nur die schwangere Frau oder das Paar, sondern auch die Gesellschaft in der Verantwortung steht, einen solchen Grenzkonflikt *angemessen* darzustellen.

Wie wir gesehen haben, werden Paaren seit den 1990er-Jahren neben den invasiven Diagnoseverfahren verstärkt auch nicht-invasive Verfahren angeboten. Dabei setzen die verschiedenen Länder durchaus unterschiedliche Akzente: so gibt es nirgendwo eine so dichte Versorgung mit Ultraschalldiagnostik wie in Deutschland. Bereits 1980 wird sie in den Maßnahmenkatalog der Mutterschaftsrichtlinien aufgenommen – dies ist in keinem anderen Land der Fall. Schwangere Frauen mögen sich der Illusion hingeben, dass es einfach faszinierend ist, ihr »Kind im Bauch« auf dem Monitor zu sehen, und zwar durchaus für Laien gut erkennbar, mit allen Gliedmaßen und Bewegungen. Im Kontext der medizinischen Überwachung dient der Ultraschall jedoch der Identifizierung von Fehlbildungen – selbst dann, wenn eine Frau dies gar nicht würde wissen wollen. Zählt sie zu den Risikoschwangeren – das ist wie gesagt die *Mehrheit* der Schwangeren –, dann muss sie selbst eine aktive Verweigerung der Tests betreiben, indem sie dem behandelnden Arzt bzw. ihrer Ärztin unterschreibt, dass sie über die Risiken ihres Vorgehens angemessen aufgeklärt ist. Die Richtung ist damit vorgezeichnet: »Normal« ist es, die Tests durchführen zu lassen; häufig wird zuerst ein Test, der gar nicht von den Krankenkassen abgerechnet wird, angeboten – wie der oben beschriebene Triple-Test, seit 2002 aber auch das Erst-Trimester-Screening. Es obliegt dann der schwangeren Frau zu entscheiden, ob die Durchführung sinnvoll ist oder nicht.

Im Konfliktfall

Der »normale« Verlauf der Schwangerschaft ist also die »vorbehaltliche« Schwangerschaft. »Verantwortungsvoll handelnde« Schwangere unterziehen sich daher den angebotenen Kontrollanalysen, und wenn Föten mit Fehlbildungen identifiziert sind, müssen die Paare selbst entscheiden, ob sie die Schwangerschaft fortsetzen oder nicht. Wer sich der Pränataldiagnostik in den verschiedenen Elementen verweigert, wird in die »Ecke« eines nach den Maßstäben der Medizin gemessenen »abweichenden« Verhaltens gestellt. Dies ist durchaus moralisiert in dem Sinne, dass es im Kontext der Schwangerenkontrolle als *verantwortungsloser* gilt, zum Beispiel die hochauflösende Ultraschalluntersuchung abzulehnen, wenn der begleitende Arzt diese anrät (zum Beispiel aufgrund des Alters). Dies ist eine vollkommene Umkehrung der Richtung, die in den 1970er-Jahren mit der Einführung der Pränataldiagnostik eingeschlagen wurde – wird der Ablauf so dargestellt, spricht vieles dafür, in dieser Handlungskaskade die Schwangerschaft abzubrechen.

Während es Frauen in Bezug auf die Pränataldiagnostik inzwischen eher erschwert wird, aus dieser Diagnose-Dynamik auszubrechen, sind sie im Fall der Konfliktsituation nach wie vor isoliert: In *dieser* Situation wird die Handlungsverantwortung ihnen überlassen, Ärzte sehen sich dann nicht selten als Ausführende des Patientenwillens und beklagen sogar, dass dabei auch Fehlbildungen zu Schwangerschaftsabbrüchen führen, die sie selbst als nicht so gravierend ansehen würden, als dass sie den Schwangerschaftsabbruch rechtfertigen würden. Wiederum zeigt der historische Vergleich die Radikalität der Veränderung – und zugleich die Wiederkehr des »präventiven« Gedankenguts in neuem Gewand: Heute können Frauen und Paare gesellschaftlich (nicht aber: rechtlich!) dafür zur Verantwortung gezogen werden, dass sie eine Schwangerschaft trotz des

Wissens um eine mögliche Behinderung oder Krankheit fortführen. Sie können ethisch – und in einigen Ländern leider auch rechtlich – von ihren Kindern für ihr unterlassenes Handeln zur Rechenschaft gezogen werden. Ärzte können mit Verfahren überzogen werden, wenn sie nicht penibel über alle Möglichkeiten der Identifizierung von Föten mit einer Behinderung aufklären. Versicherungen können sich weigern, die notwendigen Aufwendungen zu erstatten, die für die gesundheitliche Versorgung von Kindern mit Behinderung notwendig sind – entscheidend hierfür sind die entsprechenden Risikoaufschläge, die in Einzelverträgen ausgehandelt werden.

Die westlichen Gesellschaften, die bei jeder Gelegenheit ihre Abkehr von der »alten« Eugenik herausstellen, haben sich längst *neu* aufgestellt: Diese Gesellschaften werten zumindest indirekt durch die Zulässigkeit der juristischen Klagen aufgrund der »Schädigung« durch ein Kind diejenigen Kinder ab, deren Geburt als »Schaden«, der im Prinzip »entschädigt« werden muss, bezeichnet wird. Sie exponieren die Eltern, die sich den Technologien der Identifizierung verweigern und ihre Kinder »behalten«, indem sie ihr Verhalten tendenziell eher missbilligen als besonders wertschätzen. Sie kriminalisieren die Ärzte, die nicht »genau genug« hinsehen und so die »falsch-negativen« Befunde ermöglichen. Und zuletzt polemisieren sie gegen die Gegner dieser Entwicklung, indem sie ihnen absprechen, die Freiheit bzw. Autonomie der Frauen bzw. Paare angemessen zu respektieren. All diese Zuschreibungen, die von verschiedenen gesellschaftlichen Akteuren vorgenommen werden, gehen an der eigentlichen Realität vorbei, auch wenn sie jeweils für sich genommen durchaus richtige Aspekte thematisieren. Dennoch haben sie – zusammengenommen – offenkundig zur Folge, dass so gut wie keine Kinder mit Behinderungen geboren werden, wenn ihre Behinderungen festgestellt wurden. Liberale Ethiker sagen an dieser Stelle entweder: »Dies muss respektiert werden«, oder sie sagen: «Aber das ist doch ein *gewollter* Effekt!« Sie sagen, dass aus *ethischen* Gründen – des Mitleids, der Lebensqualität, der Toleranz, der Chancengerechtigkeit, der allgemeinen Verbesserung des Gesundheitszustandes – die Verhinderung der Geburten von Kindern mit Behinderungen geradezu ein ethisches Gebot sei, das der Staat aber aufgrund seiner liberalen Ausrichtung nicht rechtlich einklagen kann; *zur Verfügung stellen* oder sogar *empfehlen*, so sagen sie, kann – und sollte – er ein bestimmtes Verhalten aber sehr wohl.[27]

Handlungsoptionen während der Schwangerschaft

Wir sehen aus dieser nur angedeuteten Entwicklung, wie in den letzten 40 Jahren die Schwangerschaftskontrolle zu einer Schwangerschafts*überwachung* geworden ist, deren implizites, wenn nicht explizites Ziel darin besteht, Kinder mit nachweisbaren »Fehlbildungen« oder Abweichungen zu identifizieren. Der Unterschied zur »alten« Eugenik besteht nicht so sehr in der Freiwilligkeit (die gab es, wie bereits dargestellt, auch vor dem Krieg), sondern vor allem in der Abwesenheit rassistischer Ideologien; Frauen wird lediglich eine (scheinbar neutrale, tatsächlich aber sehr wirkmächtige) Information an die Hand gegeben, die Konsequenz müssen sie aber selbst ziehen. Damit wird der gesellschaftlichen *Stimmung* in Bezug auf Kinder mit Behinderungen sowie der von den werdenden Eltern imaginierten gesellschaftlichen *Stellung* von Familien allgemein ein sehr großer Einfluss eingeräumt – ein Einfluss, der wenig greifbar und vor allem kaum aussprechbar ist, weil er nicht in die Rhetorik der Integration, Gleichstellung und besonderen Wertschätzung von Familien passt, die in Deutschland gepflegt wird.

In der folgenden schematischen Darstellung wird ersichtlich, welche potenziellen Handlungsoptionen Frauen und Paare in Deutschland während der Schwangerschaft haben.[28]

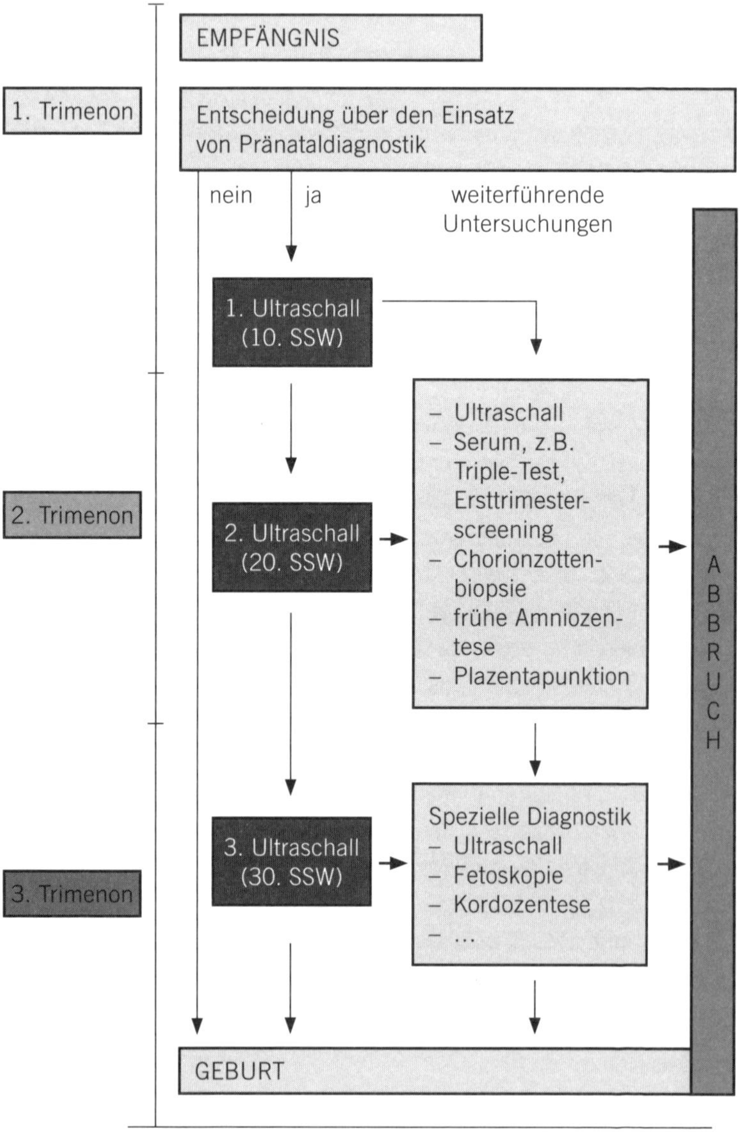
EMPFÄNGNIS
1. Trimenon
Entscheidung über den Einsatz von Pränataldiagnostik
nein
ja
weiterführende Untersuchungen
1. Ultraschall (10. SSW)
2. Trimenon
2. Ultraschall (20. SSW)
– Ultraschall
– Serum, z.B. Triple-Test, Ersttrimester-screening
– Chorionzotten-biopsie
– frühe Amniozen-tese
– Plazentapunktion
ABBRUCH
3. Trimenon
3. Ultraschall (30. SSW)
Spezielle Diagnostik
– Ultraschall
– Fetoskopie
– Kordozentese
– …
GEBURT

Die Paare müssen eine recht hohe Kompetenz mitbringen, wenn sie bei diesem Angebot eine »autonome« Entscheidung für oder gegen eine bestimmte Diagnostik treffen wollen. Es ist keineswegs unwahrscheinlich, dass sie sich von ihren Ärzten »direktiv« beraten lassen wollen und somit die medizinisch-ethische Kompetenz delegieren. Hinzu kommt, dass die Frauen bzw. Paare eine gewisse Kompetenz in der Wahrscheinlichkeitsrechnung und Risikobewertung haben müssen, um die meisten Tests richtig interpretieren zu können. Studien zeigen, dass hier große Defizite herrschen, mit der Folge, dass die Gesundheitsrisiken der Kinder in manchmal dramatischer Weise übertrieben werden. Auch hier ist es nicht abwegig, sich nicht die souveräne, liberale Bürgerin vorzustellen, die, einer Konsumentin gleich, eine rationale Wahl trifft und je nach Resultat eine Entscheidung zwischen verschiedenen Gütern trifft. Als schwangere Frauen befinden sie sich – vor allem in Konfliktsituationen, in denen ihre eigenen moralischen Überzeugungen infrage stehen – in einer Situation, in der sie über das Leben oder den Tod ihres gewollten Kindes entscheiden sollen – die Autonomie, die hier zur Debatte steht, ist die »fundamentale« moralische Autonomie, von der ich im ersten Kapitel bereits gesprochen habe. Sie fordert, das Wollen und Können (bzw. Nicht-Können) mit dem Sollen zu konfrontieren.

Handeln basiert immer darauf, den Handlungsspielraum zwischen der Begrenztheit und der Möglichkeit des eigenen Könnens auszuloten. Im moralischen Handeln halten wir das eigene Können gegen das »Wollen«, das heißt gegen Ziele und Haltungen, die wir mit unserem Leben verbinden. Und schließlich halten wir das, was wir können und auch wollen, gegen das, was wir sollen, was wir als unsere Verantwortung anerkennen. Die Entscheidung während der Schwangerschaft ist deshalb so schwer – und wird zu Recht als Grenzfall des moralischen Handelns angesehen –, weil eine schwangere Frau *zugleich verantwortlich* über das Leben eines Menschen wie auch über die existenziellen Grundlagen ihres eigenen Lebens entscheiden soll. Die Antwort kann nicht theoretisch und abstrakt gegeben werden – so, als wäre es unwichtig, in welcher persönlichen Situation, familiären und partnerschaftlichen Konstellation sie steht und welche gesellschaftlichen Rahmenbedingungen sie vorfindet. Ihre Autonomie, ihre Entscheidungsverantwortung, kann – und muss – respektiert werden, auch wenn Autonomie weder mit der willkürlichen »Selbstbestimmung« noch mit einer weitgehenden Nichtregulierung identifiziert wird.

Umgang mit Krankheit und Behinderung – das Beispiel Downsyndrom

Ich will auf die Atmosphäre der Angst vor Krankheit, die im Hintergrund der Pränataldiagnostik steht, nicht theoretisch antworten, sondern mit einem kurzen empirischen Hinweis. Dabei zeigt sich, dass »Angst« einen sehr großen sozialen Faktor hat, der in kaum einer Studie berücksichtigt wird:

Die Abbruchrate nach Pränataldiagnostik mit »positivem Befund« liegt im Mittel bei ungefähr 50%, bezogen auf alle Fehlbildungen. Wolfgang Lenhard hat die wissenschaftliche Literatur der letzten Jahrzehnte für die »selektiven Aborte« ausgewertet und nach einigen Krankheiten, für die es verwertbare Literatur gibt, differenziert. Dieses sind seine Ergebnisse, jeweils als Abbruchraten dargestellt:

Downsyndrom: 91% (mit steigender Tendenz);
Spina Bifida: 76,9%;
Geschlechtschromosomen: 46,2% (mit einer Spanne in einzelnen Ländern zwischen 27% in Hawai und 85% in Dänemark);
Lippen-Kiefer-Gaumenspalte: 54,7% (mit einer Spanne zwischen 8% in UK und 95% in Israel).[29]

Insbesondere die Spannbreite der Akzeptanz oder »Toleranz« gegenüber den Behinderungen zwischen verschiedenen Ländern zeigt, wie sehr die Verhaltensweisen offenkundig von den jeweiligen sozialen und kulturellen Rahmenbedingungen und Wertkulturen abhängig sind. Einen »objektiven« Maßstab zur Bestimmung der »Wertigkeit einer Krankheit« gibt es nicht, was auch eine »Liste von Krankheiten« als Indikation für Schwangerschaftsabbrüche, die immer wieder erwogen wird, unmöglich macht. Krankheit ist nie nur ein objektiver Zustand, Krankheit – und ebenso Behinderung – ist immer *auch* abhängig von der Erfahrung eines bestimmten Zustands. Inwiefern zum Beispiel ein genetisches Trägermerkmal, etwa für die Mukoviszidose, bereits mit einer Krankheit identifiziert wird, hängt davon ab, ob man ausschließlich genetische Merkmale für die Krankheitsdefinition zugrunde legt; denn die »Träger« der Merkmale werden selbst keine gesundheitlichen Beeinträchtigungen haben, wohl aber ein erhöhtes Risiko, Kinder mit Mukoviszidose zu bekommen.

Krankheitsdefinitionen sind immer auch kulturell geprägt, wie die empirischen Daten zum Umgang mit bestimmten genetisch bedingten Krankheiten zeigen. Was in einer Gesellschaft oder in einem Staat bewältigbar erscheint, weil es Behandlungsmethoden (die sich ja auch verändern) oder genügend Förderungs- und Hilfsangebote gibt, die die gesellschaftliche Zugehörigkeit ermöglichen, mag in einer anderen Gesellschaft ein Armutsurteil für die gesamte Familie bedeuten. Wenn nämlich zum Beispiel kein öffentliches Krankenversicherungssystem, das die gesellschaftliche Solidarität institutionell regelt, besteht, wird jede therapeutische Behandlung, die für ein Kind notwendig ist, zu einer finanziellen, unter Umständen auch zu einer existenziellen Drohkulisse. Dies ist in Deutschland nicht der Fall, wohl aber in den USA. Trotzdem berichten viele Familien, die Angehörige mit Behinderungen versorgen, betreuen oder einfach mit ihnen zusammenleben, von den vielen Hürden, die auch der deutsche Sozialstaat ihnen stellt, wenn sie ihr Recht geltend machen, Menschen mit Behinderung die gesellschaftliche Zugehörigkeit zu sichern. Schon deshalb ist es wichtig, dass Deutschland 2009 die sogenannte UN-Konvention über die Wahrung von Menschen mit Behinderung ratifiziert hat.

Nicht nur Lenhards Zahlen, sondern auch andere empirische Studien zeigen inzwischen, dass sich die sogenannte Trisomie 21, die auch Downsyndrom, im Volksmund aber immer noch »Mongolismus«

genannt wird, was die »Andersheit« und »Fremdheit« noch einmal unterstreicht, als eine besonders stark von den medizinisch indizierten Schwangerschaftsabbrüchen betroffene Behinderung erweist – oder zumindest eines der stärksten Motive für die Durchführung einer Pränataldiagnostik darstellt. Die kulturellen und gesellschaftlichen »Prägungen« dieser Angst, ein Kind mit Downsyndrom zu bekommen, sind unübersehbar. Aber warum entsteht diese Angst gerade bei dieser Behinderung? Dies ist eine sozialpsychologische Frage. Rechtlich relevant wird sie dadurch, dass von schwangeren Frauen – und den sie betreuenden Ärzten – das Leben eines Kindes mit Downsyndrom als »zukünftige schwerwiegende gesundheitliche Beeinträchtigung« betrachtet wird, denn dies ist die einzige Begründung, die den Schwangerschaftsabbruch als »nicht rechtswidrig« zulässt. Ethisch relevant wird die Frage nach der Angst vor einem Downsyndrom-Kind dadurch, dass Frauen sich offenkundig kaum ein »gutes und gelingendes Leben« mit ihm vorstellen können und sich in ihrer eigenen Existenz so bedroht sehen, dass sie ihr eigenes oder aber das Wohlergehen des Kindes gegenüber seinem Lebensrecht in die Waagschale werfen.

Heute ist der Begriff »Mongolismus« zwar durch den Begriff »Downsyndrom« ersetzt worden – der Symbolcharakter dieser Behinderung durch eine Chromosomenveränderung ist jedoch geblieben; zuweilen kann man den Eindruck gewinnen, dass das Downsyndrom gleichgesetzt wird mit der Behinderung, die pränatal diagnostiziert werden kann. Vier Faktoren sind möglicherweise dafür verantwortlich: Erstens ist die sogenannte Trisomie 21, die zur Ausbildung des Downsyndroms führen kann (aber keineswegs zwangsläufig damit einhergehen muss), eine Chromosomenveränderung, die seit Ende der 1950er-Jahre relativ leicht zu analysieren ist; eine genetische Analyse ist dafür nicht notwendig, es reicht die sogenannte Karyotypie, die seit den 1960er-Jahren standardmäßig, etwa im Zusammenhang mit der Fruchtwasseruntersuchung, durchgeführt wird. Zweitens ist bei der Trisomie 21 die Überlebensfähigkeit nicht gefährdet, während dies bei den meisten anderen schwerwiegenden Chromosomenveränderungen in der Tat so ist. Die Chromosomenfehler sind zum größten Teil für die frühen, häufig auch unentdeckt bleibenden Fehlgeburten verantwortlich – Trisomie 21 beeinträchtigt dagegen die Embryonal- und Fötalentwicklung meistens nicht oder jedenfalls nicht in ihrer Substanz. Drittens können bestimmte Merkmale des Downsyndroms heute über Ultraschall entdeckt werden: Die erste Ultraschall-Vorsorgeuntersuchung, die seit 1998 zur Schwangerenbetreuung gehört und in der Tat als Mittel der öffentlichen Gesundheitsvorsorge in Form einer Reihenuntersuchung angeboten wird, enthält zwischen der 9. und 12. Woche das sogenannte Nackenfalten-Screening, das gezielt nach Auffälligkeiten sucht, die mit dem Downsyndrom einhergehen. Hinzu kommt heute die gezielte Suche nach dem Nasenbein des Kindes, dessen Fehlen ebenfalls als Hinweis auf das Downsyndrom gewertet wird.

Manche Kritiker nennen diese Reihenuntersuchung, auf die alle Schwangeren einen Anspruch haben und die routinemäßig vom Arzt durchgeführt wird, ohne eigens dafür eine schriftliche Zustimmung einholen zu müssen, das »Downsyndrom-Screening«. Auch der Triple-Test (oder Quadruple-Test) bzw. der Erst-Trimester-Test zielt neben dem Neuralrohrdefekt vor allem auf die Risikoerhebung für die Entwicklung des Downsyndroms ab.

Kein Wunder also, dass die Schwangerenvorsorge mit der gezielten Suche nach dieser Behinderungsform identifiziert wird, und kein Wunder, dass bei den Schwangeren der Eindruck entstehen muss, dass es diese Kinder »heute nicht mehr geben muss«. Nicht zuletzt sind es aber auch die inneren Bilder, die Frauen mit in die Vorsorgeuntersuchungen bringen, die den Symbolwert des Downsyndroms erhöhen: Die Kinder, so lautet die gesellschaftlich kaum infrage gestellte Konstruktion, sind meistens in ihren intellektuellen Fähigkeiten beeinträchtigt und eine schwere *Belastung* für ihre Eltern. In schweren Fällen kommen zum eigentlichen Krankheitsbild weitere hinzu, häufig sind dies Herzfehler. Auch wenn dies medizinisch richtig ist, so scheint es in dieser Konstruktion wenig Platz für die Beziehungskomponente und für eine individualisierende Betrachtung zu geben. Leicht entsteht dann ein Zerrbild, gegen das die Eltern und Freunde von Männern und Frauen mit dieser Behinderung zwar rebellieren mögen, das sich aber dennoch nur sehr schwer verändern lässt.

Wenn Menschen mit Downsyndrom vor allem als eine Belastung betrachtet werden, dann hat sogar ihre durchschnittliche Lebenserwartung von 40 bis 50 Jahren eine bedrohliche Seite: Wird die Verantwortung für die Betreuung bzw. Unterstützung allzu sehr individualisiert und privatisiert, entsteht gerade für die Familien die Erwartung einer »Fürsorgebiografie«. Viele Familien beklagen dann auch, dass sich die gesellschaftliche Solidarität häufig auf die rhetorische Anerkennung der geleisteten Arbeit beschränkt, anstatt die Aufgabe der Betreuung zu erleichtern. Häufig genug sind die Möglichkeiten der Betreuung und Hilfestellungen gerade für Erwachsene mit Behinderungen (die zu einem überwiegenden Teil *nicht* angeboren, sondern »erworben« sind) gar nicht bekannt, so etwa, dass viele Menschen mit Downsyndrom in eigenen Wohnungen oder betreuten Lebensgemeinschaften leben können. Genau an diesem Punkt scheitert die Politik der »Be-sonderung«, die kaum Möglichkeiten lässt, gesellschaftliche Vorurteile zu korrigieren: Die mangelnde Integration macht die Betreuung gesellschaftlich unsichtbar; diese wird immer dann individualisiert und auf die Angehörigen verlagert, wenn die gesellschaftliche Solidarität einbricht oder auch nur andere Prioritäten gesetzt werden. Wenn daher 90% der Schwangerschaften nach der Diagnose Downsyndrom abgebrochen werden, zeigt dies, wie groß die Wirkmacht der sozialen Angst ist. Diese weitet sich in den vergangenen Jahren geradezu zu einem Selektions-Syndrom aus, das keineswegs, aber eben *auch* medizinisch ausgetragen wird. Längst nicht nur Ärzte und Ärztinnen sind dagegen machtlos, auch Bildungsträger und alle sozialen Institutionen, die mit der Verletzbarkeit der Menschen zu tun bekommen, sind davon erfasst.

Wenn die Lebensplanung ins Wanken gerät

In der Situation der Schwangerschaft, in der die pränatale Diagnostik greift, sind gesellschaftliche Bilder und »Mythen« besonders wirkmächtig. Wenn die gesamte Schwangerschaftsvorsorge darauf abgestellt ist, dass die Geburt eines gesunden Kindes den Zielpunkt darstellt, ist die Diagnose einer Behinderung nicht nur ein Schock für die Eltern, sondern eben auch eine »Störung des normalen Verlaufs« einer Schwangerschaft. Normalität und Abweichung entfalten in der Schwangerschaftsbegleitung eine extrem normierende Kraft und Eigendynamik. Dadurch jedoch, dass in den letzten 30 Jahren der Präventionsgedanke abgelöst wurde und durch die individuelle Beratung und Betreuung ersetzt wurde, entsteht eine Lücke in der Norm, die mit der einfachen Gleichung: »Fortpflanzung ist Sache der Paare, und die Entscheidung darüber, ob ein Kind gewollt ist, obliegt der Entscheidung der Frau« viel zu reduziert dargestellt wird.

Angesichts der Wahrnehmung vor allem von Frauen – unter Umständen aber auch nur ihrer vermuteten Annahme –, dass die Behinderung eines Menschen, für den vor allem seine Eltern sorgen müssen, eine Bedrohung der eigenen Identität und Lebensplanung darstellt, verwundert es nicht, dass die Pränataldiagnostik der Vermeidung dieses Schicksals dienen soll. Und es kann nicht überraschen, dass es einen impliziten gesellschaftlichen Konsens darüber gibt, dass *diese* biografischen und sozialen Risiken eine Zumutung für die Frau bzw. die Eltern darstellen. Von hier ist der Schritt zum Urteil, die Behinderung des Kindes führe zwangsläufig zu einer »schweren Beeinträchtigung der (psychischen) Gesundheit«, in der Tat nicht mehr weit. Historisch keineswegs zum ersten Mal besteht dann die implizite oder auch explizite Strategie darin, die juristischen Beschränkungen auszuhebeln. Dies gelingt dann, wenn die sozialen und medizinischen Gründe für den Abbruch einer Schwangerschaft ineinandergeschoben werden.

Die Alternative zu diesem Automatismus liegt auf der Hand: Wir brauchen ein effektiveres und vor allem auch transparentes System der Fördermöglichkeiten für Kinder und Erwachsene mit Behinderungen, eine Entlastung für Eltern, vor allem aber für Frauen, die die Betreuung leisten, um ihnen die Aufgabe in einer Weise zu ermöglichen, dass sie ihre Identität, ihre Vorstellung von einem »guten Leben« nicht bedroht sehen. Wir brauchen eine »inkludierende« Politik, die die Grundsätze der UN-Konvention über die Rechte von Menschen mit Behinderungen zügig durchsetzt – und die Kommunikation darüber, warum wir diese Normen in Deutschland nicht nur für wünschenswert erachten, sondern darüber hinaus auch für notwendig, wenn wir im Einklang mit den Rechten und Pflichten leben wollen, zu denen uns unsere Rechtsordnung verpflichtet. Diese Alternative würde keineswegs die Entscheidungsautonomie der Paare bzw. Frauen während der Schwangerschaft einschränken – sie würde nur die Diskussion um die Pränataldiagnostik vom Kopf auf die Füße stellen, indem sie die Verantwortungsfrage nicht individualisiert und »moralisiert«, sondern als »Lackmustest« für eine tolerante, gerechte und solidarische Gesellschaft ansieht.

Die Medizinethik hat in den letzten Jahren – auf der Basis der schweren Menschenrechtsverletzungen der medizinischen Experimente der Nationalsozialisten sowie auf der Basis des angloamerikanischen Liberalismus – das Konzept der Patientenrechte und Patientenautonomie entfaltet. Das »alte« Konzept des Handelns zum Wohl des Patienten, das einen großen Entscheidungs- und Verantwortungsteil in die Hand des Arztes legte, wird nun in allen Bereichen der Medizin ergänzt oder sogar ersetzt durch die Selbstbestimmung des Patienten. Diese Entwicklung scheint der modernen Gesellschaft und der modernen Medizin angemessener zu sein. Was zunächst als Stärkung und Schutz der Patienten gegenüber ungerechtfertigten Übergriffen vonseiten der Ärzte entwickelt wurde, wird zunehmend zu einer umfassenden Handlungsorientierung im Feld der Medizin. Aus dieser Stärkung des Patientenwillens und seiner Entscheidungsbefugnis resultiert scheinbar eine gewisse Neutralisierung der moralischen Verantwortung des Arztes – dies ist jedoch nicht der Fall, weil Ärzte (bzw. das medizinische Team) ja dennoch Akteure bleiben, die keineswegs einzig die Vollstrecker des Patientenwillens sind oder sein können. Es ist jedoch nicht von der Hand zu weisen, dass durch die neue, geteilte Verantwortung Rollenmuster und Rollenmodelle neu austariert werden müssen, ohne dass dafür in unserer Gesellschaft bisher genügend Anstrengungen unternommen werden. Die obligatorische Ethik-Ausbildung im Medizinstudium ist sicher ein erster Schritt, der aber kaum der gravierenden gesellschaftlichen Veränderung im Umgang mit der individuellen Verantwortung gerecht wird.

Das Prinzip Autonomie: Die Verlagerung der Verantwortung auf Frauen und Paare

Das neue Streben nach Autonomie und Selbstbestimmung erfasst seit den 1960er-Jahren auch – vielleicht sogar insbesondere – die Fortpflanzung. Seit einigen Jahren erhält nun, wie oben schon kurz dargestellt, die Verlagerung der Verantwortung auf die Einzelpersonen das Etikett der »reproduktiven Autonomie«. Zunächst ist auch dieses Konzept ein negatives, das meint: Es soll Frauen und Männer, vor allem aber Frauen, vor unzulässigen Übergriffen durch die Institution der Medizin sowie durch den Staat schützen. Deshalb steht im Hintergrund dieser Diskussion zugleich auch die Diskussion um das Verhältnis von Privatem und Öffentlichem. Wie schon gesagt bestehen bis in die 1970er-Jahre die Gesetze zur Zwangssterilisation fort; die Diskussion um die Geburtenregelung und den Schwangerschaftsabbruch setzt wieder ein und die ersten Berichte über die künstliche Befruchtung werden bekannt – auch diese Behandlung befindet sich in einem hoch riskanten, experimentellen Stadium und löst entsprechende Debatten aus, die sich in ihrer Tiefendimension nur vor dem skizzierten historischen Hintergrund verstehen lassen.

Das Prinzip der Autonomie erweist sich in dieser Debatte als willkommene Möglichkeit, aus der Argumentation der (eugenisch besetzten) »Volksgesundheit« auszubrechen und endgültig die Wende zur individuellen Beratung zu vollziehen. Nicht die Ärzte sollen fortan die Risiken der Vererbung bewerten, sondern die Frauen selbst. Nicht die Ärzte sollten die Entscheidung über die pränatale Diagnostik fällen, sondern die Paare selbst, freilich nach Aufklärung, möglichst sogar nach Beratung über die Vor- und Nachteile. Und nicht die Ärzte sollen über den Abbruch einer Schwangerschaft entscheiden, sondern die Frauen und Paare. Reproduktive Autonomie bedeutet also im Kontext der Schwangerenvorsorge, dass die Tests zwar angeboten werden, von der Frau aber zurückgewiesen werden können. Es ist ihre Entscheidung, über die potenzielle Belastung durch ein Kind mit Behinderung zu entscheiden, ihre Entscheidung, die Schwangerschaft im Sinne der »medizinischen Indikation« abzubrechen. Auch wenn dies nicht wörtlich dem Gesetz zum Schwangerschaftsabbruch entspricht, so sehen doch die Ärzte ihre Aufgabe zunehmend darin, den Frauen diesen Freiraum zur Entscheidung zu bieten.

Die Autonomie als ethisches Prinzip wird uns noch näher beschäftigen. Hier geht es mir aber vor allem um die historische Perspektive: In den letzten 30 bis 40 Jahren wurden Frauen immer mehr als Handelnde im Sinne des Autonomiekonzepts angesehen. Nur was die Schwangerenvorsorge selbst angeht, was die Reihenuntersuchung angeht, ja sogar, was die Tests an neugeborenen Kindern angeht, deren Zustimmung durch die Eltern schweigend vorausgesetzt wird, wird das Autonomiekonzept bis heute nicht konsistent angewendet. Während in extremen Grenzsituationen wie bei der medizinischen Indikation aufgrund eines pränatalen kindlichen Befundes die Autonomie der Frauen und Paare in zuweilen überzogener Weise von Ärzten proklamiert wird, wird dagegen in anderen, zum Teil ebenso extremen Entscheidungssituationen, wie etwa dem Behandlungsabbruch bei Neugeborenen, die elterliche Autonomie nach wie vor mit großem Misstrauen betrachtet.

Autonomie ist ein junges Prinzip, dessen ethische Reichweite bis heute nicht wirklich austariert ist, während das Prinzip des Wohlergehens vom jeweils vertretenen Begriff der Krankheit oder der

Behinderung abhängt, grundsätzlich aber leicht paternalistische Züge annimmt, die in der modernen Medizin nicht mehr zu passen scheinen. Autonomie, so habe ich aber bereits im ersten Kapitel gesagt, stellt die Handelnden grundsätzlich unter den Anspruch, neben ihren Wünschen und Fähigkeiten die Sollensforderungen in Erwägung zu ziehen, die an sie herangetragen werden (und sei es einzig durch die Existenz eines Menschen, der gezeugt, aber noch nicht geboren wurde). Dass eine »Antwort« auf einen solchen moralischen »Anspruch« keineswegs immer einfach ist – darum geht es im nächsten Kapitel.

3

Wenn ein Kind nicht gesund ist

Die gesetzliche Regulierung des Schwangerschaftskonflikts

Wie ist es möglich, dass Frauen, die eigentlich ein Kind wollen, es dennoch töten lassen, zum Teil mit einer Injektion in das Herz des Föten, die sie auf dem Ultraschall mitverfolgen könnten? Wie ist es möglich, dass Ärzte dies tun, obwohl sie einen Eid abgelegt haben, der es ihnen untersagt, ihre Kunst anzuwenden, um einen Menschen zu töten? *Salus aegroti suprema lex* – »Das Wohl des Patienten ist das oberste Gebot«, heißt es in dieser Berufsethik. Und doch ist es möglich, dass Frauen sich auch nach der gesetzlich gewährten Entscheidungsfrist von zwölf Wochen entscheiden, die Schwangerschaft nicht auszutragen. Und doch ist es möglich, dass Ärzte zu dem Schluss kommen, dass in bestimmten Fällen der Tod eines ungeborenen Kindes seinem Überleben vorzuziehen sei.

Viele reagieren befremdet, wenn sie erfahren, dass es in Deutschland rechtlich möglich ist, bis unmittelbar vor der Geburt das Leben eines Kindes nicht nur dann zu beenden, wenn der Tod der Mutter droht (das wäre die klassische Begründung einer medizinischen Indikation), sondern auch dann, wenn »unter Berücksichtigung der gegenwärtigen und zukünftigen Lebensverhältnisse« angenommen werden kann, dass »die Gefahr einer schwerwiegenden Beeinträchtigung des körperlichen oder seelischen Gesundheitszustandes der Schwangeren« nur durch die Beendigung der Schwangerschaft abgewendet werden kann. So lautet der Gesetzestext des §218a. Viele allerdings wissen gar nicht um diesen Umstand, und selbst schwangere Frauen werden zuweilen davon überrascht, dass ein Schwangerschaftsabbruch in der zweiten Hälfte der Schwangerschaft »noch« möglich ist. Ungefähr ab der 20. Woche kann ein Schwangerschaftsabbruch allerdings nicht mehr nach der Absaugmethode durchgeführt werden, sondern erfolgt durch eine – ganz »normale« – Geburt.

Um einen Schwangerschaftsabbruch durchzuführen, sind in Deutschland und in den meisten westlichen Ländern gesetzliche Rahmenbedingungen geschaffen worden, die zum Teil beträchtlich voneinander abweichen. Einige traditionell eher katholische Länder haben sehr restriktive Regelungen zum Schwangerschaftsabbruch (Polen, Irland), andere, traditionell eher protestantische Länder haben sich schon vor Jahrzehnten auf eine »liberalere« Handhabung verständigt (Großbritannien, Dänemark, Schweden). In Spanien wurde mit dem Wechsel von einer eher konservativen zur sozialistischen Regierung auch der Wechsel in der Reproduktionsmedizin vollzogen – seitdem gehört das ehemals (rechtlich) sehr konservative Land zu einem der liberalsten Länder Europas.

Globale Entwicklungen in der Reproduktionsmedizin

Wie so häufig in medizinischen Belangen sind die USA Europa mit vielen Praktiken voraus. So können gerade im Hinblick auf die rechtliche Regulierung die Praktiken der USA beobachtet und mittelfristige Entwicklungen abgeschätzt werden.

In der Bio- und Reproduktionsmedizin stehen jedoch keineswegs nur die USA im Rampenlicht, wenn es um die Einführung neuer Praktiken geht: Mit der Globalisierung der Märkte sind auch die Forschung und Entwicklung globaler geworden. Schwellenländer wie Brasilien oder Südkorea, Indien oder Singapur haben in bestimmten Bereichen technische Ausstattungen und gesetzliche Spielräume, die Wissenschaftler weder in den USA noch in Europa haben. Private Reproduktionskliniken stehen in Brasilien in unmittelbarer Nähe zu Stadtvierteln, in denen die Menschen kaum die elementarste Gesundheitsversorgung bekommen. In Indien werden seit Jahren trotz gesetzlicher Regulierungen in gynäkologischen Praxen pränatale Geschlechtsbestimmungen vorgenommen, die zu Massenabtreibungen führen. In China hat die sogenannte Ein-Kind-Politik, die helfen sollte, die Bevölkerungsexplosion einzudämmen, und daher jedes weitere Kind mit hohen Steuerabgaben belegt, dazu geführt, dass insbesondere in den ländlichen Regionen und in der ärmeren Bevölkerung die Geschlechtsselektion als Altersvorsorge betrieben wird.

Zu Beginn wurde, wie wir gesehen haben, damit argumentiert, dass die invasive PND (Fruchtwasseruntersuchung, Chorionzottenbiopsie) keineswegs routinemäßig eingesetzt werden solle, sondern allein für Hochrisikoschwangere, in deren Familien es genetisch bedingte Krankheiten gibt, welche mit der genetischen PND ausgeschlossen werden sollten. Dies sollte als Alternativangebot zur Kinderlosigkeit von den Krankenkassen übernommen werden. Auch wenn es so scheint, als würden sich technische Entwicklungen, sind sie erst einmal da, überall durchsetzen, gilt trotzdem: Jedes Land hat seine eigene Geschichte, seine eigene Kultur und häufig auch eigene Kommunikationsformen, die die Einführung bzw. Diskussion umstrittener Praktiken begleiten.

Reizthema Schwangerschaftsabbruch

Der Schwangerschaftsabbruch ist in Deutschland seit Jahrzehnten ein Reizthema. Manche Frauen und ebenso manche Männer aus der ehemaligen DDR mögen überrascht gewesen sein, als 1989/90 zugleich mit ihrem gesamten Rechtssystem auch die Regelung zum Schwangerschaftsabbruch zur Disposition stand. Fünf Jahre dauerte es, bis die beiden Rechtstraditionen Deutschlands zu einem neuen Gesetz zusammengeführt waren; und dabei wurde die heute geltende Regelung getroffen, welche die sogenannten Spätabbrüche neu regelt: die Beendigung einer Schwangerschaft aus Gründen der kindlichen Gesundheit bzw. Behinderung. Im Vorfeld der Änderung des Gesetzes, des schließlich 1995 reformierten §218 StGB, gab es Warnungen, dass mit den neuen Methoden der PND eine *Selektionspraxis* in Deutschland Eingang fände, die eine Lebenswertentscheidung für Menschen mit Behinderung bedeute und daher gegen *ihre* Würde verstoße. Darüber hinaus sorgten sich manche, dass von den neuen Verfahren der PND durchaus eine *eugenische* Wirkung ausgehe, die nun zwar nicht mehr vom Staat und mit

Zwang, dafür aber genauso wirkungsvoll von den Eltern selbst ausgelöst werde.

Auf Druck der Behindertenverbände einigte man sich auf eine Formulierung, die den Blick nicht mehr – wie in der bis dahin geltenden »embryopathischen« Indikation – auf das Kind richtete, sondern ausschließlich auf die Frau. *Ihre* Gesundheit zu schützen, gehört zum erklärten Ziel der Schwangerschaftsbegleitung durch den Arzt. Schon lange gehörte die sogenannte medizinische Indikation zu den Möglichkeiten des ärztlichen Handelns, auch wenn sie Gegenstand der ethischen Auseinandersetzung im 18. und 19. Jahrhundert war: Wenn das Leben und die Gesundheit der Mutter nur um den Preis des Lebens des Kindes erhalten werden kann, so lautete die allgemeine Lehrauffassung, die sich im 18. Jahrhundert herauskristallisierte, sei es die Pflicht des Arztes, das Leben der Mutter zu retten und ihre Gesundheit zu schützen, auch um den Preis des Föten. Demgegenüber führte die katholische Moraltheologie, vor allem der einflussreiche Alfons von Liguori, Mitte des 18. Jahrhunderts an, dass die medizinische Indikation moralisch nicht zu rechtfertigen sei, wenn damit »direkt auf die Lebensbedingungen des Foeten« gezielt würde, und zwar auch dann nicht, wenn das Leben der Mutter in Gefahr sei. Allenfalls in den Fällen, in denen Mutter *und* Fötus zu sterben drohten, könne die »indirekte Abtreibung« als Nebenfolge der direkten Behandlung der Mutter in Kauf genommen werden.[30]

Dieser medizinethische Fall einer Pflichtenkollision, der aus praktischen Abwägungen wie der sicheren Rettung der Mutter gegenüber der unsicheren Rettung des Föten, aber eben auch aus der Fürsorgepflicht gegenüber den Angehörigen der Frau erfolgte, wurde nun, am Ende des 20. Jahrhunderts, auf die Diagnose einer Behinderung des zukünftigen Kindes ausgedehnt. Freilich geschah dies nicht ohne einen Preis: Die Stringenz der Argumentation, die die medizinische Indikation mit sich führte, weil sie sich in beiden Fällen auf der gleichen Ebene, dem Schutz des Lebens, bewegte, bezog sich nun fast nur noch auf die Abwägung zwischen dem »Leben des Kindes« und der vermuteten Gefährdung oder Beeinträchtigung der »Gesundheit der Frau« *durch* die Behinderung ihres Kindes. Kaum je ist die Gesundheit der schwangeren Frau etwa durch ein Downsyndrom ihres Kindes unmittelbar gefährdet. Wie wir noch sehen werden, galt es bei der Reformierung des §218 StGB jedoch, verschiedene Rechtsgüter miteinander in Einklang zu bringen: den Schutz des Lebens aller Menschen, unabhängig von ihren verschiedenen Merkmalen, den Respekt vor dem Recht, frei über das eigene Leben zu verfügen, zumal in existenziellen Fragen, und die Wahrung der Rechte von Menschen mit Behinderung. Der Schutz gegen Diskriminierungen aufgrund von Behinderungen war 1994, also zum Zeitpunkt der Diskussion um die Neufassung des Schwangerschaftskonfliktgesetzes, bereits explizit ins Grundgesetz aufgenommen worden; Art. 3. Abs. 2 GG lautet: »Niemand darf wegen seiner Behinderung benachteiligt werden.«

In der deutschen Gesellschaft wurde das differenzierte Schwangerschaftskonfliktgesetz freilich anders interpretiert: Die Rechtswidrigkeit bei gleichzeitiger Straffreiheit des Abbruchs einer Schwangerschaft wurde vielmehr als *rechtliche Legitimation* des Schwangerschaftsabbruchs betrachtet; die medizinische Indikation, die einen Schwangerschaftsabbruch auch nach der 12. Woche ermöglicht, sofern die Gesundheit der schwangeren Frau betroffen ist, wurde als rechtliche Respektierung des Interesses an einem gesunden Kind interpretiert, das Vorrang vor dem Lebensrecht eines (ungeborenen) Menschen hat; und das Diskriminierungsverbot gegenüber Menschen mit Behinderung wurde als politisches Ziel verstanden, das auf geborene Menschen anzuwenden sei, nicht aber auf noch nicht geborene Embryonen oder Föten.

Die medizinethische Interpretation der »reproduktiven Autonomie« räumt im Abwägungsprozess zwischen Lebensrecht, Entscheidungsautonomie von schwangeren Frauen und Diskriminierungsverbot der elterlichen Autonomie eine Vorrangstellung ein und überlässt das Urteil über die »schwerwiegende Beeinträchtigung der Gesundheit« der Frau allein. Das heißt: Die rechtliche Regulierung, die Abwägungsprozesse im Grenzfall eines Schwangerschaftskonflikts aus medizinischen Gründen zulässt, wird häufig als ein Recht auf den

Abbruch einer Schwangerschaft beim Vorliegen einer Behinderungsdiagnose aufgefasst. Die Konfliktlinie bricht immer wieder auf: beim Gesetz zur genetischen Diagnostik, beim Gesetz zum Umgang mit Spätabbrüchen oder bei der Neuregelung der Präimplantationsdiagnostik, den Tests, die im Rahmen einer assistierten Fortpflanzung an Embryonen durchgeführt werden, bevor sie den Frauen übertragen werden. Wenn heute gesagt wird, dass Embryonen vor der Implantierung vom Recht besser geschützt sind als Embryonen oder Föten während der Schwangerschaft, so ignoriert dies einerseits die (gleichwohl straffreie) Rechts*widrigkeit* von Schwangerschaftsabbrüchen bis zur 12. Woche und andererseits die medizinische Indikation, die der *Gesundheit der schwangeren Frau* einen Vorrang im Konflikt um die Fortsetzung einer Schwangerschaft einräumt. Dass das Argument des »Wertungswiderspruchs« auf einer falschen Interpretation der deutschen Rechtssituation basiert, insofern es nur das Ergebnis einer *möglichen* Abwägung während der Schwangerschaft betrachtet, mag verwundern. Gleichwohl ist diese Interpretation aber gesellschaftlich deshalb so wirkmächtig, weil die medizinische Indikation als eine kindliche Indikation verstanden wird.

Aber auch wenn Schwangerschaftsabbruch, Pränataldiagnostik und die Präimplantationsdiagnostik immer wieder in einem Atemzug genannt werden: Bei der Präimplantationsdiagnostik geht es, wie wir noch genauer sehen werden, nicht um einen Schwangerschaftskonflikt, weil noch keine Schwangerschaft besteht. Vielmehr geht es um die rechtliche und ethische Frage, ob grundsätzlich allen lebensfähigen Embryonen die gleiche Würde zukommt, unabhängig von ihren genetischen Merkmalen.[31] Nur wenn dies verneint wird, kann weitergefragt werden, welche Merkmale Embryonen haben müssen bzw. nicht haben *dürfen*, um transferiert zu werden. Diese Frage ist aber eine grundsätzlich andere als die, ob und inwiefern in einem Schwangerschaftskonflikt die Gesundheit der schwangeren Frau berücksichtigt werden muss – dies ist der Fall der klassischen medizinischen Indikation – und ob die Vermutung einer zukünftigen gesundheitlichen Beeinträchtigung ebenfalls eine Rolle spielen darf.

Diesen rechtlichen Kontext muss man kennen, wenn es um die Fortpflanzungsmedizin geht. Umgekehrt können aber gesellschaftliche und medizintechnologische Entwicklungen, die zum Teil auch von deutschen Forschern mitentwickelt und zunehmend über private Labors angeboten werden, nicht einfach ignoriert werden – die oft zitierte »Insel der Seligen« gibt es schon deshalb nicht, weil Deutschland in die Europäische Union eingebunden ist, dort freilich aber das sogenannte Subsidiaritätsprinzip gilt: Die politische und vor allem rechtliche Autonomie eines Mitgliedsstaates ist zu respektieren, solange sich seine Regelungen im Rahmen der europäischen Gesetze und gemeinsamen Richtlinien bewegen. Sofern die Minimalbedingungen, etwa im Bereich der Reproduktionsmedizin, erfüllt sind – die unter anderem die Wahrung der Würde jedes Menschen festschreiben –, können selbstverständlich restriktivere Gesetze erlassen werden – um den Preis, dass sich womöglich einzelne Personen in anderen europäischen Ländern mit ihren jeweils unterschiedlichen Gesetzen behandeln lassen.

Ethische Reflexionen und die schwierige Frage nach der Güterabwägung

Aber es gibt eine Kehrseite, die heute, 15 Jahre nach der Reform des §218 StGB, fast 40 Jahre nach Einführung der neueren Methoden der Pränataldiagnostik und angesichts der immer leichter, billiger und umfassender werdenden Gentests nicht mehr geleugnet werden kann: Wir befinden uns in einer gesellschaftlichen Spirale, die niemand individuell lenkt und die wir alle gemeinsam dennoch in Gang setzen; eine Spirale der immer schneller, stärker und auch tiefgreifender zufassenden Perfektionierung und Normalisierung, die diejenigen an den Rand drängt, die den Kriterien einer auf Funktionalität ausgerichteten Gesellschaft nicht genügen. Die Frage ist: Ist dies ein »ganz normaler« Wertewandel, der durch die Technologieentwicklung ausgelöst worden ist und der als gesellschaftlicher Fortschritt zu begrüßen ist? Oder bedeutet dieser Wertewandel gerade, dass wir, die Menschen, die unsere Gesellschaft ausmachen, dabei sind, uns einem technokratischen Denken zu unterwerfen, das aus der *Machbarkeit* die Wünschbarkeit ableitet und das eine Rechtfertigung für die *Nichtanwendung* anstatt für die Anwendung der neuen Technologien fordert?

Wenn »Normalität« zur Norm wird

Aber was bedeutet die Norm der Normalität eigentlich? Neugeborene oder Kinder mit schweren Behinderungen werden noch immer, auch in Deutschland, sozial vom gesellschaftlichen Leben ausgeschlossen. Normalität sieht in Deutschland so aus: Diejenigen Kinder, die im Kindergarten oder in der Schule einer besonderen Förderung bedürfen, werden an diesen Orten zu einer scheinbar unzumutbaren Belastung – einer Belastung für manche Eltern von sogenannten gesunden Kindern, die meinen, ihre Kinder würden in ihrer Entwicklung durch das Zusammensein mit behinderten Kindern gehemmt werden. Kinder mit Behinderungen werden zu einer nicht einschätzbaren Belastung für Krankenversicherungen (dies war in den USA bis vor Kurzem der Fall: Da es kein allgemeines gesetzliches Krankenversicherungssystem gibt, wurde Eltern die Krankenversicherung für ihre Kinder verweigert, wenn diese schon vor der Geburt über den Gesundheitszustand informiert worden waren; ob sich dies durch die Gesundheitsreform von Präsident Obama nicht nur rechtlich, sondern auch praktisch verändert, bleibt noch abzuwarten). Hierzulande werden Kinder »nur« zu einer scheinbar abstrakten Belastung für die kommunalen Haushaltskassen, die kein Geld für eine Extrabetreuung haben. Betriebe können sich mit einer geringen Geldsumme von der gesellschaftlich vereinbarten Pflicht »freikaufen«, Jugendliche mit Behinderung auszubilden oder Erwachsene einzustellen. Eltern, Freunde und Betreuer der Kinder mögen noch so sehr betonen, wie viel Menschen mit Behinderung zu »geben« haben (als ginge es darum in unserer Gesellschaft!) – sie werden insgeheim belächelt und bedauert.

Diejenigen, die nicht in das Raster der Unauffälligkeit, also dessen, was »normal« zu sein scheint, hineinpassen, weil sie ihre Individualität schon äußerlich zeigen, werden leicht für nicht liebenswert, nicht achtenswert und, zumindest vor ihrer Geburt, für nicht lebenswert gehalten. Als würde unsere Gesellschaft nicht einem jeden Menschen (gleichgültig ob geboren oder ungeboren) einen rechtlichen Schutzstatus zugestehen, der die Rechte eines Menschen umfasst. Als würde unsere Gesellschaft Menschen als Zumutung ansehen *dürfen*.

Ethiker, die heute von der elterlichen Verantwortung und dem gesellschaftlich legitimen Appell sprechen, Geburten von Kindern mit angeborenen Behinderungen zu verhindern, sprechen aber nicht von der Zumutung. Stattdessen argumentieren sie mit der Chancengerechtigkeit und der elterlichen und staatlichen Pflicht, das Wohlergehen des Einzelnen so weit wie möglich zu schützen bzw. zu fördern.[32]

In Deutschland werden diese Argumentationen zwar in Fachkreisen rezipiert, sie spielen in der gesellschaftlichen Diskussion aber keine große Rolle – womöglich auch deshalb, weil sie vor dem Hintergrund der deutschen Geschichte eher kritisch gesehen werden.

Der Beginn des Lebens erscheint in einer Gesellschaft, die die »Chancengerechtigkeit« mit den Mitteln der »individuellen Eugenik« herzustellen versucht (der Ausdruck »individuelle Eugenik« wird von den Autoren des einflussreichen Buches *From Chance to Choice* selbst positiv verwendet), als Kampf um Gleichheit und Gerechtigkeit, der über den Körper der schwangeren Frau ausgetragen wird. Selbstverständlich ist ihre Zustimmung erforderlich, aber die liberalen Ethiker verstehen, wie ich auch, Autonomie nicht einfach als Selbstbestimmung, sondern als moralisches Konzept der Verantwortung. Für sie besteht jedoch die elterliche Verantwortung darin, die Geburt von Kindern mit Behinderung zu vermeiden, weil der natürliche Zufall (engl. »chance«) dank der Pränataldiagnostik durch die »Wahl« im Sinne einer bewussten Entscheidung (engl. »choice«) ersetzt werden kann.

Die Abwägung von Lebensqualität

In dieser Argumentation ist es nicht einfach der Wunsch der Eltern, der maßgeblich für die Höherbewertung der elterlichen Autonomie ist, sondern maßgeblich ist die Bewertung der Lebensqualität eines Menschen mit Behinderung. Die beiden anderen Abwägungsgüter, das Lebensrecht eines ungeborenen Kindes sowie das Recht eines Menschen, nicht wegen einer Behinderung anders, das heißt schlechter behandelt zu werden als Menschen ohne Behinderung, treten in dieser Bewertung zurück oder werden rundweg abgewiesen. Dieser Argumentation treten nun nicht nur diejenigen entgegen, die vom Lebensrecht menschlicher Embryonen und Föten überzeugt sind – hier gibt es einen unlösbaren Konflikt zwischen denjenigen, die von einem umfassenden Lebensschutz ausgehen, und denjenigen, die einen graduellen Lebensschutz vertreten. Aber auch in Bezug auf das zweite Abwägungsgut stellt sich die Frage, wie die unterschiedliche Behandlung mit dem deutschen Recht in Einklang zu bringen ist und wie es international mit der »UN-Konvention zur Förderung und zum besseren Schutz der Rechte von Menschen mit Behinderung« zusammenpasst. Hier werden Menschen mit Behinderungen als Menschen mit spezifischen *Besonderheiten* aufgefasst, wobei diese Besonderheiten sehr wohl *auch* als Beeinträchtigungen gesehen werden können.

Frauen und Paare, die sich ein Kind wünschen, wissen um diese Spannungen zwischen den Erwartungen der Normalität, die sie gewiss in ihrem Wunsch teilen, ein *gesundes* Kind zu bekommen. Anders als etwa in den USA oder auch Großbritannien wird in Deutschland vor allem mit dem verständlichen Wunsch oder Interesse von Eltern an einem gesunden Kind argumentiert, und sowohl der »liberale« Hinweis auf die »Chancengerechtigkeit« oder auch die utilitaristische Bewertung der Lebensqualität werden diesem Aspekt nachgeordnet.[33] Der Wunsch von Eltern, ein gesundes Kind zu bekommen, ist selbstverständlich: Er ist weder egoistisch noch in irgendeiner Hinsicht unangemessen. Die Frage ist einzig, was geschieht, wenn dieser Wunsch zu einer Erwartung an andere, in erster Hinsicht an die Ärzte und indirekt an die Gesellschaft und ihren Rechtsrahmen, wird. Auch wenn Ärzte und die Gesellschaft den Wunsch nach einem gesunden Kind nachvollziehen oder auch teilen können, müssen sie ihn mit anderen, weiteren Aspekten ins Verhältnis setzen. Die Medizin tut dies, indem sie ihre eigenen ethischen und berufsrechtlichen Standards anwendet, und das Recht tut es, indem es den gesetzlichen Rahmen so bestimmt, dass im Handeln die Würde (und die sich aus der Würde ergebenden Rechte) aller Menschen gewahrt ist.

Zwischen einer Ethik des Mitleids und der Unantastbarkeit des Lebens

Schwangere Frauen, die mit einem positiven pränataldiagnostischen Testergebnis konfrontiert sind, stimmen aber offensichtlich eher zu, dass ihr »kleines Kind«[34] getötet wird, als dass sie sich und der Gesellschaft ihr Kind »zumuten«. Die gleiche Gesellschaft, die so hohe *rechtliche* Schranken gezogen hat, gibt den Frauen auf der Ebene gesellschaftlicher Werte recht darin, wenn sie ihr Verhalten richtig, nachvollziehbar, vernünftig nennt. Im gesellschaftlichen Diskurs, über die Medien vorgetragen und in immer gleichen Gesprächsrunden wiederholt, erscheinen die Abbrüche der Schwangerschaft aus Gesundheitsgründen als von einer Ethik des Mitleids getragen und deshalb verantwortungsvoll.

Mediziner und (manche) Juristen wiederholen den Vorwurf des rechtlichen Wertungswiderspruchs: Wenn ein Embryo im »Reagenzglas« besser geschützt werde als ein Embryo im »Mutterleib«, so werde mit zweierlei Maß gemessen, zulasten derjenigen Paare, die sich nichts anderes wünschen als dies: ein gesundes Kind. Damit wird der Rechtfertigungsdruck an diejenigen weitergegeben, die in der Abwägung zwischen diesem verständlichen elterlichen Wunsch, dem Lebensrecht aller Menschen sowie der Gleichheit der Rechte zwischen Menschen mit und ohne Behinderungen nicht von vorneherein die elterlichen Interessen als höherrangig ansehen. Dem Würde-Argument der Ethik (und des Bundesverfassungsgerichts) wird entgegengehalten, dass dies in *diesem* Fall nicht so wichtig sei, da Embryonen (noch) gar nicht unter den Schutz der Würde fallen könnten und der Schwangerschaftskonflikt als ein privater und persönlicher Entscheidungskonflikt der Frauen bzw. Paare respektiert werden müsse. Dem Argument der Gleichbehandlung von Menschen mit und ohne Behinderung wird entgegengehalten, dass es im Interesse der Kinder selbst sei, nicht geboren zu werden.

Auf der anderen Seite steht eine theologisch oder humanistisch begründete Ethik, die die »Heiligkeit« oder »Würde« des individuellen Menschen verteidigt. Die »Heiligkeit« führt eine gewisse Unantastbarkeit der Existenz mit sich, ethisch ausgedrückt: das Verbot zu töten. Die »Würde« führt den Respekt vor einer Person mit sich, die als solche in ihrer Autonomie zu respektieren ist, ethisch ausgedrückt: Eine andere Person darf nicht für die eigenen Zwecke (und seien diese auch noch so gut begründet) instrumentalisiert werden. Zu den

»eigenen Zwecken« gehört auch das eigene Lebensglück. Nicht das »Leben« als solches hat einen »absoluten« Wert, sondern ein Mensch, insofern er oder sie lebt, bedarf des moralischen Schutzes, der im Tötungsverbot bzw. im Würdeschutz ausgedrückt ist. Die Gesundheit eines (ungeborenen) Kindes, so argumentiert dieser Ethiktyp, kann diese grundsätzlichste aller moralischen Einsichten nicht außer Kraft setzen. Das heißt: Das nachvollziehbare Interesse am eigenen Wohlergehen und der Respekt vor der Freiheit oder Autonomie der selbstbestimmten Lebensführung kommt dort an eine Grenze, wo die Rechte anderer betroffen sind. Da einem Menschen aber das Lebensrecht nicht abgesprochen werden kann, kann es zwar womöglich zu tragischen Einzelfällen kommen, als Praxis darf jedoch ein Staat, der seine Legitimation und sein Fundament der Verpflichtung auf die Würde des individuellen Menschen verdankt, die Tötung von Menschen nicht zulassen.

Dass es zwischen diesen beiden, in den Grundsätzen verschiedenen Argumentationen im Fall des Schwangerschaftskonflikts kaum eine Einigung geben kann, liegt auf der Hand. Politisch mag es daher nur darum gehen, einen Minimalkonsens zu erreichen, um überhaupt eine Regulierung im Sinne von Rahmenbedingungen für das ärztliche und individuelle Handeln zu erreichen. Ethisch kann ein solcher Kompromiss jedoch niemanden wirklich zufriedenstellen. Die Frage ist daher, ob es möglich ist, den ethischen Urteilsprozess selbst so zu verändern, dass womöglich auch der politische und der rechtliche Handlungsspielraum sich verändern können.

Ausgangspunkt meiner Überlegungen ist, dass wir eine Handlungspraxis nicht verstehen können, wenn wir sie nicht in Kontinuität oder auch in Diskontinuität zur bisherigen Praxis sehen. Daher habe ich mit dem größeren historischen Kontext begonnen, in dem die Pränataldiagnostik als ein Baustein eines radikalen Veränderungsprozesses menschlicher Fortpflanzung erkennbar wird. Wir haben aber auch gesehen, dass die Erfahrungen von Frauen durch den medizinischen Fokus auf die Schwangerschaft kaum mehr sichtbar (oder besser: hörbar) sind, weil sie überlagert werden von einer Technik der Ver-Bildlichung, die die Ein-Bildung der Vorstellungen, Träume und Hoffnungen während einer Schwangerschaft zunehmend ersetzen. Womöglich geschieht etwas Ähnliches im ethischen Urteilen? Verlieren wir womöglich vor lauter theoretischen Erwägungen aus dem Blick, worum es für die Frauen und ihre Partner in einem Schwangerschaftskonflikt geht? Dass sie sich nämlich von einem Kind verabschieden müssen, das sie noch nicht einmal kennen? Dass sie entscheiden müssen, womöglich an den Rand der Gesellschaft gedrängt zu werden, wenn sie ihr Kind bekommen? Dass sie nicht wissen, was sie einem Menschen zumuten, ob sie dies *vor ihm* werden verantworten können?

Ethische Begriffe wie die reproduktive Autonomie oder die Würde des Menschen, die Heiligkeit des menschlichen Lebens – dies sind Begriffe aus der Theorie der Ethik, die ich als Ethikerin keineswegs von mir weisen will oder kann. Aber zuallererst ist die Ethik die (theoretische) Reflexion der moralischen Praxis, das heißt, sie reflektiert das Handeln von Menschen in Situationen, in denen ihre Überzeugungen, ihre Normen, die von der jeweiligen Gesellschaft, Kultur und Rechtstradition geprägt sind, in einer Handlungssituation zur Disposition stehen. Theoretisch kann man dies als Herausforderung zwischen Haltungen und Handeln, zwischen Tugenden und Tun darstellen – und dann muss beurteilt werden, welches Handeln den Überzeugungen am besten entspricht, oder aber die Überzeugungen werden sich aufgrund neuer Erfahrungen und Handlungsurteile verändern. Ähnliches gilt für die soziale Ebene: Traditionen »speichern« die Wertüberzeugungen von gesellschaftlichen Gruppen; und diese Traditionen erweisen (oder verlieren) ihre Orientierungskraft in Situationen, in denen eingespielte Handlungsabläufe infrage gestellt werden, etwa, weil sie großen Veränderungen ausgesetzt sind.

Das heißt: Wenn es dem ethischen Urteilen um eine Orientierung des individuellen und gesellschaftlichen Handelns geht, das weder *unmittelbar* vorschreibend ist (dies ist Sache des Rechts) noch eine bloße Meinungsäußerung ohne den Anspruch, etwas in einer Diskussion bewirken zu wollen (dies wäre nicht ethisch, sondern eher ein Urteil der Befindlichkeit), dann besteht der nächste Schritt darin, der Handlungssituation, die beurteilt werden soll, einen größeren Raum zu geben. In der Ethiktheorie wird dies zuweilen als »induktive Methode« bezeichnet, die der »Deduktion« der Sollensurteile gegenübergestellt wird. Richtiger ist es aber, von einer möglichst angemessenen Interpretation zu sprechen, die uns überhaupt erst in die Lage versetzt, die Elemente des Urteilens angemessen zur Kenntnis zu nehmen.

Ich werde entsprechend versuchen, die Ambiguität aufrechtzuerhalten, die dem ethischen Konflikt zwischen Leben und Tod immer anhaftet. Keine der genannten Ethiken ist ganz falsch, aber ebenso wenig ist eine einzige der Ethiken für sich genommen richtig. Einige Urteile schließen einander aus. Und dennoch müssen die betroffenen Frauen am Ende eines Überlegungsprozesses eine Entscheidung über ihr Handeln fällen. Diese Entscheidung ist von einer ungleich schwereren Dramatik und Tragik als die gesellschaftliche und politische Diskussion über die Regelung von Praktiken.

Ich meine, wir sollten das Nachdenken noch einmal neu aufnehmen, langsamer, behutsamer als wir es in den letzten Jahren getan haben. Sicher ist es so, dass »Reproduktions«-Entscheidungen von starken Gefühlen und daher auch von starken Wertungen begleitet sind. Diese sind notwendig, weil es bei der Frage nach Kindern zugleich auch immer um Fragen von Beziehungen und existenziellen Lebensentwürfen geht. Die Entscheidungen sind längst nicht so »rational«, wie unsere Sprache es suggeriert, und der Akt der Fortpflanzung ist auch nicht so biologisch, wie der Ausdruck der »Reproduktion« es suggeriert. Wir benötigen unsere kulturell geprägte Imaginationskraft, die Aufmerksamkeit für die Zwischentöne und den Mut, die kulturelle Tugend der Kontrolle hinter uns zu lassen, um die Widerfahrnisse in den Blick nehmen zu können, die existenzielle Erfahrungen überhaupt erst möglich machen. Eine Ethik, die den Konflikt um eine Schwangerschaft mit dem Hinweis auf die Souveränität und Autonomie der Akteure beiseiteschiebt, zeigt diesen Mut genauso wenig wie eine Ethik der »Heiligkeit des Lebens« oder des absoluten Lebensschutzes, die den Konflikt von vornherein leugnet, weil die Prinzipien der Moral ihn zu verbieten scheinen. Die Ethik, um die es mir geht, hält den Blick auf die konkreten Widerfahrnisse aus; sie zögert in ihrem Urteil nicht aus Schwäche, sondern weil das Zögern manchen Konfliktlagen angemessen ist.

Die Bewertung der elterlichen Autonomie

Wenn die schwangeren Frauen (oder Paare) in der folgenden ethisch motivierten Lektüre von Erfahrungen in den Mittelpunkt gerückt werden, dann deshalb, weil es schließlich um sie geht. Insofern folge ich eher der »liberalen« Lesart. Aber damit ist das letzte Wort ja nicht gesagt, denn eine der zentralen Fragen der ethischen Bewertung der Pränataldiagnostik und der Fortpflanzungsmedizin insgesamt ist es, wie wir gesehen haben, wie »reproduktive« oder elterliche Autonomie zu bewerten ist. Hier sind aber zwei unterschiedliche Verständnisse zu unterscheiden: Auf der einen Seite geht es um die Notwendigkeit der *freiwilligen Zustimmung bzw. Ablehnung* vonseiten der schwangeren Frauen in Bezug auf das Handeln anderer. Ohne die Zustimmung der schwangeren Frauen, heißt dies, kann und darf nicht am Kind, das sie »in ihrem Körper tragen«, gehandelt werden. Auf der anderen Seite geht es um die Bewertung des Handelns der Frauen selbst: Wie *sollen* sie sich während einer Schwangerschaft verhalten? Was kann (rechtlich) eingeklagt werden? Was ist eigentlich eine ethische Frage? Ist dies allein die Frage, wie Frauen sich zu sozial vermittelten Werten und Normen verhalten? Oder geht es allein um existenzielle, persönliche Fragen, die letztlich jede einzelne Frau beantworten muss?

Bei dieser Frage geht es nicht um die Abwehr von Zwang durch Dritte, sondern um eine Selbstreflexion, die wir deshalb »ethisch« nennen, weil sie die Fragen des Wollens, des Könnens und des Sollens in *einen* Urteilszusammenhang stellt: So mögen sich schwangere Frauen in »Ausübung« ihrer Autonomie fragen: Am Anfang steht die Frage: *Will* ich, wollen wir Eltern werden? Wird diese Frage bejaht, ist schon eine grundsätzliche Entscheidung getroffen, die ich hier auf die Frau engführe, die etwas abgeleitet aber auch für alle gilt, die soziale Eltern werden – mit den Implikationen, die dies hat, werde ich mich an späterer Stelle eingehend beschäftigen. Hier geht es mir nur darum, dass mit dem Kinderwunsch eine Selbsteinschätzung in Bezug auf die Fähigkeit, einem Kind Eltern sein zu können, einhergeht (unabhängig davon, wie das andere einschätzen mögen), und es geht mit ihm die implizite Anerkennung der Übernahme einer Verantwortung einher. Insofern stellt sich die Reflexion während der Schwangerschaft in Bezug auf die Pränataldiagnostik nicht als grundsätzlich anders, sondern eher als eine Zuspitzung dieser ethischen Reflexion dar. Diese Reflexion umfasst (implizit oder explizit) diese Elemente: *Kann* ich das schaffen, was ich (gemäß meinen Überzeugungen, gemäß den sozialen und rechtlichen Normen) *soll*? *Will* ich das, was ich soll, und das, was ich vielleicht auch *kann* (die Sorge für ein Kind mit Behinderung), für mich, für meinen Partner, womöglich für meine Familie und mein Umfeld und für das Kind?

Weil die ethische Frage nach der Autonomie eine grundsätzlich andere ist als die nach der politisch-rechtlichen Autonomie, muss für die Ethik die Selbstreflexion, die Kontextualität und die jeweilige Besonderheit der Urteilssituation eine viel größere Rolle spielen als für die politische Philosophie oder das Recht, das »nur« auf den öffentlichen Charakter der Urteilssituation sieht. Der Ethik wird es, neben ihrer eigenen öffentlichen Rolle, um die Handlungsorientierung für die Handelnden gehen, die die drei Modalitäten des Handelns in ein »Überlegungsgleichgewicht« bringen müssen: Entsprechend geht es der Ethik darum, auf der Grundlage der Autonomie als Abwesenheit von Zwang die Autonomie als konstruktiven Umgang mit dem eigenen Wollen, Können und Sollen zu verstehen, als Auslotung zwischen dem Wollen (Wunsch), dem Können (dem Handlungsspielraum) und dem Sollen (den Pflichten und der Verantwortung).

Zumindest für die Paare ist anzunehmen, dass ihr Wunsch nach einem gesunden Kind nicht einfach nur »urwüchsig« ist, sondern ein reflektiertes Wollen darstellt: Es meint in erster Linie die Sorge für und um das Wohlergehen des zukünftigen Kindes. Insofern ist die Motivation, »alles zu tun«, um ein gesundes Kind zu bekommen, unter anderem sicher mit der Anteilnahme am Leben ihres Kindes verbunden. Nun, da die Feststellung einiger angeborener – meistens mit vielen Schmerzen, Operationen, Belastungen und radikalen Veränderungen einhergehenden – Behinderungen schon vor der Geburt möglich geworden ist, scheint es eine Option zu geben, eine Möglichkeit, das »Wollen« mit dem »Können« zu verbinden und so Kindern das Schicksal einer Behinderung zu ersparen. Anhand der minutiösen Tagebuchaufzeichnung einer Frau können wir sehen, dass die Reflexion über die Entscheidung, eine Schwangerschaft abzubrechen, sich keineswegs auf das »Wollen« und »Können« beschränkt, sondern durchaus auch das »Sollen«, die Frage nach der Verantwortung und Pflicht, einen großen Raum einnimmt.[35]

Unvollkommen – Erfahrungsbericht einer Schwangerschaft

Unvollkommen nennt Caroline Stoller ihre Schwangerschaft.[36] Ihre Geschichte zeigt, wie ein gewünschtes Kind, das »vollkommen« ist, zu einem unvollkommenen Kind wird, und wie die »gute Hoffnung« während der Schwangerschaft für eine Frau zum größten Schrecken wird, der schließlich mit dem Abbruch der Schwangerschaft endet. Ich greife diese Geschichte auf, weil sie hilft, einige Vorurteile zu zerstören, und die ethische Problematik der PND mit Schattierungen versieht, die aus meiner Sicht dringend geboten erscheinen. Auch wenn die Schwangerschaft für C.S. irgendwann »endet« – ihre Geschichte endet ganz sicher nicht so einfach mit dem Tod des Kindes. Am Ende ihrer Aufzeichnungen sagt die Frau, die als eine der ersten – und bis heute eine der ganz wenigen – Frauen den Mut hatte, ihre Erfahrungen zu veröffentlichen:

> »Die Monate vergehen, und manchmal, wenn ich zurückdenke, kommt mir das Ganze vor wie ein böser Alptraum. Die körperlichen Wunden sind zwar verheilt, aber die seelischen Wunden noch lange nicht.
>
> Es gab und gibt immer wieder Momente, wo mich tiefe Zweifel überfallen. Zum Beispiel Diskussionen über behinderte Kinder. Wenn Eltern sagen, wie viel ihnen ihre behinderten Kinder menschlich bringen können. Wie viel Kraft und Lebensfreude diese behinderten Kinder vermitteln können. In solchen Situationen schäme ich mich und fühle mich feige.
>
> Trotzdem, heute, zwei Jahre später, kann ich nicht mit Sicherheit sagen, wie ich mich entscheiden würde. Ich glaube, das kann man nie sagen, wenn man nicht in so einer Situation ist. Es ist immer schwierig zu urteilen, wenn man nicht selbst betroffen ist. Es lässt sich ja so leicht sagen:

wenn ... dann würde ich. Ich bin auf jeden Fall vorsichtig geworden mit Urteilen.« (84f)

Scham und Verunsicherung darüber, ob man richtig entschieden hat. Zweifel und Zurückhaltung in der Beurteilung. »Es lässt sich ja so leicht sagen ...« – als habe C.S. uns dies mit auf den Weg geben wollen, um zu verhindern, sie oder andere schwangere Frauen vorschnell für ihr Handeln zu verurteilen. Oder: vorschnell ihr Handeln als das einzig richtige und vernünftige anzusehen.

Laut Statistischem Bundesamt beenden etwa 3000 Frauen in Deutschland pro Jahr eine Schwangerschaft mit medizinischer Indikation, davon etwa 2000 nach der 12. Woche. Das sind nicht viele Abbrüche, wenn man sie mit den jährlich ca. 115.000 bis 130.000 Abbrüchen vergleicht, die in den ersten 12 Wochen einer Schwangerschaft unter ärztlicher Aufsicht durchgeführt werden. Nach der 23. Woche werden ca. 180 Schwangerschaften abgebrochen.

Im Einklang mit den wenigen Dokumenten, die Schwangerschaftsabbrüche nach medizinischer Indikation zeigen, spielt die unmittelbare Bedrohung der *mütterlichen* Gesundheit im hier dargestellten Bericht keine Rolle. Es geht einzig um die Gesundheit – besser um die Krankheit bzw. Behinderung – des Kindes, die die »gute Hoffnung« der Schwangeren plötzlich und dramatisch in Panik und Sorge um das Kind umschlagen lässt. Dies ist insofern wichtig, als es den normativen Begründungszusammenhang, den das Schwangerschaftskonfliktgesetz beschreibt, als relativ irrelevant in der Konfliktsituation erscheinen lässt. Rechtlich könnte daher gesagt werden, dass dann offenkundig in diesen Fällen keine Situation vorliege, die die Rechtswidrigkeit des Schwangerschaftsabbruchs außer Kraft setzen würde: was als Konflikt beschreibbar sei, sei ein psychischer, womöglich auch ein ethischer Konflikt, aber der Zustand des ungeborenen Kindes ohne Gesundheitsindikation für die Mutter falle nun einmal nicht unter die Regelung des §218. Es stehe der Gesellschaft frei, dafür zu kämpfen, dass hier eine Neuregelung erfolgt, aber die gegenwärtige Regelung basiere nun einmal auf der medizinischen Indikation im Sinne des Gesundheitsrisikos für die Frau.

Für das ethische Urteilen ist die rechtliche Interpretation wichtig, aber sie ist nicht das alleinige Kriterium für die *ethische* Beurteilung, die den Konflikt so in den Blick nehmen muss, wie er sich aus der Handlungssituation – und zuallererst aus der Perspektive der Handelnden – interpretieren lässt. Gibt es also Gründe dafür, dass die ethische Beurteilung von der jetzigen Regulierung in Deutschland abweicht?

Schwanger und voller Vorfreude

Wie viele schwangere Frauen freuen sich auch C.S. und der Vater des Kindes sehr über und auf ihr Kind. Sie stellen sich ihr Kind vor, das sich mit dem blauen Streifen auf dem Schwangerschaftstest angekündigt hat und das nun unaufhörlich, unsichtbar, »weltbewegend« und doch so heimlich wächst.

> »Unbewusst warte ich jeden Tag darauf, dass irgendetwas geschieht. Einfach etwas, was mir zeigen würde, dass jetzt alles anders ist. Aber natürlich geschieht nichts. Alles läuft weiter wie bisher.« (10)

Jede Frau, die von Schwangerschaften anderer Frauen hört, vergleicht sie unweigerlich mit der eigenen Geschichte. Als gäbe es hier eine verschwiegene Gemeinschaft, ein Wiedererkennen und Vergleichen, das zuweilen auch Solidarität gegenüber den Urteilen auslöst, die von »außen« kommen (und deshalb nicht weniger richtig oder falsch sein müssen).

Meine Generation, so habe ich im letzten Kapitel gesagt, ist mit den Bildern von Lennart Nilssen aufgewachsen. Unzählige Menschen haben mit Ehrfurcht und Staunen die Bilder angesehen, die Nilssen aufbereitet hat und die er in immer neuen Variationen veröffentlicht. Ihre Faszination haben sie bis heute nicht verloren. Wir haben immer mehr Einblick in die frühe Entwicklung eines Menschen bekommen.

In regelmäßigem Abstand drucken die Zeitungen Bilder dieses einzigartigen »Zellhaufens«, den wir Mensch nennen sollten, den wir meistens aber mit dem medizinischen Terminus »Embryo« bezeichnen. Inzwischen haben wir uns sogar schon daran gewöhnt, Bilder einer Zeugung zu sehen – dann, wenn sie im Reagenzglas erfolgt und der Samen mit einer Pipette vorsichtig in eine Eizelle eingebracht wird.

Aber eine Schwangerschaft, die nicht auf diesem technisch oder künstlich visuell aufbereiteten Weg beginnt, sondern ganz »normal« mit der sexuellen Begegnung zwischen einer Frau und einem Mann, eine solche »ganz normale« Schwangerschaft beginnt nach wie vor intim, unsichtbar, zunächst unbemerkt und ohne unmittelbare körperliche Anzeichen. Dass dies so ist, ist alleine schon bemerkenswert, beinahe bin ich versucht, es subversiv zu nennen: Wenigstens dieser Anfang ist den Blicken entzogen, die in der Folge die Kontrolle über die Entwicklung übernehmen werden. Nicht zufällig erfolgt die Feststellung einer Schwangerschaft meistens privat mit dem Schwangerschaftstest nach dem Ausbleiben der Regel (was ja auch andere Gründe haben kann), aber die »endgültige« Gewissheit kommt häufig doch erst mit einem vaginalen Ultraschall, unter den Augen des Arztes oder der Ärztin und nicht notwendig in Anwesenheit des Vaters des Kindes.

Ab diesem Moment bekommt die schwangere Frau einen »Mutterpass«, wie zum Zeichen einer neuen sozialen Identität. Damit ist der Übergang in den »anderen Umstand« auch gesellschaftlich markiert, von nun an ist der Embryo zumindest in der ärztlichen Umgebung sichtbar geworden und jederzeit »ansehbar«.

C.S. beschreibt den Anfang ihrer Schwangerschaft, der eine Fehlgeburt in der 8. Woche vorausgegangen ist, als eine Zeit des Bangens und Hoffens, als eine Zeit der körperlichen und psychischen Umstellung, aber auch der Träume hinsichtlich »dieses« Kindes:

> »Ein Kind zu haben, welchem wir das Leben geschenkt haben. Ein Kind, welches aus unseren Chromosomen entsteht. Ein Kind, welches mir vielleicht ähnlich sein wird?

> Ein Kind, welches uns unsere Schwächen und Stärken widerspiegeln wird. Ein Kind, welches uns sicher zwingen wird, unsere vielleicht schon starr und fix gewordenen Ideen und Überzeugungen neu zu überdenken. Bestimmt wird es die ganze Welt in Frage stellen, und alles wird aufregend, unerklärbar, geheimnisvoll und voller Wunder sein.« (11)

Diese Frau träumt alle Träume, die schwangere Frauen träumen, wenn sie sich ein Kind wünschen und sich die Zukunft, das Leben mit ihm vorstellen. Das Unerwartete, das Überraschende ist dabei Bestandteil der eigenen Vorstellungen und Fantasien. Die Begriffe des »Wunders« und des »Geheimnisses« spiegeln einen Gefühlszustand wider, der insbesondere bei den »Wunschkindern« dominiert. Die Gefühle werden aber nicht so sehr von dem Kind selbst ausgelöst, sondern von den Vorstellungen und Fantasien. Deshalb schwanken diese Gefühle auch so sehr, und sie sind nicht sehr belastbar. Dennoch: Ein Kind stellt die ganze Welt infrage, auch das bisherige Leben, die Vorlieben, die Freiheiten, die Alltagsgewohnheiten. Nicht zuletzt wird die Gesundheit zu einem Thema, mit dem die schwangere Frau sich auseinandersetzen muss.

> »Noch spüre ich zwar keine großen körperlichen Veränderungen, doch allzu lange wird es nicht mehr gehen ... Die Sorge um den eigenen Körper nimmt eine andere Dimension an. Man ist jetzt nicht mehr nur für sich alleine verantwortlich. Ich habe eine Verantwortung diesem Kind gegenüber.« (13)

Selbstkontrolle und Kontrolle des Kindes

Diese »Heimlichkeit« der ersten Wochen ist spätestens dann vorbei, wenn die körperlichen Veränderungen nicht mehr zu ignorieren sind. Es sind zwei große Bereiche, die die Schwangerschaftsbegleitung heute ausmachen: Der erste Bereich ist die (Selbst-)Kontrolle der Ernährung und der Einstellung auf die körperliche Veränderung, etwa durch genügend Schlaf und die Vermeidung von dauerhaften, subjektiv so empfundenen Stresssituationen. Mit dem Übergang in den »anderen Umstand« beginnt auch das Leben mit den lebenden und gedruckten Ratgebern, die das Reservoir gesellschaftlicher Normen bilden: Dank dieser Ratgeber lernt die schwangere Frau, wie sie sich wo und wann zu verhalten hat und wo sie besser gar nicht in Erscheinung zu treten hat (bis vor Kurzem galt dies zum Beispiel sogar für die Fernseh-Öffentlichkeit, bis einige Vorreiterinnen dieses ungeschriebene Tabu einfach brachen). Wer noch keine Ernährungsberatung gehabt hat, der wird sie nun bekommen; wer wenig über Bewegung, über Entspannungsübungen und den Aufbau einer starken Konstitution wusste, der kann die Schwangerschaft zu einem gründlichen Selbstbildungsprozess nutzen. Das Gleiche gilt für die Körperpflege, Hygiene, Sexualität, Emotionalität und die Abhängigkeit des Wohlbefindens von den Hormonen. Frauengesundheit und Schwangerschaft – dies wäre ein eigenes Thema wert, weil auch hier ein Perfektionsdruck um sich greift, der das eigentlich Wichtige, die Entspannung und das individuelle Erleben einer neuen Erfahrung, beinahe unmöglich macht.

Der zweite Bereich ist die medizinische Überwachung und Kontrolle der Entwicklung des Kindes. Zwar können sich schwangere Frauen von Hebammen die ganze Schwangerschaft hindurch begleiten lassen, aber dies ist kaum bekannt und wird auch nicht sehr häufig genutzt. Viel zu dominant ist die Auffassung, zu einer »verantwortlichen Schwangerschaft« gehöre die medizinisch-ärztliche Kontrolle dazu.

Zu diesen Kontrollen gehören in Deutschland routinemäßig drei Ultraschalluntersuchungen, und zwar in der 9. bis 12., in der 19. bis 22. und in der 29. bis 32. Woche, die von den Krankenkassen übernommen werden. Jederzeit kann aber die schwangere Frau darum bitten, dass weitere Maßnahmen der PND durchgeführt werden; ab einem Alter von 35 Jahren muss jede Schwangere über die Möglichkeiten der invasiven PND aufgeklärt werden.[37] Die beiden Bereiche – Selbstkontrolle der Gesundheit der Frau und Kontrolle der Entwicklung des Kindes – können durchaus miteinander in Konflikt geraten, wie jede schwangere Frau weiß, die einmal beim Konsum von Alkohol oder Nikotin in der Öffentlichkeit die Blicke der Umstehenden ertragen musste. Was bisher gesellschaftlich akzeptiert oder auch nur private Gewohnheit war, wird plötzlich in die Waagschale gelegt: Könnte es meinem Kind schaden? Oder ist es tolerierbar? Dem medizinischen Blick auf die Entwicklung des Kindes entspricht der öffentliche Blick der Gesellschaft auf die schwangere Frau und beiden ist eine Kontrolle eigen, die leicht in Schuld oder Gewissenskonflikte umschlagen kann: Tue ich genug für mein Kind? Darf ich dies »noch« tun, jenes »jetzt erst mal nicht mehr«?

Selbstkontrolle und Kontrolle des Kindes: Wenn wir gesellschaftlich von der »reproduktiven Autonomie« (im Sinne der Abwesenheit von Zwang) sprechen und sie einklagen, vergessen wir leicht, dass ein Schwangerschaftskonflikt eine Vorgeschichte hat. Bei gewollten, gewünschten Kindern ist bereits ein Kontext der gesellschaftlichen Normierung geschaffen. Selbstverständlich gibt es keinen *Zwang*, sich über die Ernährung während der Schwangerschaft zu informieren und die Kontrolluntersuchungen durchführen zu lassen. Aber genauso wenig findet eine Schwangerschaft im luftleeren Raum statt, ohne familiäre oder gesellschaftliche Erwartungen, Normen und »Zwänge«, die verdeckt oder indirekt wirken. Daher ist es – in Bezug auf die medizinische Betreuung – so wichtig, die empirischen Faktoren dieses Kontextes einzubeziehen. Dies gilt nicht nur für die »Normalität« der Risikoschwangerschaft, sondern es betrifft auch die Stigmatisierung des Alters von Schwangeren und insgesamt das, was die »soziale Identität« Mutter bedeutet: Zum Beispiel gehört dazu, dass die zukünftig wohl notwendige Kinderbetreuung insgesamt in Deutschland nach wie vor Frauensache ist – umso mehr aber ist sie eine »Sache« der Mütter, wenn ein Kind eine besondere Betreuung braucht.[38]

Das heißt: Autonomie in der Schwangerschaft schließt den verdeckten Zwang gesellschaftlicher Normen schon deshalb ein, weil durch diese Normen die Schwangerschaftsbegleitung institutionell (und finanziell) organisiert wird. »Reproduktive Autonomie« kann daher nicht das Handeln ohne gesellschaftliche Normen meinen, sondern allein den Ausschluss von direktem Zwang. Es gibt in der Schwangerschaft auch in anderen Zusammenhängen Grenzfälle der Toleranz: etwa im Umgang mit drogenabhängigen Frauen, die durch ihre Sucht die Gesundheit des Kindes unmittelbar gefährden. In diesen Fällen wird alles getan werden, um die Gesundheit des Kindes zu schützen, indem die Drogensucht der Schwangeren behandelt wird. Aber für die Ärzte bedeutet dies eine Konfliktsituation, in der die »reproduktive Autonomie« der Schwangeren so sehr den gesellschaftlichen (und ethischen) Normen des Verhaltens in der Schwangerschaft widerspricht, dass zumindest »sanfter« Druck ausgeübt wird, um das Kind nicht zu gefährden. Nach der Geburt kann erst recht nicht von einer willkürlichen »Autonomie« gesprochen werden, da der Staat das Recht hat, Eltern das Sorgerecht zu entziehen, wenn sie ihrer Sorge*pflicht* nicht angemessen nachkommen (können).

Jenseits dieser extremen Fälle sind die gesellschaftlichen Normen daran ablesbar, wie vor allem Frauen von literarischen »Ratgebern« umlagert werden. Die Frage nach dem richtigen Verhalten, die die Philosophin Onora O'Neill im Hinblick auf Elternschaft einmal als Frage nach dem Elternsein, das »gut genug ist«[39], formuliert hat, beginnt nicht erst mit der Geburt, sondern mit der Schwangerschaft – oder sogar davor. Frauen kommen oft kaum dazu, sich selbst zu befragen, der notwendigen Passivität, die jeder Erfahrung eigen ist, genügend Raum zu geben.

Schwangerschaft in der Schwebe

In ihrem vor 20 Jahren veröffentlichten Buch *Schwangerschaft auf Abruf*[40] beschrieb die Soziologin Barbara Katz Rothman die Folgen der Pränataldiagnostik, die in den USA früher zu einer Standarduntersuchung wurde. Sie beobachtete, dass Frauen in ihren Familien und in ihrem Bekanntenkreis viel später von der Schwangerschaft erzählten als vor der Einführung der PND. Es war, so schrieb sie, als hielten die Frauen nicht nur vor anderen, sondern auch vor sich selbst die Bejahung der Schwangerschaft in der Schwebe: »In der Schwebe gehaltene Schwangerschaft«, so müsste der deutsche Titel ihres Buches wörtlich übersetzt heißen. Katz Rothman war darüber nicht nur überrascht, sondern sie sah auch, dass sich Frauen damit einen Teil der Schwangerschaftserfahrung nehmen. Die von ihr befragten Frauen verdrängten ihre Kinder so gut, dass sie selbst deren Bewegungen viel später als andere Schwangere wahrnahmen, nämlich erst dann, wenn sie die Gewissheit durch den Test hatten, dass sie die Schwangerschaft fortsetzen würden.

Vielleicht ist dies nur ein besonders eindrückliches Beispiel dafür, wie beeinflussbar schwangere Frauen in ihrem Selbstgefühl und ihrer Körperwahrnehmung sind. Mir scheint aber der Zusammenhang zur *vorbehaltlosen* Bejahung des Kindes als besonders aufschlussreich. Häufig wissen nur die engsten Freunde um den »anderen Umstand«, wenn Frauen sich sicher sind, ein Kind nur dann auszutragen, wenn die Fruchtwasseruntersuchung (für die die PND häufig steht) keine Auffälligkeiten ergeben hat. Dass die Ergebnisse häufig erst zum Ende der ersten Hälfte der Schwangerschaft vorliegen und es schnell zur Zerreißprobe werden kann, auf sich alleine gestellt zu sein, wird dabei vielleicht unterschätzt – denn wie die Erfahrungsberichte zeigen, begleitet eine Schwangerschaft die Frau eben doch Tag und Nacht. Aber das »Verheimlichen« der Schwangerschaft ist auch eine Möglichkeit, sich der gesellschaftlichen Kontrolle und Norm zu entziehen, die eine Frau wegen der Beendigung einer Schwangerschaft womöglich mit Missachtung straft, während sie ihr vorher die Gesundheit des Kindes als beinahe alleinigen Lebensinhalt vorzuschreiben versucht.

Die Tabuisierung ist vielleicht einfach nur der Versuch, die Intimität wiederzugewinnen, die seit der medizinischen Betreuung so schwer geworden ist. Vielleicht gibt es auch nur eine allgemeine Tendenz, einen schweren moralischen Konflikt lieber mit sich selbst oder in kleiner Runde auszutragen – und sicher gibt es das Recht dazu. Dennoch zeigt Katz Rothmans Beobachtung, dass sich die Frauen, um die, je nach Verlauf, »schönen Seiten« der ersten Monate einer Schwangerschaft bringen, weil sie gerade nicht mit anderen zusammen träumen und fantasieren können. Angst und Sorge um das Kind erhalten dadurch vielleicht einen größeren Raum, als dies unter »anderen Umständen« der Fall wäre. Nicht die »gute Hoffnung«, sondern der Vorbehalt, das Hinauszögern der Annahme des Kindes und der eigenen Elternschaft, bestimmt so die ersten Schwangerschaftsmonate.

Das Kind wird »sichtbar«

Der erste Ultraschall, den C.S. in der 10. Woche durchführen lässt, macht das Kind für die »werdende Mutter« zum ersten Mal sichtbar – die Organe sind angelegt, das Herz schlägt, ca. 140- bis 150-mal in der Minute.

Da es keine Auffälligkeiten gibt, ist C.S. erleichtert und erlebt die nächsten Wochen unbeschwert. In der 16. Schwangerschaftswoche, also am Ende des vierten Monats, wird C.S. ein Ultraschall sowie ein Alpha-Foeto-Protein-Test nahegelegt. Die organische Entwicklung des Kindes ist zu diesem Zeitpunkt bereits abgeschlossen. Das Geschlecht ist zu erkennen, die Lunge beginnt zu reifen. Das Kind beginnt zu hören, langsam macht es sich für die Mutter bemerkbar.

Der Test bestimmt ein im Blut der Mutter nachweisbares, vom Fötus produziertes Protein, das Aufschluss über den Gesundheitszustand geben kann, insbesondere über Chromosomenveränderungen (Downsyndrom) und neuronale Entwicklungsstörungen wie den Neuralrohrdefekt oder »offenen Rücken«. Diese Untersuchung gehört nicht zur Routine, wird aber häufig – im Rahmen des Triple-Tests – angeboten, wenn es eine Vorgeschichte, wie die bei C.S. vorausgegangene spontane Fehlgeburt oder eben einen Altersfaktor gibt.

C.S. willigt nur widerstrebend in diesen Test ein. Aber sie ist Kinderkrankenschwester und weiß gut über die medizinischen Diagnosetechniken Bescheid. Sie weiß auch um das Leiden, das Menschen durch Krankheit erfahren können.

»Diese AFP-Bestimmung erscheint mir als ein Eingriff in die Persönlichkeit dieses kleinen Menschen. Was kann denn schon ein Blutwert über dieses Kind aussagen? Im Vergleich zum Wunder des Lebens, der Vollkommenheit eines Menschen. Ist es nicht geradezu ein wenig überheblich von uns, ein solches Recht zu beanspruchen? Das Recht eben, über die ›Qualität‹ eines Menschen zu werten?

Und dennoch, natürlich bin ich hin und her gezogen. Es wäre keine große Sache, nur eine Blutentnahme. *Und betrachte ich das Ganze rational und ohne mütterliche Gefühle, so finde ich diesen Test auch gut* ... Letztendlich siegt doch der Verstand und vor allem auch das Bedürfnis, eine Bestätigung zu bekommen. Eine Bestätigung für die Gesundheit des Kindes.« (20f, Hervorhebung H.H.)

»Mütterliche Gefühle« müssen ausgeschaltet werden – das Kind muss auf Distanz gehalten werden: Diese psychischen, aktiven Verdrängungen sind offenkundig notwendig, um der Suche nach Auffälligkeiten zustimmen zu können; dies wird durch empirische Untersuchungen immer wieder bestätigt. Eine »Bestätigung« zu bekommen, dass alles »normal« ist, damit die Angst aufhört, ist wohl das stärkste Motiv für Frauen, sich den verschiedenen Methoden der nicht-invasiven und invasiven Pränataldiagnostik zu öffnen.

Auf dem Ultraschall sehen die werdenden Eltern ihr Kind zum ersten Mal in allen Details: Kopf, Hände, Beine, das Kind scheint »perfekt und vollkommen«, sodass die eigentliche Untersuchung im Empfinden des Paares in den Hintergrund rückt, das »Wunder Mensch« dagegen in den Vordergrund. Die aus den Medien bekannten Bilder nehmen plötzlich Gestalt als Teil der persönlichen Geschichte an – der Wucht dieser Erfahrung kann sich wohl kaum ein Elternpaar ganz entziehen.

Die Diagnose

Nach dem Test und Ultraschall beginnt die Wartezeit für das Paar. C.S. beschreibt diese Zeit rückblickend so:

> »Es waren Tage, die noch einmal alle Träume, Wünsche und Vorstellungen zuließen, ohne dass sie zunichtegemacht wurden. Danach sollte alles anders werden.« (25)

Die niederschmetternde Diagnose, die das Paar eine Woche später, zu Beginn des fünften Monats erhält, lautet: Der AFP-Test gibt Hinweise auf eine Fehlentwicklung des Kindes. Der Begriff dafür lautet: »offener Rücken«. Diese Diagnose bedeutet eine schwere Behinderung, die nicht reversibel oder heilbar ist. Je nach Ausprägung und Zusatzkomplikationen hat ein Kind mit einem offenen Rücken eine geringe Lebenserwartung mit vielen gesundheitlichen Beeinträchtigungen bis zu guten Lebenschancen bis ins Erwachsenenalter. Im Fall von C.S.'s Kind wird später eine Lähmung diagnostiziert, die auf eine schwere Ausprägung schließen lässt.

C.S. reagiert panisch auf diese Diagnose. Sie fühlt sich bedroht, »die Welt bricht zusammen«, aber noch ist es »nur« ein Hinweis aus dem Bluttest. Weitere Tests werden anberaumt, die Gewissheit bringen sollen. Und schon beginnt sich die Spirale zu drehen: Von nun an geht es nicht mehr um abstrakte Gedanken des »Was wäre, wenn ...«, sondern plötzlich geht es, unausgesprochen oder auch nicht, um Leben und Tod. Das Kind, das gerade noch das »Wunder« war, hat nun einen Makel, den Makel der Behinderung.

Zwischen die Panik, Angst und Sorge um das »todkranke Kind« mischen sich auch Aggressionen:

> »Ich will kein behindertes Kind. Warum ist es nicht gesund? Und warum ist es so schwer missgebildet? Ich wollte alles so gut machen. Habe mich gesund ernährt, aufgepasst und Rücksicht genommen. Und jetzt dies. Alle Mühe umsonst. Eine schreiende Ungerechtigkeit.« (30f)

Mit der Diagnose formen sich neue Bilder, die die bisher vorherrschenden Bilder der Hoffnung verdrängen und durch solche der totalen Hoffnungslosigkeit ersetzen: Bilder eines Kindes mit einer schweren Behinderung, Bilder eines Kindes, das in unseren Gesellschaften für nicht »normal« gehalten wird. Ein Kind, das permanent von der Fürsorge und Betreuung anderer Personen abhängig sein wird, vor allem aber von seiner Mutter bzw. seinen Eltern.

> »Nicht einmal die grundlegendsten und elementarsten Sachen würde es je einmal selber können. Nie alleine zur Toilette gehen. Nie mit anderen Kindern herumtollen können. Nie im Schnee herumspringen und lachend auf die Nase fallen. Nie einer Katze nachspringen können. Nie auf einem Dreirad herumflitzen. All diese Sachen wird es nie können, und das weiß ich schon jetzt, bevor es überhaupt geboren ist ... Ich denke, wenn ich mein Kind kennen würde, wäre dies ganz anders. Dann würde das Kind im Vordergrund stehen mit seiner Persönlichkeit. Die Krankheit wäre irgendwie zweitrangig. Würde zu ihm, zu seiner Person gehören.« (33–34)

Immer wieder tauchen nun Metaphern der Fremdheit und Abstraktheit auf: Die fehlende Kommunikation mit dem Kind, und sei es auch nur durch Fußtritte gegen den eigenen Bauch, scheint es unmöglich zu machen, das Kind so, wie es ist, weiterhin anzunehmen. Wurden die Vorstellungen vorher vom Klischee des gesunden Kindes geprägt, so bleiben jetzt die Bilder der Behinderung haften, ohne dass das Kind selbst etwas daran korrigieren könnte. Das Wunder, so schreibt C.S., ist gar kein Wunder mehr, sondern es wird plötzlich zur Sache degradiert. Beinahe verzweifelt klingen die Versuche, der anderen Seite, der Seite des Lebens, noch einmal Raum zu geben:

> »Was heißt schon ›Lebensqualität‹? Meine Vorstellung von Lebensqualität ist sehr subjektiv, und was für mich wichtig ist, muss ich ja nicht auf andere übertragen. Ihnen wird das Lachen geschenkt, die Freude, die Fähigkeit zu fühlen und zu empfinden. Augen, mit denen sie die Vielfältigkeit unserer Erde sehen können. Ohren, mit denen sie wunderbare Klänge

hören können ... Hände, mit denen sie fühlen, spielen und entdecken können.« (35)

Obwohl es noch keine Bestätigung für die Vermutung des Arztes gibt, entsteht unmittelbar durch die Diagnose Handlungsdruck auf die Eltern. Der Entscheidungsprozess in dieser Situation ist extrem schwierig und belastend.

Die Entscheidung für oder gegen das Kind erfolgt unter Unsicherheitsbedingungen: Niemand kann sagen, wie der »offene Rücken« sich bei diesem Kind ausprägen wird; die Prognosen erfolgen auf der Grundlage eines Ultraschallbildes, das eine »Qualifikation über das Kind« liefert, wie C.S. später sagen wird. Die letzte Entscheidung liegt jedoch bei den Eltern.

»Niemand sagt, was gut ist und was nicht. *Die Entscheidung und Verantwortung liegt ganz alleine bei uns.* Zwar raten einem die Ärzte, dass es vernünftig wäre, die Schwangerschaft unter diesen Umständen abzubrechen. Doch wir sind es, die den Entscheid moralisch verantworten müssen.

Es scheint mir eine Verantwortung zu sein, die *über meine Kräfte und mein Denken hinausgeht*. Ich kann diese Verantwortung gar nicht übernehmen. Irgendwie fordert dieser Entscheid eine Art *übermenschliche Verantwortung*.

»Mit einem Male scheint die persönliche Philosophie zu wanken. Sie scheint falsch zu sein. Eine Neuorientierung gibt es nicht. Irgendwie fühle ich mich *entwurzelt*. Selbst *betrogen*. Auf eine gewisse Art könnte man sogar sagen, die persönlichen Überzeugungen werden bloßgestellt. Auf schreckliche Weise wird gezeigt, dass die Ideale der Wirklichkeit, dem realen Leben nicht standhalten können. Sie sind nur gut in der Theorie, aber in der Realität sind sie wertlos. Utopie. Nicht machbar.« (38, Hervorhebungen H.H.)

Wenn Autonomie heißt, dieser Erfahrung ausgesetzt zu sein, dann erscheint sie in einem gänzlich anderen Licht als die Autonomie, die in der öffentlichen Diskussion verteidigt wird. Hier geht die Entscheidung »über die Kräfte und über das Denken«; sie wird als unmögliche Verantwortung erfahren. Überzeugungen erweisen sich als »Utopie« oder »Ideale«, »Theorien«, die an der Wirklichkeit zerschellen. Die eigene Identität ist bedroht: »entwurzelt«, »betrogen«, die Überzeugungen sind »bloßgestellt«. Mit stärkeren Metaphern kann man die existenzielle, vor allem aber die *moralische* Verunsicherung der eigenen Identität und den Orientierungsverlust angesichts eines extremen Konflikts kaum beschreiben. Es bedeutet keine Abwehr oder gar Leugnung der Autonomie im Sinne der Entscheidungsfreiheit (die C.S. richtig als moralische Verantwortungsübernahme für die Entscheidung sieht), wenn insbesondere die Theologische Ethik darauf beharrt, nicht nur diese Entscheidungsgründe zu beurteilen, sondern auch die in dieser Situation Handelnden und die vom Handeln Betroffenen zu begleiten, unter Umständen auch für sie einzutreten.[41]

Und plötzlich sind da Fragen über Leben und Tod

Der Ultraschall am nächsten Tag bringt die Gewissheit über die Diagnose. Und doch ist die Wahrnehmung der Eltern gespalten: Sie sehen ihr Kind, das lebt, ihr Kind, das sich gegen den Ultraschall zu wehren scheint.

Am Abend wird ein weiterer Ultraschall zur Kontrolle vorgenommen. Noch einmal müssen die Eltern ihr Kind »vermessen« lassen; sie sehen es so ausführlich wie die Ärzte, aber mit einer grundlegend anderen Perspektive, der Perspektive des Abschieds.

> »Plötzlich und ganz unerwartet muss man sich mit so grundlegenden und elementaren Sachen auseinandersetzen. Fragen über Leben und Tod. Fragen über Schwangerschaft, Geburt, Krankheit und Leid. Man wird nicht darauf vorbereitet, wächst nicht hinein. Man hat keine Möglichkeit zu lernen, langsam damit umzugehen. Es kommt ganz plötzlich und schnell.

Und dann sollte man noch innerhalb sehr kurzer Zeit darüber entscheiden. Bevor man überhaupt richtig realisiert hat, was geschehen ist, sollte das Kind schon gestorben sein.« (40)

»Für mich ist dieser Ultraschall sehr schlimm. Es tut weh, sein Kind so lange anschauen zu müssen in dem Wissen, dass es bald tot sein wird.« (41)

Auch die Entscheidung gegen das Kind zerstört Lebenspläne – zumindest im Hinblick auf die erhoffte Zukunft mit *diesem* Kind. Am Erfahrungsbericht von C.S. lässt sich leicht ersehen, wie sehr auch die eigenen Ideale und moralischen Überzeugungen ins Wanken geraten: C.S. hat das Ideal einer fürsorglichen Mutter, sie *ist* der Überzeugung, das Leben sei heilig und unverfügbar. Aber sie sieht keinen Ort im Leben für ihre Überzeugung – und sie erhält in dieser Situation offensichtlich von niemandem Unterstützung für diese Seite. So ist es wohl zu verstehen, dass die Entscheidung, die Schwangerschaft zu beenden, nach gerade einmal einem Tag bereits gefallen ist. Die Empfehlung der Ärzte lautet: Einleitung der Geburt, so bald wie möglich. Die Eltern stimmen zu: »Irgendwie hat man doch keine andere Wahl.« Zwei Tage später finden sich die beiden in der Klinik ein, aber C.S. darf noch einmal nach Hause, weil eine Geburt zu diesem Zeitpunkt, da der Körper noch gar nicht auf eine Geburt eingestellt ist, aus Gesundheitsgründen langsam eingeleitet werden muss.

Drei Nächte vergehen zwischen dem Anruf des Arztes, in dem dieser den »Verdacht« äußert, und dem Beginn der Geburt. Eine Beratung außerhalb des medizinischen Kontextes erfolgt in dieser Zeit nicht – oder jedenfalls berichtet C.S. darüber nicht. In Deutschland ist eine Beratung erst mit der Neuregelung des Schwangerschaftskonfliktgesetzes, das 2010 in Kraft getreten ist, verpflichtend. Seitdem haben Frauen einen Rechtsanspruch auf Beratung, sie müssen eine dreitägige Bedenkzeit einhalten, und Ärzte haben die Pflicht, nach dem Befund einer genetischen Untersuchung eine genetische Beratung durchzuführen (dies ist im Gendiagnostikgesetz so vorgeschrieben). Darüber hinaus müssen sie auf die Möglichkeit einer umfassenden Beratung hinweisen. Der normative Rahmen des Schwangerschaftskonfliktgesetzes, also die medizinische Indikation, die die Gesundheit der Schwangeren zum ausschlaggebenden Grund für die Rechtmäßigkeit der Beendigung einer Schwangerschaft macht, ist davon jedoch nicht betroffen.

Die Geburt eines toten Kindes ist ein traumatisches Ereignis. Die Einleitung der Geburt eines Kindes, das sterben wird, weil die Eltern, die Ärzte und hinter ihnen die Gesellschaft dies für das Beste halten, ist ein nahezu unbeschreibliches Ereignis. C.S. zeichnet auch diese Prozedur auf – ihre Angst, den Schrecken und die Schmerzen – und immer wieder ihre Fragen und die Zweifel daran, ob sie die richtige Entscheidung getroffen haben:

> »Wir haben ›Ja‹ gesagt zum Tod dieses Kindes. Wir beenden das Leben eines Kindes, eines Kindes, das unvollkommen und lebensunfähig ist. Wirklich kein Recht auf Leben unter diesen Umständen? ... Wir sagen: halt, unter diesen Umständen hat dieses Kind kein Recht auf Leben. Eine solche Situation ist ein Widerspruch für uns Menschen. Es geht uns alle etwas an. Ob als Eltern, Ärzte, Pflegepersonal, Sozialarbeiter, einfach als Menschen.« (49f)

Erst während der Geburtseinleitung wird C.S. darüber informiert, dass unter Umständen nach der Geburt eine Curettage, eine Ausschabung der Gebärmutter, vorgenommen werden muss; sie muss sich auf eine mögliche Narkosebehandlung einstellen. Wiederum später, schon unter der Geburt, wird ihr ein Formular zur Unterschrift vorgelegt, das die pathologische Untersuchung des Kindes erlauben soll. Nur am Rande sei angemerkt, dass dies zwei gravierende Verstöße gegen die Aufklärung von Patientinnen sind.

Eine weitere Nacht vergeht, bevor die eigentliche Geburt beginnt. Währenddessen wird eine Infusion mit den Medikamenten gelegt, die das Kind noch vor der Geburt töten werden.

C.S. hat eine sehr schwere Geburt. Erst in der nächsten Nacht wird das Kind geboren. Seine Mutter, die so viele Hoffnungen und

Träume mit ihm verbunden hat, wagt es nicht mehr, es anzusehen – und sich zu verabschieden.

Die erste Zeit nach der Geburt, so schreibt C.S., ist schlimm. Nach einer Woche erfolgt ein Milcheinschuss – eine körperliche Reaktion, die eigentlich zum Leben gehört, zur Mutterschaft. In dieser Situation aber reißt sie die seelische Wunde nur noch mehr auf. Nur langsam weicht die Leere, aber die Fragen sind geblieben. C.S. weiß nicht, an wen sie sich wenden könnte – die Tabuisierung und Individualisierung des Problems der Spätabbrüche funktioniert nahezu perfekt. Alleine versucht C.S. noch einmal, die verschiedenen moralischen Urteilsperspektiven durchzugehen – Theologie, Medizin, Philosophie, Humanismus, Ethik. Und das Ergebnis ihrer neuerlichen moralischen Reflexion ist niederschmetternd: Aus allen Perspektiven betrachtet, kommt sie zu dem Schluss, den sie unter der Rubrik »Ethik« zusammenfasst: »Unser Handeln war unverantwortlich und menschenunwürdig.« (80)

> »Alle Antworten, die ich mir geben kann, sprechen dafür, dass unsere Entscheidung falsch war. Wir hätten es nicht tun dürfen. Doch es ist nicht allein unsere Entscheidung. Dr. Ammann steht auch dahinter, die Ärzte im Frauenspital und das Pflegepersonal. Die Gesellschaft, unsere Bekannten, Verwandten verstehen uns und versichern uns, dass unsere Entscheidung richtig gewesen ist ... Es gibt keinen Trost.« (81)

Erst viel später kann C.S. beginnen, zu ihrer Entscheidung zu stehen. Nach zwei Jahren kommt sie zu dem Schluss:

> »Wir haben diese Entscheidung damals nach bestem Wissen und Gewissen gefällt. Ich glaube, es ist nur allzu menschlich, so viel Leid und Elend verhindern zu wollen.« (85)

Erfahrungsberichte dieser Art sind wichtig für die Urteilsbildung über eine Praxis. Insofern gebührt Caroline Stoller aller Respekt für ihre schonungslose Darstellung dieser »unvollkommenen Schwangerschaft«. Meine Behauptung, dass das Elternwerden unter den Bedingungen der modernen Medizin unter »Vorbehalt« gestellt ist, erweist sich daran zugleich als richtig und als falsch: Richtig im objektiven Sinn, denn die Schwangerschaft wird aus Gründen der Behinderung des Kindes abgebrochen und damit wird die Annahme zu Beginn der Schwangerschaft zurückgenommen. Aber die These erweist sich zugleich auch als falsch, denn zumindest diese Frau sagt nicht, dass sie einen Schwangerschaftsabbruch für diesen Fall von vorneherein so geplant hatte. Ihre Geschichte wirkt daher eher wie viele andere, die ich immer wieder höre: Letztlich müssen Frauen diesen »worst case« verdrängen, um die Sorge während der Schwangerschaft nicht überhandnehmen zu lassen.

Die freie Beraterin Annegret Braun berichtet aus ihrer Beratungsarbeit von den Selbstvorwürfen der Frauen, dass sie überhaupt bestimmte Tests, auch Ultraschalluntersuchungen, haben durchführen lassen. Es scheint, als gäbe es eine Handlungskaskade, der Frauen und Paare sich kaum entziehen können. Annegret Braun schreibt dazu:

> »Heute wird Frauen mit der Fruchtwasseruntersuchung und den dazu wegbereitenden Screeningprogrammen inklusive Ultraschalluntersuchungen dieser letzte Ausweg [der Schwangerschaftsabbruch, H.H.] schon im Vorhinein mit ins Paket der Schwangerenvorsorge gepackt. In der Praxis klingt das dann so: ›Wenn eine Auffälligkeit entdeckt wird, haben Sie die Möglichkeit zur weiteren Diagnostik und zum Abbruch der Schwangerschaft ...‹«[42]

Diese Handlungskaskade war es wohl kaum, die die Reformer des §218 StGB vor Augen hatten, als sie die »kindliche Indikation« strichen und die rechtskonforme Abbruchmöglichkeit einer Schwangerschaft auf die medizinische Indikation beschränkten. Von der Gesundheit der Frauen ist in der Diskussion um die Spätabbrüche selten die Rede, von »auffälligen Befunden« beim Kind dagegen häufig. Rund 70% der vorgeburtlichen Untersuchungen, so Braun in ihrem

Artikel, der im Deutschen Ärzteblatt sehr kontrovers diskutiert wurde, sind in ihrer Zielrichtung auf einen potenziellen Schwangerschaftsabbruch nach positivem Befund ausgerichtet.

Mit der Integration der Pränataldiagnostik in den Katalog der Schwangerschaftsbegleitung ist der Entscheidungs- und Toleranzspielraum für Frauen, sich diesem Monitoring zu entziehen, kontinuierlich geringer geworden.

Vor diesem Hintergrund verwundert es nicht, dass plötzlich nicht mehr die Pränataldiagnostik als Königsweg angesehen wird, um »gesunde Kinder« in die Welt zu setzen, sondern vielmehr die Kombination aus Reproduktionsmedizin und Diagnostik der Eizelle und des frühen Embryos. Die Begründung für diese Drehung der Spirale lautet nun bezeichnenderweise: Weder die vielen spontanen Fehlgeburten, die durch die Überlebensunfähigkeit der Embryonen ausgelöst werden, noch die leidvollen Spätabbrüche seien den Frauen zumutbar. Die effektivste Gesundheitsfürsorge für die Frauen besteht entsprechend dieser Argumentation in der künstlichen Befruchtung mit vorausgegangener Diagnostik der Embryonen. Der medizinische Begriff der »Präimplantationsdiagnostik« verschleiert diese Zielrichtung allerdings und definiert sie als quasi vorverlegte Pränataldiagnostik.

Ein Erfahrungsbericht wie derjenige von Caroline Stoller lässt wohl niemanden schnell wieder los. Frauen und Paaren diese eigentlich unmögliche Entscheidungssituation ersparen zu wollen, ist ein verständliches Motiv, nicht nur vonseiten der Frauen und Paare selbst, sondern auch vonseiten der Ärztinnen, Juristinnen oder auch Ethikerinnen. Die Frage ist aber, ob damit nicht wiederum eine Engführung der moralischen Beurteilung erfolgt.

Die Frage nach dem »richtigen« Handeln geht uns alle an

Wenn wir die Erfahrungen ernst nehmen, dann ist ein eindeutiges ethisches Urteil, das für alle Fälle in gleicher Weise gelten kann, kaum möglich. Gewiss kann keines der genannten »Güter« oder

Werte, die das Handeln leiten sollen, beiseitegeschoben werden: weder das Tötungsverbot noch das Verbot der Verweigerung der Fürsorge für einen Menschen aufgrund seiner Gesundheit und genauso wenig das Verbot, die Freiheit eines Menschen in einer Weise einzuschränken, die seine Identität in existenzieller Hinsicht betrifft. Der Schwangerschaftskonflikt kann und muss rechtlich reguliert werden – und in der jetzigen Fassung in Deutschland womöglich sehr viel enger ausgelegt werden.

Dennoch ist klar geworden, dass es in ethischer Hinsicht nicht nur um das Abwehrrecht der individuellen Freiheit gegenüber dem Staat gehen kann, sondern vielmehr darum, Wege aufzuzeigen, die so weit wie eben möglich ein Gleichgewicht zwischen dem Wollen, Können und Sollen herzustellen vermögen. Das »Wollen«, die jeweils eigene Bewertung des Lebenssinns oder des »guten Lebens«, ist gesellschaftlich und persönlich zugleich. Das »Können« ist von vielen persönlichen und gesellschaftlichen Faktoren abhängig, und das »Sollen« selbst kann durchaus in den drei Forderungen ambivalent werden – etwa, wenn eine Schwangerschaft nur um den Preis fortgesetzt werden kann, dass das eigene Wollen und Können gänzlich in den Hintergrund treten. Die moralische Pflicht (etwa das Tötungsverbot und die Nichtdiskriminierung) ist in einem solchen Fall nur gegen die Pflicht, auch die eigene Identität zu achten, durchzusetzen. Eine solche Handlung wird ethisch sicherlich bewundernswert sein – sie kann aber nicht von jemandem gefordert werden; sie kann nur von einer Person selbst übernommen werden. Meines Erachtens hört die moralische Reflexion gerade deshalb auch nicht auf, wenn eine Schwangerschaft abgebrochen wird: Es bleibt ja die Frage, ob die Beurteilung des Wollens (der eigenen Wünsche und Werte) und die Beurteilung des Könnens (der eigenen Fähigkeiten, ein Kind mit besonderen Bedürfnissen großzuziehen) zum Zeitpunkt der Entscheidung richtig war.

Anders als das Recht kann die Ethik aber die Frage nach dem richtigen Handeln von der schwangeren Frau an die Gesellschaft zurückgeben: Welche Werte spiegelt unsere Gesellschaft in Bezug auf die Sorge für Kinder und Menschen mit Behinderung? Gibt es eine Kultur der Anerkennung, die sie willkommen heißt und die Hilfestellungen bereitstellt, die sie und ihre Familien, vor allem aber die Mütter, brauchen? Und wenn die persönliche Einschätzung von der Unfähigkeit getragen ist, ein Kind unter »diesen« Umständen bekommen zu können – welche Hilfestellungen, Unterstützungsleistungen und welche Solidarität wäre vonnöten, um Eltern dauerhaft zu befähigen, Kinder mit einer Behinderung zu bekommen? Dies scheinen weitaus unbequemere Fragen zu sein, als immer wieder den gleichen Dissens über den abstrakten Status von Embryonen und Föten auszutragen. Und häufig ist es eine Ironie der deutschen Gesellschaft, dass die Kirchen, die sich so vehement gegen den Schwangerschaftsabbruch aussprechen, gleichzeitig auch diejenigen Anlaufstellen sind, zu denen Mütter und Eltern kommen, wenn sie keine Hilfe von anderen gesellschaftlichen Institutionen erhalten – und dies meint nicht nur eine finanzielle Hilfeleistung, sondern ebenso einen Menschen, der bereit ist, sich die Geschichten »unvollkommener Schwangerschaften« erzählen zu lassen.

Letztlich verweist die Diskussion um die Pränataldiagnostik auf ein gesellschaftliches Problem, das im historischen und kulturellen Kontext sehr deutlich wird: Wir haben es noch immer nicht gelernt, uns für die Anerkennung von Menschen mit Behinderung auszusprechen und dies in gesellschaftliches Handeln zu übersetzen. Zugleich haben wir es aber auch noch immer nicht gelernt, zu akzeptieren, dass es moralische Konflikte gibt, die vielleicht in der Theorie, gewiss aber nicht in jeder praktischen Konfliktsituation aufgelöst werden können. Wenn sich Frauen in einer Dilemma-Situation befinden, dann ist es wenig hilfreich, ihnen zu sagen, dass ihre Wahrnehmung nicht richtig ist. Sicher gilt es, ihnen eine Hilfestellung zu geben, auf die sie ein Recht haben – und dieses Recht besteht nicht nur in der Beratung, sondern auch in der Information insbesondere über ihren Rechtsanspruch auf Hilfe in der Betreuung ihres Kindes. Aber dies bleibt so lange abstrakt, wie es nicht Lebensmodelle gibt, die zeigen, dass Familien in Deutschland un-heroisch, ohne Aufgabe des Berufs der Mütter, ohne jahrzehntelange Negierung der eigenen Wünsche, weitgehend »normal« leben können. Dies ist der gesellschaftliche Inklusionsauftrag, der sich insbesondere aus der UN-Konvention über die Rechte von Menschen mit Behinderungen ergibt. Folgt man jedoch den Geschichten der Familien, die Kinder mit einem besonderen Förderbedarf großziehen, und folgt man den Biografien von Menschen mit Behinderung, dann wird schnell klar, dass nicht die einzelnen Frauen *alleine* die moralische Verantwortung in der Entscheidung für oder gegen ihr Kind haben (auch wenn sie diese in der Konfliktsituation einer Schwangerschaft in der Tat alleine tragen müssen), sondern um sie herum Menschen einen Teil der Verantwortung übernehmen können – und müssen.

Ein Schwangerschaftskonflikt ist eine Grenzsituation. Sie ist persönlich, aber nicht privat: Es gibt Väter, Ärzte, Familienangehörige, Freunde, Nachbarn, Arbeitskollegen und Arbeitgeber; es gibt aber auch Gesetze, Strukturen und Institutionen, die zwar nicht die »Privatsphäre« aufheben, wohl aber die Beschreibung der Schwangerschaft als allein private Angelegenheit unangemessen machen. Erst wenn wir verstehen, dass im ethischen Urteil immer die individuelle Entscheidungs- und Handlungssituation in diese Netze von Beziehungen und Strukturen eingebettet ist, können diese anderen Personen, die Strukturen und Institutionen eigens in den Blick genommen werden.

Wenn es der Ethik unter anderem darum geht, die Lebensgrundlagen aller Menschen zu verteidigen, zugleich aber auch Menschen in konkreten Handlungssituationen zum moralischen Handeln zu befähigen, dann muss diese Ethik Wege zeigen, die es Frauen und Paaren ermöglicht, Eltern unter allen Umständen zu werden. Dies wird nicht immer gelingen – und nicht immer werden das »Können« und »Sollen« den Stellenwert in der Reflexion erhalten, der angemessen wäre. Aus diesem Grund ist es notwendig, dass es einen gesetzlichen Rahmen gibt, der die (rechtlichen) Handlungspflichten festsetzt. Diesen Rahmen zu kennen und richtig wiederzugeben, ist in erster Linie die Pflicht derjenigen Ärzte, die Frauen während der Schwangerschaft beraten. Insofern ist es unverständlich, dass es gerade Reproduktionsmediziner sind, die die Präimplantationsdiagnostik als vorverlegte Pränataldiagnostik sehen. Rechtlich ist das anders: Nur ein einziges Element, nämlich die genetische Diagnose des Embryos, kann als vorverlegte Diagnostik bezeichnet werden. Alles andere aber markiert eine andere Praxis. Damit ist noch nicht gesagt, ob sie »besser« oder »schlechter« ist – zunächst einmal ist sie anders. Darum soll es im nächsten Kapitel gehen.

4 Assistierte Fortpflanzung und Präimplantationsdiagnostik

Sexualität und Fortpflanzung in der modernen Gesellschaft

Bis zur zweiten Hälfte des 20. Jahrhunderts ist die Sexualität potenziell immer mit der Möglichkeit der Reproduktion bzw. Schwangerschaft der Frau verbunden. Es verwundert daher nicht, dass es der Abbruch einer ungewollten Schwangerschaft ist, der die Gemüter so sehr bewegt. In vielen Gesellschaften ist eine große Kinderzahl nicht nur Bestandteil der sozialen Wertschätzung, sondern sie ist zugleich auch die Garantie für die Versorgung der Eltern, sobald die Kinder erwachsen werden. Allerdings wird der Vergleich zu heutigen westlichen Gesellschaften durch die hohe Kindersterblichkeit und eine kürzere durchschnittliche Lebenszeit der Erwachsenen verzerrt. Es ist der modernen Medizin und der veränderten Lebens- und Arbeitsweise zu verdanken, dass sich vor allem die Säuglingssterblichkeit im 20. Jahrhundert drastisch verringert hat. Aber auch für die Frauen bedeuten weniger Schwangerschaften und Geburten eine geringere physische und psychische Belastung – die Verbesserung der Gesundheit von Müttern und Kindern sowie die familiäre Entlastung in der Versorgung der Kinder gehören zu den großen Errungenschaften der modernen Lebensweise.

Familiengründung als individuelle Entscheidung

Während also einerseits in den 1970er-Jahren noch über die Methoden der Verhütung, über die Geburtenkontrolle, den Schwangerschaftsabbruch und die vorgeburtliche Diagnostik als Bestandteil der Schwangerenbetreuung gestritten wird, zeichnet sich andererseits bereits ein weiteres, nicht minder schwieriges Problem der modernen Lebensweise ab: Mit der Etablierung vor allem der chemischen Verhütung wird die Familiengründung zu einer bewussten, individuellen Entscheidung. Dies führt zu einer biografisch immer weiter nach hinten verlegten Familiengründung und demografisch zu einem Rückgang der Geburtenrate in den westlichen Ländern. Anders als in den westlichen Ländern ist jedoch auf globaler Ebene das Bevölkerungswachstum Thema vieler Debatten um die Geburtenkontrolle.

Mit den allgemein verbesserten Lebensbedingungen geht, im globalen Maß gerechnet, ein bisher nicht gekanntes (nie aber auch zahlenmäßig so gut erfasstes) Bevölkerungswachstum auf der Erde einher, sodass schon bald die Frage aufgeworfen wird, wie dem begegnet werden soll. Die katholische Kirche, die auf so viel Widerstand wegen ihrer Verdammung der Geburtenregelung stößt, wendet sich dabei genauso wie gegen die *individuelle* Geburtenregelung gegen die *politische* Bevölkerungskontrolle. Die Argumentation ist in beiden Fällen gleich: Sexualität ist »naturgemäß« auf Fortpflanzung ausgerichtet, und diese Verbindung darf nicht entkoppelt werden, weder individuelle noch bevölkerungspolitische Gründe können das natürliche Sittengesetz, das auf der menschlichen Natur aufruht, aufheben.

Die Haltung der Kirche

In einer viel beachteten Enzyklika von Papst Paul VI., Populorum progressio (1967), wird zwar die Sexualaufklärung als politisches Mittel der Bevölkerungskontrolle anerkannt, jedoch unter Anerkennung des »Sittengesetzes« und der Wahrung der Entscheidungsfreiheit der Eheleute (auf die sich der Papst allein bezieht):

> »Es ist richtig, dass zu oft ein schnelles Anwachsen der Bevölkerung für das Entwicklungsproblem eine zusätzliche Schwierigkeit bedeutet; die Bevölkerung wächst schneller als die zur Verfügung stehenden Hilfsmittel, und man gerät sichtlich in einen Engpass. Dann ist die Versuchung groß, das Anwachsen der Bevölkerung durch radikale Maßnahmen aufzuhalten. Der Staat hat zweifellos innerhalb der Grenzen seiner Zuständigkeit das Recht, hier einzugreifen, eine zweckmäßige Aufklärung

durchzuführen und geeignete Maßnahmen zu treffen, vorausgesetzt, dass diese in Übereinstimmung mit dem Sittengesetz sind und die berechtigte Freiheit der Eheleute nicht antasten. Ohne das unabdingbare Recht auf Ehe und Zeugung gibt es keine Würde des Menschen. Die letzte Entscheidung über die Kinderzahl liegt bei den Eltern. Sie haben es reiflich zu überlegen. Sie nehmen die Verantwortung auf sich vor Gott, vor sich selbst, vor den Kindern, die sie bereits haben, vor der Gemeinschaft, zu der sie gehören, nach ihrem gemäß dem authentisch interpretierten Gesetz Gottes gebildeten und durch ihr Gottvertrauen gestärkten Gewissen.«

Populorum progressio 37

In dieser Enzyklika wird die Freiheit der Eheleute, die als ihre »reproduktive Autonomie« im Sinne des Verbots von Zwangsmaßnahmen im Kontext der Fortpflanzung betrachtet werden kann, explizit anerkannt, die Freiheit der Fortpflanzung also als Abwehrrecht bestätigt.

Im Westen stößt die Diskussion um Bevölkerungsexplosion auf große Resonanz. So wird zwar mit Unbehagen aufgenommen, aber im Ergebnis doch mit einer gewissen Zustimmung toleriert, dass China eine staatliche Bevölkerungspolitik, die sogenannte »Ein-Kind«-Politik, initiiert, um den »ungehemmten« Bevölkerungszuwachs zu stoppen. Die im Westen viel beschworene »reproduktive Autonomie« muss hier den staatlichen (und globalen) Interessen weichen, ohne dass diejenigen, die die Privatheit und Individualität reproduktiver Entscheidungen im Westen verteidigen, großen Widerspruch anmelden. Heute wird diese für einige Zeit aus den Schlagzeilen verschwundene Diskussion über die Bevölkerungskontrolle auf der Erde – einerseits wegen Nahrungsmittel- und Hungerkatastrophen, andererseits wegen des Klimawandels, der zu neuen Dürregebieten führen wird – neu belebt.[43]

1968 erscheint jedoch eine weitere, bis heute umstrittene Enzyklika der katholischen Kirche, die das Bild der katholischen Sexualmoral bis heute prägt: *Humanae Vitae* thematisiert nicht das Verhalten des Staates gegenüber dem Einzelnen, sondern vielmehr den ethischen Umgang mit Sexualität und Fortpflanzung mit Blick auf den Einzelnen (bzw. Paare).

Heterosexuelle Sexualität – die nur in der Ehe ihren akzeptierten Ort hat – ist nach dieser Enzyklika auf Fortpflanzung ausgerichtet. Sexualität ist somit ein Mittel oder Medium für die Fruchtbarkeit, keineswegs aber als Zweck in sich anzusehen; im Rahmen der »Natur«, also im Wissen um den weiblichen Zyklus, können Ehepaare deshalb zwar versuchen, eine »natürliche« Familienplanung vorzunehmen – eine intentionale Abkoppelung des sexuellen Aktes von der Fortpflanzung verstößt jedoch gegen das natürliche Sittengesetz. Längst aber, seit Beginn des 20. Jahrhunderts, als Kondome und Diaphragmen zum Verkauf angeboten werden sowie »natürliche« Verhütungsmethoden erstmals zum Gegenstand einer Aufklärungskampagne werden, sind diese Sexualmoral und die Wertauffassungen der (westlichen) Menschen kaum mehr in Einklang zu bringen – wohl auch deshalb steht die katholische Kirche mit der in *Humanae Vitae* bestätigten Sexualmoral so sehr am Rande des gesellschaftlichen Ethikdiskurses.

Mit der in den 1950er-Jahren entwickelten chemisch-hormonellen Verhütung ist die »natürliche« Verbindung von Sexualität und Fortpflanzung gerade aufgehoben. Sexualität und Fortpflanzung werden damit nicht nur biologisch, sondern auch moralisch entkoppelt, und neue Modelle von Liebe, von Ehe und »Beziehungen« sowie die Liberalisierung sexueller Praktiken verändern die westlichen Gesellschaften tief greifend. Dies hatte das Zweite Vatikanische Konzil insofern begrüßt, als es die Partnerschaft (und nicht nur die Fortpflanzung) als Sinngestalt der Ehe und Liebesbeziehung beschrieben hatte – *Humanae Vitae* verschließt sich jedoch diesem veränderten Verständnis, das insbesondere für Paare befreiend wirkte, und moralisiert ein biologistisches Verständnis von Sexualität. Nach dem Erscheinen von *Humanae Vitae* herrscht denn auch in der katholischen Kirche eine gewisse Ratlosigkeit; die Enzyklika wird von vielen Theologen und Christen kritisiert: Nicht nur empfinden viele die Enzyklika als unvereinbar mit ihrer *moralischen* Überzeugung, auch viele Theologen und Theologinnen, zu Beginn auch die deutschen Bischöfe fragen, warum die katholische Kirche die *Sinn*fragen der Sittlichkeit unmittelbar »moralisieren«, das heißt normieren muss, anstatt sich den Modellen zu öffnen, die Sexualität vor allem als Ausdrucksform der Liebe verstehen.[44]

Indem die katholische Kirche Fragen des »guten Lebens«, die ich als Fragen nach den Sinngehalten sexueller Praktiken verstehe und die vielfältige Formen annehmen können, mit der normativen Frage nach der Richtigkeit (der Erlaubtheit) bzw. Falschheit (die ein Verbot nach sich zieht) verwechselt, nimmt sie sich die Möglichkeit, in Sachen Sexualmoral als Kritikerin sexueller Gewalt aufzutreten. Im Gegensatz zu *dieser* Argumentationsrichtung, die ich vertrete, gründet sie die normative Sexualmoral bis heute auf einem normativen Begriff der menschlichen Natur, der philosophisch kaum zu rechtfertigen und theologisch zudem nicht notwendig ist.[45]

Verantwortlicher Umgang mit Sexualität

Folgt man jedoch der von mir vertretenen normativen Sexualmoral, rücken andere Praktiken in den Vordergrund, die in der Tat den Sinngehalt der Sexualität bedrohen – sie lassen sich mit dem Begriff der »sexuellen Gewalt« zusammenfassen. So wurde die häusliche Gewalt in Deutschland erst im Jahr 2000 unter Strafe gestellt. Und ein weiteres Problem sexueller Gewalt führt erst in den letzten Jahren zu einer politischen und rechtlichen Kritik: Dies betrifft die kommerzialisierte Sexualität, die zum »normalen« Inventar der »bewegten Bilder« in Fernsehen, Film und Internet zu gehören scheint; und es betrifft die sexuelle Ausbeutung von Frauen und Kindern, die vor allem auch den (sexuellen) Frauenhandel, das »sex trafficking«, einschließt. Käufliche Sexualität beruht zumindest zu einem Teil auf Zwang (man schätzt, dass bei jedem siebten »Fall« von Prostitution Zwang im Spiel ist).

Diesen Praktiken sexueller Gewalt stehen die juristischen, politischen, aber leider auch die kirchlich-theologischen Institutionen lange tatenlos gegenüber, bis gegen Ende des 20. Jahrhunderts – endlich – Gesetze erlassen werden, die sexuelle Gewalt in allen Formen bekämpfen sollen: Der »Menschenhandel zum Zweck der sexuellen Ausbeutung« (§ 232 StGB) wird mit einer Freiheitsstrafe von bis zu zehn Jahren belegt; Zwangsprostitution wird ebenfalls unter Strafe gestellt (§ 181, Abs. 1,1 StGB) und auch auf europäischer und internationaler Ebene wird das trafficking scharf verurteilt. So verabschieden die Vereinten Nationen 2000 ein Protokoll als Erweiterung der Konvention gegen organisiertes Verbrechen, das gegen die sexuelle Gewalt und sexuelle Ausbeutung insbesondere von Kindern und Frauen gerichtet ist.

Den normativen Veränderungen im Umgang mit Sexualität, die von den meisten Menschen, und keineswegs nur von Frauen, als Erweiterung des Freiheitsspielraums empfunden werden, scheinen die Kommerzialisierung und Ausbeutung des sexualisierten (Frauen-) Körpers wie eine dunkle, entfesselte Kehrseite zu folgen. Die Kirche scheint jedoch aus der Gleichzeitigkeit beider Entwicklungen zu folgern, dass die Liberalisierung etwa der Geburtenkontrolle *ursächlich* für die Zunahme sexueller Gewalt und Ausbeutung verantwortlich ist – ohne dies freilich zu begründen. Die meisten Menschen werden einen Zusammenhang zwischen sexueller Freiheit und sexueller Gewalt zumindest nicht in dieser Simplizität herstellen wollen. Mit Blick auf Frauen, die in überwiegender Zahl die chemische Empfängnisverhütung und auch die Entkriminalisierung von Schwangerschaftsabbrüchen als Befreiung erfahren, erscheint der Vorwurf absurd: Sehen sie sich als *Akteure* in Sachen Geburtenkontrolle (häufig auch gegen den Widerstand ihrer männlichen Partner), werden sie nach wie vor eher *Opfer* sexueller Gewalt als Männer.

Der neue Umgang wird in der Anerkennung der Sexualität als eigenständiger Ausdrucksform leiblicher Selbstbegegnung und Selbsttranszendierung (und nicht nur als Mittel zur Fortpflanzung) erkennbar – gerade deshalb wäre es so wichtig, gegen neue und alte Formen der Instrumentalisierung anderer Menschen zur Befriedigung eigener Interessen aufzubegehren. Die westlichen Gesellschaften haben in der Tat viel zu lange die sexuelle Vermarktung und Ausbeutung insbesondere von Frauen und Kindern ignoriert und dadurch viel von ihrem ethischen Kredit, der in der modernen und liberalen Sexualmoral liegt, verspielt.

Es ist also sicher kein Zufall, dass Sexualität und Fortpflanzung zu *einem* der Schauplätze werden, an dem der Wertekonflikt in den westlichen Gesellschaften ausgetragen wird. Keineswegs geht es dabei aber, wie viele meinen, einzig um die Autonomie als Selbstbestimmung. Zwar konnten sich die deutsche und die internationale Frauenbewegung auf die Frauenrechte als Anerkennung und öffentliche Wahrnehmung ihres Rechts auf Selbstbestimmung berufen. Doch insgesamt muss konstatiert werden, dass es nicht »nur« um die Rechte von Frauen ging, sondern viel grundsätzlicher um den »verantwortlichen« Umgang mit Sexualität und Fortpflanzung, also darum, wie diese beiden Dimensionen des menschlichen Lebens unter den geschichtlich neuen Bedingungen neu verstanden werden können.

Die Debatte um Natürlichkeit und Künstlichkeit

Während sich die Debatte um die »moderne Elternschaft« lange Zeit vor allem um die quantitative Geburtenkontrolle und damit um die Balance zwischen individueller Freiheit und staatlicher Geburtenkontrolle dreht, betreffen die verschiedenen Methoden der assistierten Fortpflanzung immer auch den Begriff der »Natürlichkeit«. Was kann, so wird zunächst mit Blick auf Frauen und Männer gefragt, unter den Bedingungen der neuen Eingriffsmöglichkeiten in das Fortpflanzungsverhalten als angemessenes Modell von Sexualität und Reproduktion gelten? Welche Rolle spielt dabei die biologische Elternschaft? Welche Rolle spielt das Geschlechterverhältnis? Es ist kein Zufall, dass diese Debatte seit Jahrzehnten erbittert geführt wird und immer weitere Kreise zieht: Inzwischen umfasst sie nicht mehr nur das Fortpflanzungs*verhalten*, sondern insgesamt die Aufhebung der »natürlichen« Grenzen durch die Biotechnologie und Medizin – so etwa in der kosmetischen Chirurgie, die den Körper als Gegenstand ästhetischen Designs entdeckt hat, im Gendoping, das »natürliche« Grenzen im Sport immer weiter verschiebt, oder allgemein im Enhancement, der Verbesserung der biologischen oder genetischen Ausstattung, die etwa ein Kind haben soll.

Beflügelt wird die Debatte um die »Natürlichkeit« und »Künstlichkeit« durch die Verbreitung der Behandlung von Kindern und Erwachsenen mit Psychopharmaka, die Behandlung von Kindern, deren Körpergröße mit Wachstumshormonen verändert wird, oder eben auch durch die Auswahl bestimmter Merkmale, die ein Kind einmal haben soll. Genauso dringlich aber wird die Natürlichkeitsdebatte, wenn es etwa in der Gewebe- und Organtransplantation um die Verwendung von tierischem »Material« geht oder wenn, wie derzeit in der Entwicklung, Gewebe synthetisch »konstruiert« wird. Indem die

»Lebenswissenschaften« eben diesen Begriff des Lebens mit »biologischer Natur« gleichsetzen und die Natur als zu gestaltendes Material begreifen, werden die Eingriffe in die biologische Konstitution des Menschen zum Normalfall der technischen Kreativität. Dagegen werden diejenigen, die den Wert der »Natürlichkeit« als Begrenzung menschlichen Handelns ins Feld führen, als technik- und fortschrittsfeindliche Vertreter eines Status quo angesehen, der doch in vielem als unvollkommen betrachtet werden muss. Oder sie gelten als Vertreter bzw. Sympathisanten der katholischen Morallehre. Diese wird zum beliebtesten Objekt der wissenschaftlichen Polemik, gerade *weil* sie sich, ebenso wie die »Life Science«, auf die »Natur« und auf das »Leben« bezieht, dabei jedoch zu vollkommen anderen ethischen Bewertungen kommt als die (meisten) Wissenschaften.

Ein neuer Naturalismus und die moderne Technik

Heute stehen wir vor der paradoxen Situation, dass auf der einen Seite Biologen, die uns die conditio humana mit Rückgriff auf die menschliche Natur *erklären*, zugleich auch deren Überwindung durch die Biotechnologien propagieren. Ein neuer Naturalismus, der die genetischen Einflüsse auf unser Verhalten betont und zuweilen auch die Grundlagen des westlichen Verständnisses von Freiheit und Moralität infrage stellt (dies ist der Kern der Debatte um die Willensfreiheit, die im Kontext der Neurowissenschaften geführt wird), paart sich hier mit einer radikalen Auffassung über die Gestaltbarkeit der menschlichen Natur mit technischen Mitteln.

Der komplexe Organismus eines voll entwickelten Menschen ist selbstverständlich nur sehr begrenzt veränderbar und in seiner Entwicklung steuerbar. Im nichtmenschlichen Bereich, etwa der Züchtung von transgenen Tieren, gelten andere ethische Maßstäbe, sodass auch schon einmal eine Maus, der ein Ohr mit menschlichen Zügen aus dem Rücken wächst, als Erfolg der genetischen Forschung präsentiert werden kann. Aber selbst die vollständige Konstruktion von einfachen Organismen (Bakterien, Viren) ist inzwischen zu einem bevorzugten Forschungsfeld, etwa in der synthetischen Biologie, geworden. Im menschlichen Bereich sind genetische Veränderungen am radikalsten bei Embryonen vorzunehmen, weil hier letztlich nur eine einzige – totipotente – Zelle benötigt wird, um die (genetische) Veränderung für diesen Embryo wie auch seine Nachkommen vorzunehmen. Diese Forschung wird als »Keimbahntherapie« mit einem medizinisch-therapeutischen Interesse verbunden; genauso richtig wäre es aber, sie als Grundlagenforschung, deren medizinischer Nutzen noch offen ist, zu bezeichnen.

Diese Entwicklungsperspektiven, auf die die Lebenswissenschaften explizit abzielen, sind längst Bestandteil der wissenschaftlichen, rechtlichen und ethischen Diskussion. Das angedeutete Ziel eines direkten, irreversiblen Eingriffs in die menschliche Keimbahn (der nur der Beginn einer neuen Ära der Humanforschung wäre) wird heute nicht vertreten, und vor allem scheinen bisher Konventionen zu greifen, die dies verbieten. Es bleibt jedoch abzuwarten, wie lange dies der Fall sein wird. Denn auch unter Ethikern wird durchaus damit argumentiert, dass eine »radikale« Veränderung der genetischen Ausstattung von Embryonen dann zu rechtfertigen sei, wenn sie im Interesse aller Nachkommen wäre – wenn etwa das Gen, das die Wahrscheinlichkeit für die Entwicklung von Brustkrebs erhöht, endgültig »ausgeschaltet« werden könnte. Vorerst jedoch werden andere Praktiken erprobt, um die es mir in diesem Kapitel gehen soll, weil sie längst in einigen Ländern praktiziert und auch offensiv beworben werden. Hier geht es nicht um die genetische *Veränderung* im embryonalen Entwicklungsstadium des Menschen, sondern vielmehr um die *genetische Analyse* bestimmter Merkmale des oder der Embryonen, bevor eine Schwangerschaft beginnt.

Die genetische Analyse als legitime Praxis?

Für einen Teil der Wissenschaftler, zunehmend aber auch der Politiker, Gesetzgeber und Ethiker ist die genetische Analyse eine legitime Praxis. Wir haben schon in der Darstellung der Pränataldiagnostik gesehen, dass die Anerkennung der Entscheidungsfreiheit einer (schwangeren) Frau nicht mit der Interpretation der Pränataldiagnostik als privater Praxis verwechselt werden kann. Vielmehr ist deutlich geworden, wie komplex die Geschichte, die kulturellen und gesellschaftlichen Rahmenbedingungen sind, in die die persönlichen Handlungsentscheidungen eingebettet sind. Vor allem aber habe ich gezeigt, dass die Entscheidung zum Abbruch einer Schwangerschaft eine Grenzsituation der moralischen Verantwortung darstellt: Die moralischen Prinzipien des Lebensrechts, des Rechts auf Gleichbehandlung bzw. Würde jedes Menschen sowie des Rechts auf freie Entfaltung der Persönlichkeit können in der Schwangerschaft in Konflikt geraten. Und zwar in einer Weise, dass eine eindeutige Hierarchisierung der Güter praktisch nicht möglich ist, ohne entweder gegen das Lebensrecht des Kindes zu verstoßen oder aber gegen das Recht, die eigene Identität (die Persönlichkeitsrechte) so zu entfalten, dass diese nicht schwerwiegend beeinträchtigt wird.

Unter der Bedingung, dass Autonomie die Notwendigkeit der Verantwortungsübernahme meint, habe ich dafür plädiert, diesen ethischen Konflikt als Konflikt zwischen drei Handlungsmodalitäten zu betrachten: dem *Wollen*, das heißt dem Wunsch, das Leben und Wohlergehen eines Kindes zu schützen und für es zu sorgen, ohne dabei die Selbstsorge zu missachten, dem *Können*, das heißt den faktisch gegebenen Möglichkeiten, diese Sorge konkret zu leisten, und dem *Sollen*, das heißt der Anerkennung der drei oben genannten Prinzipien des Lebensrechts, der Freiheit und der Gleichheit, die jedoch in Einklang mit dem Wollen und Können gebracht werden müssen. Die Modalverben beschreiben die Motive und Werte, den faktischen Handlungsspielraum und die normativen Referenzpunkte, die dem Handeln einer Person Orientierung geben. Die Annahme, dass diese drei Faktoren ausschließlich privater Natur sind, ist eine Engführung des komplexen Zusammenhangs von individueller und sozialer Moral, und sie ignoriert zudem den Zusammenhang von Moral und Recht.

Entsprechend ist es nicht einfach nur die private Entscheidung von Paaren, der die moderne Reproduktionsmedizin nachkommt. Vielmehr geht es um Zulassungsbedingungen der Gendiagnostik unter den Bedingungen der assistierten Fortpflanzung, die eine öffentliche Praxis ist und der rechtlichen Regulierung bedarf.

Wenn es also bei der Regelung der Praxis assistierter Fortpflanzung nicht allein um die Autonomie von Individuen geht, die gegenüber dem Staat geschützt werden muss, und wenn es auch nicht nur um die Beschreibung des Wertewandels geht – wie kann dann das Verhältnis von Recht und Moral analysiert werden und wie hängen sie zusammen? Von der Beantwortung dieser Frage hängt die Richtung ab, die eine ethische Beurteilung der Präimplantationsdiagnostik nimmt:

Einige meinen, es gehe vor allem um eine bessere Erfolgsrate der In-vitro-Fertilisation, und sie sei daher für die Paare gedacht, die die großen Belastungen dieser Technik auf sich nehmen, um ein eigenes Kind zu bekommen. Wenn es der Präimplantationsdiagnostik gelingt, dieses Ziel besser und effektiver zu realisieren, stehe sie im Einklang mit dem medizinischen Heilauftrag.

Andere sehen die Präimplantationsdiagnostik als Möglichkeit, die angeborenen Behinderungen auf lange Sicht zu reduzieren. Sie wollen entsprechend die assistierte Fortpflanzung für diejenigen öffnen, die nicht unter ungewollter Kinderlosigkeit leiden, sondern ein erhöhtes Risiko haben, Kinder mit bestimmten Behinderungen oder Krankheiten zu bekommen. Für manche ist dies eine persönliche Entscheidung der Paare, für andere dagegen ein Gebot des Mit-Leids mit denjenigen, die ansonsten entweder keine eigenen Kinder bekommen könnten oder aber das Risiko eines behinderten Kindes tragen. Für manche ist die Präimplantationsdiagnostik sogar ein Gebot der öffentlichen Gesundheitsversorgung (public health), insofern der Staat die bestmöglichen Startbedingungen für Kinder schaffen müsse. Dies wird als Chancengerechtigkeit diskutiert.

Kritiker der Präimplantationsdiagnostik sehen vor allem den Gleichheitsgrundsatz, der für alle Menschen gilt, verletzt, wenn der

Staat etwa eine Liste schwerer Behinderungen aufstellt, bei deren Vorliegen die Verwerfung von Embryonen erlaubt ist. Andere argumentieren, dass der Konflikt zwischen dem Lebensrecht und der Gesundheit der Frau, den etwa das Schwangerschaftskonfliktgesetz beschreibt, vor einer Schwangerschaft nicht vorliegen kann und deshalb der Paradigmenwechsel der letzten 40 Jahre mit der Präimplantationsdiagnostik zurückgenommen werde. Ich habe diesen Paradigmenwechsel als Ablehnung eines wie auch immer begründeten Denkens beschrieben, das das Lebensrecht eines Menschen an bestimmte Eigenschaften (oder die Abwesenheit bestimmter Eigenschaften) bindet. Kritiker stellen aber auch eine Verbindung zwischen den genetischen Testangeboten und der biotechnologischen Wirtschaft her und sehen die »Biomacht« am Werk, die nach Michel Foucault dazu führt, dass Individuen sich selbst einem »freiwilligen Zwang« unterwerfen, um soziale (Körper-)Normen zu erfüllen.

Wiederum andere sehen in der Präimplantationsdiagnostik den endgültigen Beweis dafür, dass die modernen Wissenschaften entfesselt (das heißt entmoralisiert) und auf dem Weg zur Menschenzüchtung sind – hier wird die Auswahl und Selektion von Merkmalen als Türöffner für die genetische Veränderung betrachtet, die Übertragung der Tierforschung auf den Menschen also als Automatismus angesehen. Für die Befürworter der Veränderung des Menschen ist demgegenüber nicht viel gegen eine solche »Züchtung« einzuwenden. So sagt der renommierte Wissenschaftler und Bioethiker Ronald M. Green in seinem Buch *Babies by Design,* dass Eltern eben nicht nur die Hüter, sondern auch die Züchter ihrer Kinder seien. In der englischen Originalfassung steht für diese beiden Begriffe in rhetorischer Figur: nicht nur *guardians* (»Hüter«), sondern auch *gardeners,* was wörtlich übersetzt Gärtner heißt, aber wohl kaum die Hege und Pflege von Rasenflächen und Parks meint, sondern natürlich die Züchtung neuer Pflanzen.

Dennoch: In der öffentlichen Diskussion ist sicherlich das Argument der Anerkennung der reproduktiven Selbstbestimmung das am häufigsten verwendete. Mit dieser Rhetorik der »privaten Entscheidung« werden Fakten geschaffen, die dadurch der sozialen Diskussion *und* der politischen Regulierung entzogen werden sollen. Fakten werden in zwei Hinsichten geschaffen: zum einen in Bezug auf die Veränderung der »Natur« des Menschen, wie ich es bereits angedeutet habe, zum anderen aber, und das ist heute (noch) sehr viel ausschlaggebender, in Bezug auf die Gendiagnostik vor der Schwangerschaft.

Wie viel staatliche Regulierung ist nötig?

Wir haben bereits gesehen, dass die Pränataldiagnostik seit den 1970er-Jahren mit der Argumentation der »Hilfe für Betroffene« eingeführt wird, und nicht mehr wie zuvor mit der Prävention, also dem Ziel, »behinderte Kinder zu verhindern«, begründet wird. Damit ist der Übergang zur selbstbestimmten, eigenverantwortlichen Entscheidung der Paare markiert. Ich will diesen Wechsel in der Argumentation und Zielsetzung keineswegs leugnen oder gering schätzen – nur fiel er womöglich auch deshalb leicht, weil zu unterstellen ist, dass sich Eltern gesunde Kinder wünschen (auch wenn die Reproduktionsmedizin durchaus auch den umgekehrten Fall, etwa den Wunsch nach einem gehörlosen Kind, kennt). Zum medizinischen Auftrag gehört es, Krankheiten zu bekämpfen und die Gesundheit zu befördern, soweit es in der Macht der Medizin steht. Dieses Handlungsprinzip leitet die humangenetische Beratung vor einer Fortpflanzungsentscheidung bei Risikopaaren, es leitet die allgemeine Schwangerenbetreuung und es steht auch noch im Hintergrund der medizinischen Indikation zum Schwangerschaftsabbruch nach der 12. Woche.

In der bioethischen Diskussion spielt jedoch vor allem die elterliche Selbstbestimmung eine zentrale Rolle. Erst dadurch entsteht das Zerrbild der isolierten Individuen, die, beinahe unbeeinflusst von sozialen Standards, ihre Interessen gegenüber dem Staat einfordern müssen. Natürlich müssen auch unter diesen Bedingungen die Interessen zwischen dem Einzelnen und der Gesellschaft ausgehandelt werden. In einem »liberalen Staat«, so wird nun aber argumentiert, steht jede Regulierung unter Rechtfertigungszwang; es muss also *begründet* werden, warum die Freiheit eines Individuums eingeschränkt wird, und nicht, warum eine bestimmte soziale Praxis (die durch die vielen individuellen Entscheidungen in Gang gesetzt wird) etabliert wird. Nur wenn gezeigt werden kann, dass Grundrechte – wie das Lebensrecht – von Menschen betroffen sind oder aber Gerechtigkeitslücken in der Übernahme von Kosten entstehen, ist, so sagen die Kritiker einer staatlichen Regulierung, diese legitim. Freilich ist auch diese Argumentation nicht widerspruchsfrei, wenn nicht alle Entscheidungen freigestellt werden, sondern der Staat durchaus zum Beispiel die freie Geschlechtswahl verbieten soll, im Gendiagnostikgesetz zum Beispiel die vorgeburtliche Diagnostik von spät ausbrechenden Krankheiten verbietet oder auch die »positive« Auswahl von Embryonen zum Zweck der Gewebespende für Geschwisterkinder nicht zugelassen werden soll. Das heißt: Auch die allermeisten Befürworter der Zulassung der Präimplantationsdiagnostik argumentieren letztlich nur halbherzig »libertär«, wenn sie die Begründung nicht vollständig in die Hand der Paare legen wollen.

Ein wichtiges Argument im Rahmen des Schwangerschaftsabbruchs, der Embryonenforschung und auch der Präimplantationsdiagnostik ist der »moralische und rechtliche Status von Embryonen«, insofern dieser Status darüber entscheidet, ob Embryonen überhaupt unter den rechtlichen und moralischen Schutz des Lebens fallen, für den die moralischen Prinzipien in erster Linie gelten. Es ist kein Zufall, dass diese Frage die Debatte um Schwangerschaftsabbruch und Reproduktionsmedizin in den 1980er-Jahren beherrscht: Die Notwendigkeit des rechtlichen Schutzes von Embryonen muss genauso begründet werden können wie ihre Gefährdung durch bestimmte medizinische Praktiken. Erst wenn dies gezeigt werden kann, hat der Staat die Pflicht, regulierend einzugreifen. Wenn aber eine Debatte auf diese Weise etabliert wird, gibt es nur zwei sich gegenüberstehende Seiten: die Paare (und hinter ihnen die helfenden und heilenden Ärzte), die um ihre Rechte kämpfen, und der Staat (und hinter ihm die verschiedenen Interessengruppen, die häufig mit der »Kirche« identifiziert werden, aber durchaus auch einen Teil der Ärzteschaft umfasst), der diese Rechte einzuschränken versucht, während andere Länder andere Gesetze machen. Die sozialen, historischen und kulturellen Kontexte, die längerfristigen *Ziele* und die mit den medizinischen Praktiken verbundenen sozialen *Werte* und *Normen* bzw. *sozialen Standards* geraten dabei zunehmend aus dem Blick.

Sicher trifft eine solche Beschreibung die Diskussionslandschaft in Deutschland schon längst nicht mehr – denn inzwischen greifen die Medien, zuerst die großen Tages- und Wochenzeitungen, dann zunehmend auch Fernsehjournalisten mit Talkrunden und Dokumentationsfilmen die Debatte um die »Bioethik« auf. Schließlich werden die Themen um den Lebensanfang und das Lebensende auch in Unterhaltungsfilmen aufgegriffen. Es beginnt eine breitere Auseinandersetzung in der Öffentlichkeit und Unterrichtspläne enthalten die Diskussion um den Lebensanfang als Thema der Bildung von Werthaltungen und Schulung ethischer Argumentation. Heute gehören bioethische Themen zu einem festen Bestandteil nicht nur der dokumentarischen Diskurse, sondern nicht zuletzt auch der Unterhaltungsindustrie, etwa als Plot in medizinischen Fernsehserien, Science-Fiction-Literatur, Romanen oder Filmen.

Ungewollte Kinderlosigkeit

Etwa 10% der kinderlosen Paare, so schätzt man, sind nicht aufgrund einer persönlichen Entscheidung kinderlos, sondern ihr Kinderwunsch bleibt unerfüllt. Welche Ursachen auch immer im Einzelfall dazu führen mögen – spezifische weibliche Infertilität, männliche Sub- und Infertilität sowie nicht bekannte Ursachen, zu denen zuweilen auch psychische Ursachen gehören – *diese* Paare würden gerne Kinder bekommen, aber es gelingt ihnen zumindest auf sexuellem Wege nicht.

Paare mit unerfülltem Kinderwunsch betrachten das Leben mit einem (eigenen) Kind als einen zentralen Bestandteil ihrer Identität und Paarbeziehung. Die Kinderlosigkeit konfrontiert sie mit einer Einschränkung, die der scheinbar grenzenlosen »Machbarkeit« des modernen Lebens zuwiderläuft und vielleicht auch deshalb so schwer zu akzeptieren ist. Natürlich wussten auch kinderlose Paare um 1970, dass die Medizin nicht »alles« kann – aber wenn jeder mit großem Staunen auf die Erfolge der Pille blickte, konnte es leicht aus dem Blickfeld geraten, dass Schwangerschaften eben nicht nur verhindert werden wollten, sondern eben auch planbar erschienen. In vielen traditionellen Kulturen ist die Kinderlosigkeit ein Faktor sozialer Diskriminierung und ein Armutsrisiko für Frauen. Im Westen, wo dieser soziale Faktor nicht (mehr) so ausgeprägt ist oder in veränderter Gestalt wahrgenommen wird, wird die ungewollte Kinderlosigkeit individueller und psychologischer als »Defizit« der eigenen Persönlichkeit sowie als Scheitern einer selbst gewählten Lebensform erfahren.

Auch dies gehört zu den Paradoxien des sexuell befreiten Lebens: Die meisten Menschen wollen zwar über den Zeitpunkt der Familiengründung entscheiden, aber eben doch »irgendwann« eine Familie gründen und mit Kindern zusammenleben. Elternschaft gehört nach wie vor zum vorherrschenden Lebensmodell des 20. Jahrhunderts, und dies durchaus auch in Verbindung mit der Ehe. So sagt eine Frau, die für viele Frauen in unserer Gesellschaft stehen kann: »Im Grunde genommen bin ich die ganzen Jahre meiner Jugend in dem Wissen aufgewachsen, dass ich heiraten und Kinder kriegen werde. Das war für mich immer klar, da gab es überhaupt kein Fragezeichen. So lebt man als Mädchen, als Frau.«[46] Für die Paare, die unter der ungewollten Kinderlosigkeit leiden, gibt es zwar seit Langem die Möglichkeit, ein Kind zu adoptieren, aber trotz aller Liberalisierung und Überwindung der natürlichen Bedingungen – ein biologisch eigenes Kind bleibt das Ideal der Familienplanung.

Die Befruchtung im Labor – und die Debatte bei ihrer Einführung

Seit Jahrzehnten arbeiten Wissenschaftler an der Zeugung ohne Geschlechtsakt. In der Tierzucht und Landwirtschaft wird die künstliche Befruchtung zuerst erprobt und schließlich zum Standardverfahren entwickelt. Dann beginnen Humanmediziner, die In-vitro-Fertilisation, die auch Zeugung im Reagenzglas genannt wird, auf den Menschen zu übertragen. Ihr Ziel ist dabei nicht eine wie auch immer geartete »Eugenik«, sondern sie treten mit den Mitteln der modernen Medizin den Kampf gegen die ungewollte Kinderlosigkeit an. Die Überwindung natürlicher Grenzen der Zeugungsfähigkeit wird zunächst allein mit der Hilfe für kinderlose Paare begründet; nur so ließ sich wohl auch die gesellschaftliche Akzeptanz erreichen, die nach einer zum Teil hitzig geführten Debatte in Großbritannien und den USA notwendig war.

Die Kritik gegen die assistierte Fortpflanzung richtete sich in den ersten Jahren in erster Linie gegen die »Künstlichkeit« sowie gegen die Möglichkeiten der Manipulation von Embryonen. Dem wurde vonseiten der Wissenschaftler entgegengehalten, dass alle modernen medizinischen Technologien die »Natur« in gewisser Weise außer Kraft setzen und eher als Fortschritt und kulturelle Errungenschaft anzusehen seien. Wer mit den Grenzen der Natur argumentierte, wurde fortan in eine Ecke der fundamentalen und konservativen Technikkritik gestellt, die das 19. und 20. Jahrhundert zwar schon immer begleitet hatte, aber gesellschaftlich nie durchschlagenden Erfolg verbuchen konnte. Oder aber er wurde in die Ecke der lebensfernen und katholischen Morallehre gestellt, die nicht nur wegen ihrer sexualitätsfeindlichen Haltung, sondern auch wegen der Doktrin der »Heiligkeit des menschlichen Lebens« Gegenstand des Spotts und vieler Polemiken wurde. Letzteres ist nur vor dem Hintergrund der Forschung an menschlichen Embryonen zu verstehen, denn in den 1970er- und 1980er-Jahren geht es längst auch um die Nutzung von Embryonen zur allgemeinen Erforschung der menschlichen Entwicklung, der Verbesserung der Kultivierung von embryonalen Zellen im Rahmen der assistierten Fortpflanzung und schließlich, seit den späten 1990er-Jahren, um die Nutzung embryonaler Stammzellen für die Regenerative Medizin, die diese Zellen für die Entwicklung von Gewebe im Rahmen von Therapien nutzen möchte.

In den 1970er-Jahren konnte den Kritikern der neuen Reproduktionsmedizin jedoch ein weiteres Argument entgegengehalten werden, das nur vor dem Hintergrund der allgemeinen Liberalisierung der Gesellschaften greifen konnte: Letztlich diene, so sagten die Reproduktionsmediziner, die assistierte Fortpflanzung doch nur dazu, den »natürlichen« Zustand wiederherzustellen und Paaren zu ihrem selbst gewählten Lebensmodell der Familie zu verhelfen: »Der Natur helfen« und »das Selbstbestimmungsrecht respektieren« – beide Argumentationslinien hatten genügend Schlagkraft, um die Kritiker in die Defensive zu drängen.

Diese Verschiebungen in der Debatte gehen auch an der Frauenbewegung nicht spurlos vorbei: Während der Kampf um die sexuelle Selbstbestimmung in den 1960er- und 1970er-Jahren noch sehr einhellig geführt wurde, spaltet sich die Frauenbewegung (und die Wissenschaftlerinnen, die sie akademisch begleiten) in zwei Lager: das der Autonomie-Befürworterinnen, die die neuen Technologien als Erweiterung des Handlungsspielraums von Frauen begrüßen, und das der Kritikerinnen, die davor warnen, dass hier mit den Mitteln der

Medizin eine weitere Form der Herrschaft über den weiblichen Körper verfolgt werde. Von heutiger Warte aus betrachtet ist es interessant, wie gerade diejenigen Forscher und Mediziner (unter ihnen natürlich auch Medizinerinnen und Forscherinnen), die lange Zeit wenig mit der Frauenbewegung und ihren Zielen anfangen konnten, nun sehr lauthals mit dem Selbstbestimmungsrecht von Frauen argumentierten. Dies nicht zuletzt wohl auch deshalb, weil sie jede Reglementierung der Fortpflanzung (und Embryonenforschung) ablehnten.

1978 wird das erste Kind mithilfe der »künstlichen Befruchtung« geboren, und damit ist der Bann, der bis dahin über der Reproduktionsmedizin lag, gebrochen. Nur wenig wird in der Folge über die Risiken der Hormonbehandlung für die Frauen bekannt; die Ursachenforschung für die Unfruchtbarkeit wird zwar vorangetrieben, aber die Unfruchtbarkeit wird immer schneller diagnostiziert; die geringe Erfolgsrate wird eingeräumt, aber damit begründet, dass die Anfangsphase einer neuen Technologie schließlich immer schwierig sei (die Erfolgsrate hat sich in den vergangenen 30 Jahren nur unwesentlich verbessert und beträgt ca. 25 bis 30% pro Behandlungszyklus). Viele Embryonen werden zu dieser Zeit in eingefrorenem Zustand gelagert, ohne dass dies öffentlich diskutiert wird. Erst als in Großbritannien bekannt wird, dass Tausende von Embryonen gelagert werden, ohne dass die dazugehörigen Paare noch aufzufinden waren, kommt es Anfang der 1990er-Jahre in vielen Ländern zu gesetzlichen Regulierungen.

Für die Wissenschaftler birgt die Aufspaltung von Fortpflanzung und Sexualität große Möglichkeiten für die Grundlagenforschung und die medizinische Diagnostik. In den 1970er-Jahren herrscht deshalb Aufbruchstimmung im Hinblick auf die Erforschung der Entwicklungsbiologie des Menschen sowie auf die Zeugung des Menschen – Molekulargenetik, Embryologie und Reproduktionsmedizin beziehen sich aufeinander und bilden so ein enges wissenschaftliches Netzwerk. Auch sind die eugenischen Fantasien keineswegs beendet, sodass zumindest in einigen Wissenschaftlerkreisen weiterhin an der Verbesserung der genetischen Natur der Menschen gearbeitet wird.[47]

Das Embryonenschutzgesetz

1990 wird auch in Deutschland die Fortpflanzungsmedizin (straf-) rechtlich geregelt. Mit dem bereits mehrmals erwähnten Embryonenschutzgesetz wird rechtlich ein Rahmen geschaffen, der die Begründung zurückweist, mit der Robert Edwards seine Forschung rechtfertigte: Edwards hatte die Verbindung von IVF-Technologie und Gendiagnostik zur Vermeidung der Geburt behinderter Kinder explizit als Forschungsziel angegeben. Trotz massiver Verstöße gegen die medizinethischen Richtlinien und vor allem die Aufklärungspflicht (er hatte der späteren Mutter von L. Brown zum Beispiel verschwiegen, dass er die Übertragung noch niemals zuvor erfolgreich vorgenommen hatte und dass sie sehr risikoreich sein werde) entkräftete das Ergebnis die ethischen Bedenken. 2010 wurde Edwards für seine Forschungen mit dem Nobelpreis für Medizin ausgezeichnet.

In Deutschland wird jedoch der Gendiagnostik vor der Schwangerschaft weitgehend eine rechtliche Absage erteilt. Den Paaren, die wegen ihrer Unfruchtbarkeit an der Kinderlosigkeit leiden, soll zwar die Behandlung mit den Mitteln der Reproduktionsmedizin ermöglicht werden, die Embryonendiagnostik ist jedoch verboten. Die In-vitro-Fertilisation wird dagegen – anders als in den meisten Ländern, in denen die assistierte Fortpflanzung praktiziert wird – als Kassenleistung festgesetzt. Damit ist die Unfruchtbarkeit als Krankheit und die assistierte Reproduktion als mögliche Therapie anerkannt. Die deutsche Lösung lautet also: Rechtliche *Zulassung* der Behandlung von Unfruchtbarkeit mit den Mitteln der neuen Technologien und rechtliches *Verbot* der Embryonenforschung, die den »Verbrauch« einzelner Embryonen erfordern würde, Verbot der Selektion von Embryonen (allerdings sind Analysen für geschlechtsbedingte Krankheiten explizit von diesem Verbot ausgenommen), Verbot der Anonymität der Elternschaft bei der Spermienspende, Verbot der Eizellspende sowie jede Form von Kommerzialisierung der Reproduktion.

Diese Regelung soll die Reproduktionsmedizin von der Gendiagnostik getrennt halten, sie soll verhindern, dass menschliche Embryonen in ihrem Würdeschutz zur Disposition gestellt werden. Sie soll außerdem die Rechte von Kindern auf Kenntnis ihrer (biologischen) Eltern sichern, die Vermarktung von Keimzellen verhindern und die Hormonbehandlung von Frauen unter den medizinischen Vorbehalt stellen (aus diesem Grund sind Eizellspenden verboten).

In Deutschland ist einer »Vorratszeugung« mit jahrelanger Lagerung von Embryonen durch das Embryonenschutzgesetz der Riegel vorgeschoben: Zwar dürfen befruchtete Eizellen eingefroren werden, dies allerdings nur vor der Zellkernverschmelzung (der als Beginn eines neuen Lebewesens angesehen wird); diese Eizellen müssten eigens weiterkultiviert werden, damit der Befruchtungsvorgang fortgesetzt würde. Sofern dies nicht getan wird, gibt es in Deutschland nur in Ausnahmefällen überzählige Embryonen. Aber nicht nur die Embryonen werden zum Gegenstand heftiger Auseinandersetzungen – mit den Jahren zeigen die veröffentlichten Statistiken, dass die Erfolgsrate kaum über ein Viertel der Behandlung pro Zyklus hinauskommt. In Deutschland liegt die Erfolgsquote der Geburten pro Frau bei knapp 15%. Das bedeutet, dass Paare darauf eingestellt sein müssen, dass die Behandlung wiederholt werden muss und dass unter Umständen aber auch nach Jahren keine Schwangerschaft zustande kommt.

Aber nicht nur die Erfolgsquote ist Grund für Sorge: Auch die Überstimulierung zur Gewinnung von Eizellen bedeutet ein Risiko für die Gesundheit der Frau, und die häufigeren Mehrlingsschwangerschaften (vor allem Zwillingsgeburten) sind ein unmittelbares Problem der Kinderwunschbehandlung. Im internationalen Kontext zeigen sich die Auswüchse der assistierten Fortpflanzung deutlich – und sie zeigen von einer ganz anderen Seite, warum die Argumentation gegen eine Regulierung und für die private Autonomie dem gesellschaftlichen Kontext nicht gerecht wird: Die politisch-liberale Argumentation verkennt den ökonomischen Marktcharakter der Fortpflanzungs*industrie* oder sie legitimiert diese Ökonomisierung der Reproduktion. Aufsehen erregen etwa Schwangerschaften von über 60-Jährigen oder Frauen, die bereits mehrere Kinder haben und unter Umständen mit Mehrlingsgeburten konfrontiert sind, für die sie nicht sorgen können. Für Aufsehen sorgen außerdem die Vermarktung der Eizellen und die zum Teil aggressiven, zum Teil auch elitären Werbemethoden für sie in amerikanischen Colleges, die Etablierung von kommerziellen Instituten der »Leihmutterschaft«, zum Beispiel in Indien oder Osteuropa, oder der ungehemmte Handel mit Eizellen und Spermien, die die Kunden oder Konsumenten – die nur sehr entfernt an das Bild der verzweifelten Paare erinnern – je nach Geschmack auswählen können.

Dies sind die Praktiken, die die Kritiker der assistierten Fortpflanzung vor Augen haben, wenn sie von der »abschüssigen Bahn« sprechen. In Bezug auf dieses Argument der Kritiker wäre es wichtig, den Zusammenhang zwischen dem sex trafficking und der möglichen Verletzung von Menschen- und Kinderrechten eingehender zu analysieren; das geschieht jedoch nicht. Aber auch wenn man nur auf den unmittelbaren Kontext der Gendiagnostik blickt, lässt sich eine stetige Ausweitung der Gentests ohne rechtliche Regulierung beobachten: Dies gilt vor allem für die Geschlechtsbestimmung, aber auch für die Auswahl der Embryonen, die als Gewebespender für Geschwisterkinder infrage kommen. All diese Praktiken sind in Ländern möglich, die keine oder nur minimale rechtliche Regulierungen haben. Wenn also in Deutschland eine rechtliche Einschränkung der Fortpflanzungsmedizin aufrechterhalten wird und vielleicht nur Details verändert bzw. angepasst werden, so ist dies nicht nur zu rechtfertigen, sondern könnte durchaus auch eine Signalwirkung in Bezug auf die Kommerzialisierungstendenzen im Bereich der Reproduktionsmedizin entfalten. Dieser sozialethische und international-rechtliche Zusammenhang wird häufig übersehen.

Dies sind nur einige – eher im engeren Sinn medizinethische – Aspekte, die die Einführung der In-vitro-Fertilisation begleiten. Die gesellschaftliche Diskussion geht, wie gesagt, weit über diese expertenabhängige Diskussion hinaus. Zuweilen entsteht jedoch der Eindruck, diese Diskussion werde über die Köpfe der Betroffenen hinweg geführt. Sowenig ich bereit bin, die elterliche Perspektive als die einzige gelten zu lassen, so wenig halte ich es für legitim, ihre Perspektive unberücksichtigt zu lassen. Dies will ich – anders als im ersten Teil – in einer Synopse von Erfahrungsberichten tun, die in den letzten Jahren vor allem von Soziologinnen und Soziologen erstellt wurden.

Wenn der Kinderwunsch ins Labor führt

Für die Paare stellt sich die Kinderwunschbehandlung naturgemäß ganz anders dar als für die Wissenschaftler. Sie unterziehen sich der zum Teil sehr belastenden Praxis der assistierten Fortpflanzung aus einem einzigen Grund: Sie möchten ihren Kinderwunsch verwirklichen. Dafür nehmen sie, besonders in den vielen Fällen der unbekannten Ursache für die Fruchtbarkeitsstörung, in Kauf, dass ihr intimstes Zusammenleben sowie ihre Zeugungsfähigkeit der medizinischen Kontrolle unterzogen werden. Unverheiratete Paare müssen in Deutschland zum Teil noch immer die Stabilität ihrer Beziehung darlegen, damit sich der behandelnde Arzt (oder die Ärztin) ein Bild über die Anerkennung der Vaterschaft und die zukünftige Familienstruktur machen kann. Während des oft Jahre andauernden Prozesses nehmen die Frauen eine zum Teil sehr belastende, zum Teil schmerzhafte und statistisch risikoreiche Hormonbehandlung in Kauf, deren Langzeitfolgen für *ihre* Gesundheit unklar sind, die aber zugleich das Risiko einer Mehrlingsschwangerschaft erhöht. Am Ende dieser Behandlungen steht die Entnahme der Eizellen durch den behandelnden Arzt – tatsächlich wird die Eizellentnahme bis heute in der angelsächsischen Literatur *harvesting,* »Ernte«, genannt. Die Risiken durch die Überstimulation wurden in den ersten Jahrzehnten der In-vitro-Fertilisation systematisch heruntergespielt; erst als Studien zu Beginn der 1990er-Jahre zum Teil gravierende Nebenwirkungen der Medikamente aufdeckten, geriet die Hormonstimulation in den Blick der medizinischen und öffentlichen Diskussion. Heute mahnen verschiedene Berufsverbände an, eine mildere Behandlung durchzuführen, auch wenn dann nicht so viele Eizellen reifen. Die körperlichen und psychischen Belastungen der IVF-Behandlung spielen eine große Rolle bei der Beendigung der Therapie.

Aber auch die Männer sind einer (psychischen) Belastung ausgesetzt, die zuweilen ebenso ignoriert wird wie diejenige der Frauen, unter anderem deshalb, weil Männer noch viel eher über ihre Erfahrungen schweigen als Frauen. Über die psychologische Dimension im Fall der Behandlung von Frauen bei männlicher Unfruchtbarkeit gibt es nur wenige Untersuchungen, wohl aber zeugen die Kinderwunsch-Foren von einer großen Verunsicherung beider Partner, wenn eine Entscheidung darüber gefällt werden muss, ob die Schwangerschaft mittels einer Spermienspende erfolgen soll.

Dem für die IVF notwendigen Eingriff in die Intimsphäre folgt der Schatten der Kommerzialisierung, der insbesondere den Spermienhandel betrifft. Dabei wird der Zusammenhang zwischen Spermienhandel und Elternschaft zugunsten der ökonomischen Interessen in den Hintergrund gedrängt – einzig rechtliche und überstaatliche Regulierungen wie die EU-Richtlinie zum Verbot der Kommerzialisierung menschlichen Gewebes oder auch die UN-Konvention über die Rechte von Kindern, die das Recht auf Kenntnis der Abstammung umfasst, grenzen diesen Markt ein. Bis heute sind rund 4 Millionen Kinder über die Methoden der assistierten Fortpflanzung geboren worden. Da ein Behandlungszyklus – das heißt ohne jeden weiteren Gentest – in Deutschland ca. 3000 Euro kostet, ist die Reproduktionsmedizin in der Tat ein lukrativer Markt. 2008 zahlten allein die gesetzlichen Kassen rund 40 Millionen Euro für die assistierte Fortpflanzung; hier sind die Ausgaben für die privat Versicherten sowie für die privat übernommenen Kosten noch nicht eingerechnet. Laut Handelsblatt wird der US-Markt der Reproduktionsmedizin mit 4 Milliarden US-Dollar beziffert – Tendenz steigend.[48]

Bei einem Viertel aller Schwangerschaften kommt es zu Zwillingsschwangerschaften und seltener zu Drillingsschwangerschaften. Bisweilen werden Fälle – vor allem aus dem Ausland – bekannt, bei denen Vierlinge, Fünflinge oder gar Achtlinge geboren werden, wie etwa bei dem auch unter Medizinern kontrovers diskutierten Fall der Nadya Suleman aus Kalifornien. Was einmal als Kinderwunschbehandlung für Ehepaare begonnen hat, ist heute zu einem nahezu unbegrenzten »Markt der Möglichkeiten« geworden, der von eben diesem Markt beherrscht zu werden scheint.[49]

Aber wie erleben Paare die Reproduktionsmedizin? Zunächst gibt es kaum publizierte Erfahrungsberichte. Die Paare schweigen, tabuisieren das Thema der Unfruchtbarkeit, über das die Gesellschaft noch streitet. Trotz der Metapher der »menschlichen Schöpfung« und trotz des hoch technisierten Verfahrens sowie der Reproduktion im quasi industriellen Verständnis des Wortes, erfahren Paare die assistierte Fortpflanzung vor allem als Ereignis, das ihnen ihre Endlichkeit und Verletzlichkeit vor Augen führt. Als die ersten von SozialwissenschaftlerInnen und MedizinerInnen erstellten Interviews erscheinen, zeichnen diese ein ernüchterndes Bild: Was von Reproduktionsmedizinern zumeist als Erfolgsgeschichte und Lebensglück dargestellt wird, wird nun ergänzt um die Erzählungen derjenigen, die auch andere Erinnerungen haben. Paare berichten, dass die Schwangerschaft zu einem beherrschenden Thema der Paarbeziehung wird, wobei es dennoch häufig aus den sozialen Beziehungen herausgehalten wird. Noch in den 1990er-Jahren, als sich die Reproduktionsmedizin auch in Deutschland schon etabliert hat, berichten Paare von der Tabuisierung, der wohl die Scham über die Zeugungsunfähigkeit zugrunde liegt. Nicht selten scheint die ungewollte Kinderlosigkeit zu einer dauerhaften sozialen Isolierung zu führen. »Man ist einfach abgekapselt. Abgekapselt von den Bekannten, die ihre Familien haben, ihr Kind und wenig Zeit.« Eine Frau, die unter anderem elf Inseminationen, zwei IVF-Versuche und mehrere Hormonbehandlungen in einem Zeitraum von 14 Jahren vornehmen ließ, beschreibt ihre Motivlage so:

> »Ich dachte: ›Mal wirst du das schon schaffen.‹ Aber aus diesem ›Mal‹ wurden immer mehrere Male. Es wurde eben immer extremer. Wie gesagt, ich werde 35 und habe schon mit 30 gesagt, dass ich mich nicht wie eine 30-Jährige fühle ... Aber darauf habe ich keine Rücksicht genommen. Wenn ich dauernd durch diese Medikamente so schlapp war, sehr nervös und weiß ich nicht, was alles, dann habe ich gedacht: ›Wenn du dein Ziel

erreicht hast, wird der Körper das schon wieder abbauen, und wenn der Arzt dir das alles gibt, wird der schon wissen, was er macht.‹«[50]

Die überwältigende Erfahrung, ein Kind zu bekommen, die viele Frauen *während* der Schwangerschaft als Fixierung auf das Kind erleben, setzt hier bereits mit der medizinischen Behandlung ein. Obwohl äußerlich nichts geschieht, kann sich das ganze Wertesystem verändern, die Ambivalenz des Kinderwunsches verschwinden und die eigentlich für wichtig erachteten Lebensziele und Erfahrungen werden gar nicht mehr gesehen. So beschreiben Frauen, dass ihnen ihre Arbeit ebenso unwichtig wird wie vormals wichtige persönliche Beziehungen. Das ganze Leben, so scheint es, wird auf das eine Ziel der Erfüllung des Kinderwunsches ausgerichtet, und sehr viel wird für die Erreichung dieses Ziels erlitten.

Auf der anderen Seite wird die assistierte Fortpflanzung von Betroffenen noch immer weitgehend tabuisiert, allenfalls mit den engeren Freunden besprochen. Dies hat mehrere Gründe: Zum einen betrifft sie die Intimität der Fortpflanzung, auf der anderen Seite die Erfahrung des Gesundheitsmakels. Die Fruchtbarkeit, die eine so geringe Rolle in der Liebe und Sexualität zu spielen scheint und mit allen Mitteln zurückgedrängt wird, bis ein Kind ins Leben »passt«, ist dennoch nach wie vor ein Symbol für die physische und psychische Stärke, für Gesundheit und, nicht zuletzt, für Normalität. Auch wenn immer wieder, vor allem in den letzten Jahren, die Rede davon ist, dass auch die IVF-Behandlung zu einem möglichen Bestandteil der Familienplanung geworden und mehr und mehr normalisiert worden ist, so scheint mir dies die psychischen Probleme dennoch nicht zu treffen. Denn die Scham darüber, nicht zeugungsfähig, »unfruchtbar« zu sein, das Gefühl des Versagens, gepaart mit dem kaum zu kontrollierenden Wunsch nach einem Kind, kann auch in Gesellschaften, in denen die assistierte Fortpflanzung etabliert ist, nicht einfach genommen werden. Hier einige Äußerungen von verschiedenen Frauen[51]:

»Ich litt an depressiven Verstimmungen und verlor mehr und mehr meine Lebensfreude. Um uns herum entstanden laufend neue Familien, alle Frauen, mit welchen ich verkehrte, wurden nach und nach schwanger, nur ich nicht ... ich ertrug den Anblick einer Schwangeren kaum noch, sodass wir uns zunehmend isolierten. Jedes Familienfest wurde für mich zur Qual ... Es wurde für mich zunehmend schwieriger, die Fassade aufrechtzuerhalten, aber in offenen Gesprächen stießen wir meistens auf Unverständnis für unseren Kummer ... Mein Selbstwertgefühl wurde durch die frustrierenden, vorangehenden Erlebnisse derart geschwächt, da ich sowohl in der Partnerschaft als auch beruflich ernsthafte Probleme bekam. Ich fühlte mich einsam und unverstanden, und als Versager traute ich mir immer weniger zu.«

»Als Frau fühle ich mich hilflos und minderwertig. In jede neue Behandlung wird die größte Hoffnung gelegt, die immer wieder aufs Neue zerfällt. Es folgte ein psychischer Absturz, das Gefühl, in ein großes schwarzes Loch zu fallen, das von Behandlung zu Behandlung zunimmt ... Hassgefühle gegen diese Frauen, aber auch gegen den eigenen Körper, der seine ›Funktion‹ nicht erfüllt, tauchen auf. Man kapselt sich vor der Umwelt ›glückliche Familie‹ ab und will um keinen Preis etwas damit zu tun haben. Dem Partner fällt es schwer, all die vielen Jahre die Empfindungen seiner Frau zu verstehen. Er fühlt sich schuldig, wenn er die Ursache ist. Auch kommt Wut auf den Partner aufgrund erlebter fehlender emotionaler Unterstützung während der medizinischen Interventionen auf.«

»Sowohl mein Mann als auch ich haben aus unserer Sterilität zunächst ein absolutes Geheimnis gemacht. Jedes Mal wenn einer von uns auf dieses Thema angesprochen wurde, schweiften wir ab mit der Begründung, dass dies noch Zeit hat ... Heimlich ließ ich mich mit Hormonen behandeln. Diesen inneren Druck, alles still und heimlich zu regeln, hielten wir auf die Dauer nicht mehr aus. Wir zogen unsere engsten Freunde mit in unser Geheimnis ein.«

»Im Laufe der Jahre habe ich mir bezüglich der Sterilitätsbehandlung im Berufsalltag ein Lügengerüst aufgebaut, das ständig zusammenzubrechen droht. Durch die Sprechzeiten der Sterilitätssprechstunde kommt es am Arbeitsplatz immer wieder zu Konflikten.«

Die Risiken der assistierten Fortpflanzung

Wenn sich ein Paar an die Medizin wendet, will es normalerweise *ein* Kind. Überdurchschnittlich oft werden jedoch – durch die Hormonstimulation, aber auch aufgrund des Embryonentransfers von mehreren Embryonen – Mehrlingsschwangerschaften etabliert. Die Zahl der Mehrlingsschwangerschaften ist durch die assistierte Fortpflanzung drastisch gestiegen – heute führen, wie schon gesagt, ein Viertel aller erfolgreichen IVF-Behandlungen zu Zwillingsgeburten, aber auch die Zahl der Drillingsgeburten ist deutlich erhöht. Mehrlingsschwangerschaften stellen in erster Linie ein *medizinisches* Risiko für die Frauen und die Kinder selbst während der letzten Phase der Schwangerschaft und dann während und nach der Geburt dar.[52] Sie können aber auch ein Problem in Bezug auf die Versorgung der Kinder in den Familien werden, sodass die psychologischen und sozialen Belastungen auf der Hand liegen. Die Risiken wurden lange Zeit wenig untersucht oder nur zögerlich benannt – meistens wurden sie als leidige, aber unumgängliche Nebeneffekte betrachtet, auf die sich die Paare einlassen, um die Erfolgsrate zu verbessern. Heute mahnen die Berufsverbände jedoch eine Beratung an, die insgesamt die erhöhten Risiken durch die assistierte Fortpflanzung, nämlich die Risiken einer Frühgeburt, des Kaiserschnitts, einer höheren Behinderungsrate, Entwicklungsverzögerungen und eben die Mehrlingsschwangerschaften, umfasst.

Kommt es zu einer Mehrlingsschwangerschaft, wird in den meisten Ländern als einzige Behandlung die sogenannte pränatale Fötus-Reduktion, also die gezielte Tötung eines oder mehrerer »überzähliger«, wenn auch gesunder Föten, empfohlen. Bei dieser Methode werden einzelne Föten gezielt mit einer Injektion von Kaliumchlorid ins Herz getötet. Dieser Fetozid, der zuweilen auch nach der Pränataldiagnostik eingesetzt wird, ist auch in Deutschland legal, weil er offenkundig als medizinische Indikation angesehen wird – meines Wissens nach wird er bei Mehrlingsschwangerschaften nur im Rahmen der In-vitro-Fertilisation praktiziert, wahrscheinlich kaum bei spontaner Zwillings- oder Drillingsbildung. Diese Praxis, die stillschweigend toleriert wird, hat mit einer Kinderwunschbehandlung, die die Interessen *und* das Wohl der Frauen und Kinder zu wahren vorgibt, wenig zu tun. Darüber wird aber zumeist der Mantel des Schweigens gehüllt – und Eltern wagen es womöglich nicht, darüber zu sprechen.

Wenn die assistierte Fortpflanzung erfolgreich ist, dann wird wohl erst recht über den »Weg zum Kind« ein dicker Mantel des Schweigens gehüllt oder zumindest über diejenigen Aspekte, die mit Scham und Scheitern besetzt sind; schließlich werden ja alle Mühen und alles Leid mit der Geburt eines Kindes belohnt. Wenn aber die Behandlung – wie nach wie vor bei über der Hälfte aller Paare – erfolglos bleibt, muss jede Person ihre eigenen Umgangsweisen mit dem Scheitern des Kinderwunsches finden. Gefühle der Schuld, der Unvollkommenheit und das Gefühl »verlorener Jahre« werden häufig als Hindernisse auf dem Weg aus der Behandlung angeführt. Die Beschreibungen betonen noch einmal den hohen Wert des »Familienprojekts« für die Paare, sie zeigen aber auch, welchen psychischen Stressfaktoren Männer und mehr noch Frauen ausgesetzt sind.

Wer wird behandelt? Unter welchen Bedingungen?

Zunächst standen die *Frauen* im Vordergrund der Ursachenforschung und der Behandlung von Unfruchtbarkeit – aber mit der Zeit kommen immer mehr auch die zeugungsunfähigen *Männer* in den Blick der Forschung. Anfang der 1990er-Jahre wird die Spermieninjektion entwickelt, um gezielt Spermien in die Eizellen einzubringen. Diese Methode hat den Vorteil, dass nur einige wenige Spermien zur Verfügung stehen müssen, um die »künstliche« Befruchtung einer Eizelle vorzunehmen – besonders für Männer mit reduzierter (zeugungsfähiger) Spermienmenge ist das eine Möglichkeit, biologischer Vater eines in vitro gezeugten Kindes zu werden. Heute ist die Spermieninjektion (ICSI) das Standardverfahren für mehr als die Hälfte aller Behandlungen, in Lateinamerika und Asien beträgt der Anteil der ICSI sogar zwischen 70 und fast 100%.

Medizinisch gesehen ist die assistierte Fortpflanzung nicht an heterosexuelle Paare, ja nicht einmal an die Paarkonstellation gebunden. Daher hat die Diskussion um die Zugangsbedingungen zur Reproduktionsmedizin und die Regulierung etwa von Ei- und Spermienspenden die technische Entwicklung begleitet. Da sich seit den 1970er-Jahren aber die traditionellen Beziehungskonstellationen insgesamt stark verändern, gehen die sozialen Werteverschiebungen im Hinblick auf Beziehungen, Ehe und Familie mit den technologischen Möglichkeiten Hand in Hand. Konservative, also auf die traditionelle Familie ausgerichtete Modelle stehen nun unter dem gleichen Begründungszwang wie diejenigen Modelle, die vor allem den Beziehungsaspekt in der Elternschaft in den Vordergrund stellen. Wiederum ist es nicht nur die Autonomie, die als Recht des Einzelnen gegenüber *staatlichen* Interventionen ins Feld geführt wird, sondern ebenso wird die *Aufhebung natürlicher Grenzen* zugunsten der medizinischen Intervention in die menschliche Natur als Errungenschaft angesehen, die anderen medizinischen Fortschritten zur Seite gestellt wird: Statt Unterwerfung unter die Natur erhält der Mensch nun die Freiheit der Entscheidung über die Reproduktion, *from chance to choice* – dies ist das Motto, das über der Reproduktionsmedizin steht und das in den letzten 30 Jahren immer mehr dazu geführt hat, dass die »natürlichen« biologischen Grenzen verschoben werden. Freilich: Was medizinisch »im Prinzip« möglich ist, gelingt im Einzelfall noch lange nicht. Dies erfahren viele Paare sehr schmerzlich, die sich jahrelang behandeln lassen und dennoch ihr »Wunschkind« nicht bekommen: Die Erfolgsquote liegt auch nach 30 Jahren nur bei ca. 25 bis 30% pro Zyklus. In vielen Ländern, wie zum Beispiel Großbritannien, das lange Zeit Vorreiter der IVF-Behandlung war, wurde die assistierte Fortpflanzung zunächst gar nicht von den Kassen bezahlt, in anderen Ländern wie Deutschland wurde sie mit Auflagen übernommen.

Gegen die radikalen liberalen Positionen, die am liebsten keinerlei Regulierung vonseiten des Staates gesehen hätten, stellt das Embryonenschutzgesetz (ESchG) von 1990 fest, dass menschliche Embryonen grundsätzlich unter den Schutz des Grundgesetzes fallen. Als Unfruchtbarkeitsbehandlung kann die In-vitro-Fertilisation jedoch im Rahmen des Embryonenschutzgesetzes von den gesetzlichen Krankenkassen übernommen werden. Die Grenzen werden allerdings nicht nur in Bezug auf den Lebensschutz eng gezogen, sondern auch mit Blick auf das Kindeswohl: So geht die Bundesärztekammer in ihrer Musterrichtlinie (und entsprechend die Krankenversicherungen) davon aus, dass es in der Regel *Ehepaare* sind, denen die Behandlung angeboten wird. Dies ist ein Reflex auf die gesellschaftliche Situation in den 1980er-Jahren, in denen weder über »gleichgeschlechtliche Lebenspartnerschaft« noch über eine bewusst etablierte Single-Elternschaft ernsthaft politisch nachgedacht wurde. Wohl aber spielten schon zu dieser Zeit die (anonyme) Spermienspende, die Eizellspende und die sogenannte Leih- oder Vertragsmutterschaft eine Rolle; Eizellspende und Leihmutterschaft werden im ESchG verboten, die Spermienspende in stabilen Partnerschaften von der Begutachtung einer Ethik-Kommission der jeweiligen Landesärztekammer abhängig gemacht.

Die Bundesärztekammer begründet nicht nur 1985, sondern auch noch in der ersten Novellierung der Musterrichtlinien von 1998 die Zulassungsbeschränkung vor allem auf Ehepaare nicht medizinisch, sondern mit Verweis auf die deutsche Verfassung, die Ehe und Familie schützt:

> »Die grundsätzliche Bindung der Anwendung der Methoden der assistierten Reproduktion an eine bestehende Ehe findet ihre Rechtfertigung in dem verfassungsrechtlich verankerten besonderen Schutz von Ehe und Familie.«[53]

Im nächsten Absatz geht die Richtlinie aber auf das sog. Kindschaftsrechtsreformgesetz (BverfGE 84) ein, das eine weitgehende Gleichstellung von Kindern aus ehelicher und nichtehelicher Abstammung vornimmt. Dieser Schutz

> »... lässt es trotz der gesetzlichen Neuregelung des Kindschaftsrechtes gerechtfertigt erscheinen, vor der Anwendung der Methoden der assistierten Reproduktion außerhalb einer bestehenden Ehe ein beratendes Votum der Kommission für assistierte Reproduktion einzuholen ... Im Hinblick auf das Kindeswohl verbietet es sich, einer alleinstehenden Frau oder gleichgeschlechtlichen Paaren einen Kinderwunsch zu erfüllen. Im Übrigen besteht in den genannten Fällen gegenüber dem Arzt kein Anspruch auf Anwendung der Methoden der assistierten Reproduktion, da es nach wie vor kein positives Recht auf ›nichteheliche Fortpflanzung‹ gibt.« (Ebd.)

Erst in der weiteren Neufassung von 2006 verlagert sich der Schwerpunkt in der Bewertung; und die eingerichtete Kommission der Bundesärztekammer erkennt den Wertewandel in Bezug auf Ehe und Familie an. Grundsätzlich müssen die Ärzte das *Wohl des Kindes*, das *Selbstbestimmungsrecht von Paaren mit Kinderwunsch*, den *Gesundheitsschutz schwangerer Frauen* sowie ein *hohes Niveau der Gesundheitsversorgung* als Kriterien der Behandlung integrieren. Die »heterologe« Insemination, die sich in der Vergangenheit auf alle unverheirateten Paare bezog, taucht nun vor allem in Bezug auf Spermienspenden auf, die medizinisch zu begründen sind (allerdings bis heute nicht von den gesetzlichen Krankenkassen übernommen werden). In der Richtlinie geht es bei dieser Gruppe vor allem um das Recht des zukünftigen Kindes, über seine (biologische) Herkunft Auskunft zu erhalten – eine *anonyme* Spermienspende ist damit in Deutschland nicht vorgesehen –, sowie um die Problematik der biologischen und sozialen Vaterschaft. Bei nichtverheirateten Frauen muss der Arzt/die Ärztin zur Einschätzung gelangen (also selbst überprüfen), dass der Partner unverheiratet ist, mit der Frau in einer »fest gefügten

Partnerschaft« zusammenlebt und die Vaterschaft für das zukünftige Kind anerkennen wird. Damit sind nach der Richtlinie in Deutschland Behandlungen von einzelnen Frauen, aber auch von lesbischen Paaren, ausgeschlossen. Begründet wird dies in der Richtlinie nicht.

In Konsequenz zur sozialen Entwicklung der Liberalisierung der Geschlechterverhältnisse wurde von den Befürwortern ins Feld geführt, dass der Kinderwunsch homosexueller Frauen, die in einer stabilen Partnerschaft leben, nicht anders zu behandeln sei als derjenige von heterosexuellen Paaren. Und wenn Kinder zunehmend in Ein-Eltern-Familien aufwachsen, scheint es schwer zu argumentieren, dass dieser soziale »Normalfall« nicht auch die soziale »Norm« für die Reproduktionsmedizin sein könne. Ob diese Argumentation triftig ist, steht hier nicht zur Debatte; mit dem seit dem 1.9.2009 in Kraft getretenen reformierten Familiengesetz werden gleichgeschlechtliche Paare grundsätzlich auch in ihrem Kinderwunsch ernster genommen, und man darf abwarten, wie sich diese Veränderung in Deutschland auf die Reproduktionsmedizin auswirken wird. Mir ist es nur wichtig, dass diese Diskussion den Rahmen *medizinischer* und auch *medizinethischer* Expertise sprengt – sie gehört in den *öffentlichen* Diskurs, um dort politische Entscheidungen treffen zu können.

Die verschiedenen Fassungen der Musterrichtlinie der Bundesärztekammer zeigen deutlich – und *darum* geht es mir an dieser Stelle: Die Reproduktionsmedizin ist einerseits ein Reflex auf die soziale Entwicklung, andererseits macht sie sich aber zu einer Vorreiterin bestimmter Konzepte im Umgang mit menschlichen Embryonen, die ethische Richtungsentscheidungen nach sich ziehen. Und genau dies ist das Problem der Gesellschaften unter den Bedingungen der neuen Technologien: Die gesellschaftliche Debatte reagiert häufig nur auf skandalträchtige Neuerungen, wenn sie bekannt werden. In der Wissenschaft sind sie dann aber zuweilen schon seit Jahren diskutiert worden, in einigen Ländern bereits Praxis geworden, und gerade Deutschland mit seinen vorsichtigen Gesetzen scheint dann immer den »Anschluss« an die internationale Entwicklung zu verpassen. In ethischen Fragen geht es aber, im Unterschied zu wissenschaftlichen Innovationen, nicht nur um die technologische und ökonomische Konkurrenz, sondern vielmehr um eine als verantwortlich angesehene Lebensweise. Wird hier die Diskussion vorschnell auf die wissenschaftsethischen oder -politischen Aspekte – wie die Forschungsfreiheit oder Forschungsförderung oder aber auf die Privatheit der Entscheidungen – verengt, beraubt sich die Öffentlichkeit ihrer kritischen Reflexionsmacht. Und die Politik steht in einer solchen Situation leicht in der Gefahr, einzig eine soziale Anpassung an technische Gegebenheiten empfehlen zu können.

Nicht zuletzt, um die gesellschaftliche Diskussion anzuregen und die Politik in ihren Entscheidungsfindungen durch die Aufnahme verschiedener Perspektiven zu beraten, wurden in den meisten europäischen Ländern, aber auch international jeweils nationale Ethik-Kommissionen gebildet. Für die EU-Kommission wurde eine eigene Beratergruppe gebildet, die Hintergrundberichte zu Themen erstellt, die einer gesellschaftlichen Diskussion, unter Umständen auch einer rechtlichen Regulierung bedürfen. Auch wenn diese Kommissionen sehr unterschiedlich arbeiten, zeigen sie den Diskussionsstand in den jeweiligen Ländern ganz gut an, und sie sind ein unerlässliches Instrument, das neben den Expertendiskursen in den Einzeldisziplinen und der medial geführten öffentlichen Debatte die gesellschaftliche Auseinandersetzung ergänzt. So haben Ethik-Kommissionen nicht nur die Einführung der assistierten Fortpflanzungstechnologien begleitet, sondern auch die Frage nach den genetischen Tests vor der Geburt bzw. vor dem Transfer von Embryonen. Die letzte Frage spitzte sich schließlich in den 1990er-Jahren zu, als die Präimplantationsdiagnostik, also die genetischen Tests im Rahmen der assistierten Fortpflanzung, eingeführt wurden – und damit der Kontext der Kinderwunschbehandlung auf zeugungsfähige, aber unter einer familiären Erbkrankheit leidende Paare ausgedehnt werden konnte.

Das Problem der Mehrlingsschwangerschaften

Die Richtlinie der Bundesärztekammer ist aber noch in anderer Hinsicht interessant: Einerseits stellt sie die rechtlichen Rahmenbedingungen dar, die vor allem im Embryonenschutzgesetz geregelt sind; andererseits aber greift sie eine Debatte auf, die in den letzten Jahren immer virulenter geworden ist: Muss nicht aus medizinischen Gründen das Embryonenschutzgesetz neu gefasst werden, nämlich um die Zunahme von Mehrlingsschwangerschaften zu stoppen (in Deutschland sind dies je nach Alter und Embryonentransfer zwischen 25–30% Zwillingsschwangerschaften und heute ca. 1–2% Drillingsschwangerschaften)? Zwei neue Methoden werden in den vergangenen Jahrzehnten besonders erforscht: Wenn nur die Eizellen auf Chromosomenveränderungen untersucht würden (Polkörperdiagnostik heißt dies Verfahren, das an der befruchteten Eizelle vor der Verschmelzung der Zellkerne erfolgt, also vor dem rechtlich festgelegten Schutz eines dann entstandenen Embryos), so könnten womöglich einige Fehlgeburten verhindert werden. Oder aber – wie von den Wissenschaftlern mehrheitlich favorisiert – wenn man den Embryo selbst nicht nur äußerlich auf seine Entwicklungsfähigkeit untersuchen würde, sondern auch eine Chromosomenanalyse und eine genetische Diagnostik ähnlich der Pränataldiagnostik durchführen würde – könnte dann nicht womöglich die Zahl der Embryonen verringert werden, die übertragen werden?

Unter dem Stichwort des *elective single embryo transfer* (eSET) wird nun also die Kombination von Diagnostik und Embryonentransfer diskutiert. In der Richtlinie der Bundesärztekammer wird im Kommentarteil die Frage gestellt, ob dies nicht viel eher dem Ziel des ESchG entspreche, Mehrlingsgeburten zu vermeiden. Allerdings wird damit ein anderes Ziel des ESchG unterlaufen: Dies besteht ausdrücklich darin, die Zeugung von Embryonen im Reagenzglas nur unter der Voraussetzung zu erlauben, dass sie für den Transfer vorgesehen sind. Nun kann man in der Tat für die Reduktion von Embryonentransfers von drei auf einen plädieren – jedoch im Rahmen des ESchG nur dann, wenn auch nur jeweils ein Embryo für den

Transfer kultiviert würde, also nicht simultan drei Embryonen, um den »besten« auszuwählen, sondern sukzessiv. Nun geht zwar in der Tat die Zahl der Mehrlingsschwangerschaften beim Transfer von nur einem Embryo zurück, dafür scheint es aber – trotz vorheriger genetischer Analyse der Embryonen – einen Rückgang bei den Schwangerschaften zu geben, so jedenfalls berichten amerikanische Forscher. Auch der Transfer von einem einzelnen Embryo erweist sich also nicht als Königsweg der assistierten Fortpflanzung. Beides jedoch, die soziale Diskussion über den Wertewandel und die politische und rechtliche Diskussion über die Novellierung des ESchG, gehört eigentlich nicht in eine Musterrichtlinie der Bundesärztekammer, die den jeweiligen Landesärztekammern Orientierung geben soll, wie sie die Praxis regulieren sollten.

Hoffnungsträger Präimplantationsdiagnostik

Robert Edwards betont in der Rückschau, dass es selbstverständlich immer auch ein Ziel seiner Forschungen gewesen sei, die Behandlung der Unfruchtbarkeit mit der humangenetischen Diagnose bzw. Selektion nicht-gesunder Embryonen zu kombinieren. Als dagegen die In-vitro-Fertilisation in Deutschland zugelassen wird, geschieht dies ausschließlich im Rahmen der Ermöglichung der Familiengründung bei vorliegender Unfruchtbarkeit eines der beiden (heterosexuellen) Partner. Im europäischen, mehr im internationalen Kontext gesehen, wird deutlich, dass die Genetik mit dem Ziel der Verhinderung der Weitergabe bzw. der Verbesserung der genetischen Ausstattung der Nachkommen und die assistierte Fortpflanzung in einer Weise verbunden sind, die die Unfruchtbarkeitsbehandlung übersteigt.

Ich habe im ersten Teil gezeigt, wie der Schatten der Eugenik die Entwicklung der Pränataldiagnostik nach dem Zweiten Weltkrieg begleitet. Da die assistierte Fortpflanzung in Deutschland jedoch fast ausschließlich im Rahmen der Kinderwunschbehandlung diskutiert wird, wird der (internationale) Kontext leicht übersehen. Erst mit der Diskussion um die Präimplantationsdiagnostik tritt dieser historische und gesellschaftliche Kontext stärker in den Vordergrund. In vielen Ländern ist nicht nur der *Begriff* der Eugenik nicht so problematisch wie in Deutschland, sondern auch die *Praxis* der genetischen Tests mit dem expliziten Ziel der Verhinderung von Kindern mit angeborenen Behinderungen ist akzeptiert. Wenn die ethische Reflexion mehr sein soll als die Beschreibung bestehender Wertvorstellungen, auf die sie notwendig bezogen ist, dann sind jedoch nicht nur empirische Analysen notwendig, die den ethischen Pluralismus der Werte konstatieren (er wird immer bestehen und ist sicherlich kein neues Phänomen). Vielmehr bedarf es darüber hinaus ethischer Argumentationen, die die Stringenz und Angemessenheit der jeweiligen Begründungen analysieren.

Was in Deutschland in Bezug auf die Pränataldiagnostik und den Schwangerschaftsabbruch so differenziert geregelt wurde, um die Kohärenz der verschiedenen Rechtsgüter (Lebensrecht, Würde und Freiheit) zu gewährleisten, ist in rechtlicher Hinsicht international nicht konsensfähig. Dies heißt aber noch nicht, dass die Argumentation deshalb auch *ethisch* nicht begründungsfähig ist: Die Richtigkeit einer normativen Begründung kann keine Funktion ihrer faktischen Geltung sein.

Wenn »Risikopaare« ein gesundes Kind möchten

Seit den 1990er-Jahren wird Paaren, die ein Kind mithilfe der In-vitro-Fertilisation bekommen wollen, in einigen Ländern die Präimplantationsdiagnostik angeboten. Die Entwicklung dieser Gesundheitstests vor der Implantierung der Embryonen ist insofern konsequent, als der Einpflanzung eines Embryos schon immer die mikroskopische, morphologische Untersuchung vorausging. Die Präimplantationsdiagnostik besteht denn auch nicht nur aus einer einzigen Methode, sondern es haben sich – ähnlich wie bei der Pränataldiagnostik – verschiedene Methoden als machbar oder sinnvoll erwiesen, zum Teil befinden sie sich noch in der Erprobung oder werden nur ergänzend angewendet.

Für die Fortpflanzungsmedizin bedeutet die Zulassung der Präimplantationsdiagnostik in einigen Ländern eine Wende: Seit den 1990er-Jahren ist die In-vitro-Fertilisation nicht mehr nur für Paare mit einem Fruchtbarkeitsproblem eine Option, sondern ebenso für Paare mit einer bekannten, identifizierbaren Erbkrankheit, die etwa in der humangenetischen Beratung und DNA-Analyse festgestellt wurde. Andererseits kommen mit der ICSI-Behandlung immer mehr Paare in den Fokus der assistierten Fortpflanzung, bei denen genetische Ursachen für die Infertilität angenommen werden – die aber unter Umständen weitervererbt werden. Damit weitet sich der Adressatenkreis der Reproduktionsmedizin aus, und es stellen sich neue Fragen: Sollte nicht vor der Implantierung ein genetischer Gesundheitscheck durchgeführt werden, um nur solche Embryonen zu implantieren, die zu diesem Zeitpunkt gesund erscheinen? Und sollten nicht, wie etwa der Humangenomforscher James Watson es anstrebt, möglichst *alle* Paare mit einer genetisch bedingten Krankheit ihre Kinder über die In-vitro-Fertilisation mit ergänzender Präimplantationsdiagnostik bekommen? Dies würde zum Beispiel Familien betreffen, in denen Krankheiten wie Chorea Huntington oder Tay Sachs oder Beta-Thalassämie vorkommen. Es würde auch Familien mit genetisch bedingtem Brustkrebs betreffen oder Anlageträger für die Mukoviszidose.

Eine solche Ausweitung der assistierten Fortpflanzung auf sogenannte Risikopaare enthält deshalb so großen Sprengstoff, weil sie der Aussage widerspricht, die In-vitro-Fertilisation sei keinesfalls in einen Zusammenhang mit der Auswahl von Embryonen nach Gesundheitskriterien zu sehen. Im internationalen Kontext gilt das Embryonenschutzgesetz als konservativ. Dies, so beklagen die Reproduktionsmediziner, nehme den Forschern die Möglichkeit, selbst die Forschung in der assistierten Fortpflanzung voranzutreiben, und führe zu einem Behandlungsstandard auf niedrigerem Niveau. Darüber hinaus aber, so wird argumentiert, sei die deutsche Regelung von einer Doppelmoral getragen, weil die deutsche Forschung schließlich von der verbotenen Embryonenforschung, etwa in Großbritannien, den USA oder Belgien, profitiere.

Nun ist die embryologisch-biologische Forschung nicht notwendigerweise auch medizinische Forschung; und mit der Ausdifferenzierung der Einzeldisziplinen innerhalb der Medizin kann auch nicht davon ausgegangen werden, dass die medizinische Forschung in allen Punkten unmittelbar auf die Behandlung von Paaren mit Fruchtbarkeitsstörungen bezogen ist. Vielmehr werden die Forschungen für mehrere Anwendungsfelder und Forschungsperspektiven genutzt: die Embryonenforschung der assistierten Fortpflanzung für die Stammzellforschung, die Entwicklung von DNA-Chips für genetische Tests von Erwachsenen genauso wie im Rahmen der Präimplantationsdiagnostik usw. Nicht jeder Wissenschaftler kann zu jedem Zeitpunkt die unterschiedlichen Perspektiven einer ethischen Beurteilung unterziehen – genau diese wäre aber für den verantwortlichen Umgang mit menschlichen Embryonen notwendig. Aber auch die jahrelange Forschungsarbeit mit Zellstrukturen, die mit dem menschlichen Auge nicht erkennbar sind, führt zu einer nachvollziehbaren Abstraktion, die weit entfernt vom Bild des Arztes ist, der ein Paar mit Kinderwunsch behandelt.

Wird in Zukunft alles getestet, was getestet werden kann?

Die Präimplantationsdiagnostik ist aufgrund dieser Ausweitung des Adressatenkreises auf Risikopaare nicht einfach als eine konsequente Weiterentwicklung der Unfruchtbarkeitsbehandlung zu sehen. Zu Beginn bestand in der Tat die Hoffnung, dass die Präimplantationsdiagnostik die Erfolgsrate der In-vitro-Fertilisation verbessern könnte, indem sie die morphologische Kontrolle zum Beispiel durch die Chromosomen-Analyse oder die DNA-Analyse ergänzt. Die Zahlen der letzten zehn Jahre bestätigen diese Hoffnung jedoch nicht. Die Präimplantationsdiagnostik testet jedoch viel mehr als nur die Entwicklungsfähigkeit von Embryonen, indem sie zum Beispiel auch Chromosomenveränderungen wie Trisomien identifiziert, darunter die Trisomie 21, die sich zu einem Downsyndrom entwickeln kann. (Wie aussagekräftig die Präimplantationsdiagnostik wirklich ist, kann kaum überprüft werden – einzig für die Embryonen, die transferiert werden, können Vergleichsstatistiken vorgenommen werden, zur »Sicherheit« werden jedoch Pränataldiagnostiken ergänzend zur Präimplantationsdiagnostik durchgeführt. Neuere epigenetische Forschungsansätze gehen aber durchaus davon aus, dass sogar Chromosomenveränderungen in den ersten Entwicklungsphasen womöglich noch kompensiert werden können.)

Die Präimplantationsdiagnostik kann nicht nur Behinderungen aufdecken, die mit der Lebensfähigkeit unvereinbar sind und deren Verwerfung nicht im Widerspruch zum ärztlichen Heilauftrag steht, sondern auch solche Merkmale, die mit keinem Krankheitsbild einhergehen. In den nächsten Jahren werden zunehmend DNA-Chips entwickelt werden, die das gesamte Genom analysieren können – dies geht weit über eine morphologische Untersuchung hinaus und verweist notwendig auf die Frage, ob dann alles getestet werden soll, was Paare getestet haben wollen. Selbst wenn dies rechtlich erlaubt werden sollte, womit in Deutschland nicht zu rechnen ist, stellt sich für die Ethik dann immer noch die Frage, inwiefern eine solche Veränderung zugleich auch den Sinngehalt der Elternschaft verändert. Das heißt: Die Präimplantationsdiagnostik überlappt mit der Untersuchung der Entwicklungsfähigkeit, aber sie führt insofern über sie hinaus, als sie alle möglichen genetischen Merkmale identifiziert, nach denen gesucht wird – unabhängig von deren Krankheitswert.

Ebenso wenig beschreibt die Präimplantationsdiagnostik einfach nur eine frühere Untersuchung im Vergleich zur Pränataldiagnostik: Auch wenn viele die Präimplantationsdiagnostik als eine vorweggenommene Pränataldiagnostik ansehen mögen, so wäre sie allenfalls ein vorweggenommener *Schwangerschaftsabbruch*. Dieser ist aber nach der deutschen Argumentation, wie ich sie im ersten Teil ausführlich behandelt habe, nur dann nicht rechtswidrig, wenn ein Schwangerschaftskonflikt vorliegt, der auf *eine andere Weise* nicht abgewendet werden kann. Denn einzig die Frau ist es, die während der Schwangerschaft das Leben des Embryos bzw. Föten schützen *kann*. Der Grund für ihre Entscheidungsverantwortung liegt also nicht in einer Art »Eigentumsrecht« begründet, sondern in der spezifischen Situation der Schwangerschaft, in der niemand außer ihr die Verantwortung für ihr Kind übernehmen kann.

Befürworter der Präimplantationsdiagnostik argumentieren dagegen, dass die *zukünftige* psychische Belastung, die einen Schwangerschaftsabbruch rechtfertige, doch genauso die Verwerfung eines Embryos rechtfertigen müsse. Und da es sich hier um einen Embryo handele und nicht um einen schon weit entwickelten Föten, müsse dem für die Frau schonenderen Verfahren eindeutig der Vorzug gegeben werden.

Aber diese Argumentation ist nicht schlüssig: Der Konflikt, um den es sich nach dieser Beschreibung handelt, ist kein *Schwangerschafts*konflikt, sondern ein Konflikt, der sich auf die *grundsätzliche* Übernahme von Verantwortung für ein Kind mit Behinderung oder mit einer bestimmten Behinderung bezieht. Um diesen *elterlichen Vorbehalt gegenüber einem kranken bzw. behinderten Kind* geht es im Kern der Debatte um die Präimplantationsdiagnostik, nicht um die Vorverlegung der Diagnostik: Müssen Eltern sich der Verantwortung stellen, dass sie für ihr Kind sorgen müssen, egal, ob es gesund oder krank ist? Dürfen sie bestimmte Merkmale ausschließen, die es ihnen erschweren, Eltern zu werden? Darf Elternschaft unter einem solchen Vorbehalt stehen? Und will unsere Gesellschaft zukünftigen Eltern diese Entscheidungsfreiheit lassen? Darf der Staat es zulassen, dass Eltern Verantwortung für ihre zukünftigen Kinder nur dann übernehmen werden, wenn sie gesund sind?

Rechtlich ist festzuhalten, dass nicht nur das Schwangerschaftskonfliktgesetz, sondern auch Humangenetiker den Unterschied zwischen Pränataldiagnostik als Vorsorge und einer Diagnostik als Selektionspraxis zur Verhinderung von Kindern mit angeborenen Behinderungen betonen. Letztere betonen immer *auch* die Vorsorgemöglichkeiten und sprechen sogar von therapeutischen Perspektiven der Pränataldiagnostik – und da die Ergebnisse einer Pränataldiagnostik nicht vorweggenommen werden können, kann diese grundsätzlich als Bestandteil der elterlichen Verantwortung angesehen werden, zum Wohl ihres Kindes (*dieses* Kindes, mit dem eine Frau schwanger ist!) zu handeln. Diejenigen, die die Präimplantationsdiagnostik als vorweggenommene Pränataldiagnostik ansehen, verstärken also ein medizinisches Verständnis der Pränataldiagnostik, das in den letzten Jahrzehnten vehement abgelehnt worden ist; sie behaupten, dass es bei der Pränataldiagnostik in der Tat um das »Verhindern« von Föten mit Behinderung geht.

Nun kann man dieser Auffassung sicherlich sein – dies ist in vielen Ländern ja auch der Fall. In Deutschland wäre dies jedoch ein neuerlicher Paradigmenwechsel – *zurück* zu einer Rechtfertigung des Schwangerschaftsabbruchs nach Pränataldiagnostik, der als »kindliche Indikation« bezeichnet wurde und bis in die höchste Rechtsprechung der Bundesrepublik Deutschland hinein dezidiert abgelehnt worden ist.

In Deutschland ist die Auswahl von Embryonen vor dem Transfer in den Körper der Frau durch die vorgeschriebene Beschränkung der Befruchtung von drei Eizellen pro Behandlungszyklus erschwert. Aber durch die Möglichkeit des Einfrierens befruchteter Eizellen – dies hat sich eher bewährt als das Einfrieren unbefruchteter Eizellen, die eine zu große Wassermenge enthalten – können auch in Deutschland bei einer Hormonbehandlung mehr Eizellen entnommen werden, als für einen einzigen Zyklus benötigt werden. In den letzten Jahren wird zudem auch die sogenannte *Polkörperdiagnostik* von Eizellen vor der Kernverschmelzung angewendet; mit dieser Methode werden die befruchteten Eizellen auf (einige) Chromosomenveränderungen untersucht. Hintergrund ist, dass die Eizellen, vor allem ab einem bestimmten Alter der Frauen, verstärkt Chromosomenveränderungen aufweisen. Man schätzt, dass etwa 15% der Eizellen eine Chromosomenveränderung aufweisen, die man mit Screening der Polkörperchen identifizieren könnte. Die auf ca. 10% geschätzten Chromosomenveränderungen der Spermien werden damit nicht erfasst. Dennoch: In einer Überblicksarbeit weisen Wieacker, Hehr und Schwinger darauf hin, dass etwa die Hälfte der Fehlgeburten im ersten Schwangerschaftsdrittel auf die Trisomien 13, 16, 18, 21 und 22 zurückgehen, die einen überwiegend »maternalen« Ursprung haben. Dieses Screening könnte daher in der Tat die Rate der frühen Fehlgeburten verringern.[54] Die Zahlen basieren jedoch auf Schätzungen und sind, wie viele Zahlen im Kontext der Gendiagnostik, mit einiger Vorsicht zu betrachten. Zumindest könnten – noch vor dem Abschluss des Befruchtungsvorgangs der Eizelle – einige Chromosomenveränderungen erkannt und damit das Risiko etwa einer Fehlgeburt reduziert werden. Allerdings sind die Ergebnisse dieser Diagnosen bisher nicht befriedigend, sodass viele Reproduktionsmediziner keinen Durchbruch in dieser Analyse sehen. Die genannten Autoren kommen zu dem Schluss:

»Nach heutigem Kenntnisstand ist die PKD [Polkörperdiagnostik, H.H.] sowohl in technischer als auch biologischer Hinsicht gegenüber der Präimplantationsdiagnostik von Blastomeren die schlechtere Alternative zur Abklärung einer Aneuploidie im Rahmen der assistierten Reproduktion.«[55]

Sie plädieren für die Analyse der frühen Embryonen, etwa am dritten Tag nach den ersten Zellteilungen. Wenn aber ca. 90% der Chromosomenstörungen auf die Eizellen zurückgehen, wie geschätzt wird, dann könnte diese Diagnostik sehr wohl als Frühform der Präimplantationsdiagnostik weiterverfolgt werden. Zumindest wäre diese Form der Präimplantationsdiagnostik mit dem deutschen Embryonenschutzgesetzt vereinbar, das den Beginn des Schutzes erst ab der Kernverschmelzung festgelegt hat.

Kommen wir noch einmal zum Argument, die Präimplantationsdiagnostik stelle eigentlich nur eine konsequente Weiterentwicklung der morphologischen Entwicklungskontrolle aller Embryonen im Rahmen der IVF-Behandlung dar. Krankheits- bzw. Gesundheitsfaktoren spielen in der Tat bei jeder Implantierung eine Rolle: Niemand wird einer Frau wissentlich-willentlich einen Embryo einpflanzen, von dem er oder sie ausgeht, dass er kaum eine Überlebenschance haben wird. Diese Form der Entwicklungskontrolle eines Embryos ist impliziter oder expliziter Bestandteil der In-vitro-Fertilisation. Ein solches Monitoring gehört zu einer medizinischen Behandlung dazu und entspricht dem Maßstab des Gesundheitsschutzes der (zukünftigen) schwangeren Frau. Denn wenn die IVF-Behandlung nur in einem Viertel der Fälle überhaupt zu einer erfolgreichen Schwangerschaft und Geburt führt, kann ein Arzt es nicht verantworten, die Entwicklungskontrolle der Embryonen zu unterlassen. Die Betonung liegt hier jedoch auf der Entwicklungsfähigkeit eines Embryos vor dem Transfer: Sie bezieht sich auf die *Überlebensfähigkeit*, welche unter Laborbedingungen kontrolliert und überwacht wird. Genauso wird die Entwicklung eines Kindes (oder, medizinisch ausgedrückt, eines Föten) während der Schwangerschaft weiterhin kontrolliert.

Die Entwicklung der genetischen Tests ermöglicht es inzwischen, immer mehr Erbinformationen bestimmten Eigenschaften oder Merkmalen zuzuordnen – auch wenn diese Zuordnung sehr viel komplexer ist, als Sensationsmeldungen (oder zuweilen Werbeprospekte) es suggerieren, die die Augen- und Haarfarbe, die Intelligenz oder sexuelle Ausrichtung mit bestimmten Erbinformationen oder Genen in Verbindung bringen. Nachdem die Spermieninjektion in den letzten Jahren sehr häufig angewendet wird, wird erst nach ihrer flächendeckenden Etablierung klar, dass die Entwicklung der Kinder keineswegs immer ohne Komplikationen verläuft – wieder scheint dies eine unvermeidliche Folge der Behandlung zu sein. Die Fachgesellschaften weisen heute darauf hin, dass die Paare über diese erhöhten Risiken eingehend informiert werden müssen. Neben Krankheitsmerkmalen, die in einer Familie bekannt sind oder die im Rahmen der Spermienanalyse als Auslöser für die Zeugungsunfähigkeit diagnostiziert wurden, kommen für die Diagnostik der Embryonen vor allem Chromosomenstörungen infrage und darüber hinaus auch diejenigen Behinderungen, die eindeutig auf Genen lokalisierbar sind und sich bei der Verbindung von Ei- und Spermienzelle durchsetzen (sogenannte monogenetische, dominante Krankheiten wie Chorea Huntington, die allerdings erst im Erwachsenenalter ausbricht und dadurch ganz eigene Fragen für die Diagnostik aufwirft).

Neben diesen gesundheitsorientierten Merkmalen ist es aber auch möglich, das Geschlecht des Embryos, das bei der Analyse automatisch festgestellt wird, als Auswahlkriterium zu nennen – denn warum, so fragen nun die Befürworter der Präimplantationsdiagnostik, sollten Eltern nicht eine Präferenz äußern dürfen, wenn sowieso zwischen verschiedenen Embryonen ausgewählt werden kann? Und schließlich ermöglicht die Präimplantationsdiagnostik auch die Auswahl eines Embryos, der für eine potenzielle Gewebespende für Familienmitglieder zur Verfügung stünde. Damit ließe sich die oft mühselige Suche nach nicht verwandten Spendern etwa für die Knochenmarkspende im Rahmen der Leukämie-Stammzellbehandlung vermeiden.

Vom Test zur Auswahl

Das heißt: Die Entwicklungskontrolle kann sich – wenn die assistierte Fortpflanzung vor allem mit der Selbstbestimmung der Eltern begründet wird – sehr leicht in eine Wahl (engl. choice) oder aber Auswahl (engl. selection) von Embryonen ohne medizinische Indikation verwandeln. Die englische Sprache markiert hier eine Differenzierung, die verloren geht bzw. in einem anderen Licht erscheint, wenn der Begriff der »selection« nicht mit Auswahl, sondern mit Selektion übersetzt wird. Im internationalen Kontext, vor allem aber im Kontext der Medizin, ist »selection« kein solch geschichtlich aufgeladener Begriff wie in der deutschen Sprache, und er sollte deshalb auch nicht sofort im semantischen Licht der Selektion als Bestandteil des Massenmordes an jüdischen Menschen im Kontext des Holocaust verstanden werden.

Aber was vielleicht begrifflich unterschieden werden kann, besitzt in der Praxis keine eindeutige Trennschärfe: Eine ganze Reihe der gesundheitsbezogenen Merkmale, die diagnostizierbar sind, sind vor allem ein Problem für die Eltern, nicht aber für die zukünftigen Kinder. Ein Beispiel dafür ist die Mukoviszidose (auch Cystische Fibrose genannt): Diese Stoffwechselkrankheit ist genetisch bedingt, aber anders als bei Chorea Huntington setzt sich das Krankheitsmerkmal bei der Vererbung nicht zwangsläufig durch, sondern es wird rezessiv vererbt. Das bedeutet, dass es sehr viel mehr »Anlageträger« von Mukoviszidose gibt als Menschen, die daran erkranken. Die Anlageträger sind gesund und haben allenfalls in ihrer eigenen zukünftigen Nachwuchsentscheidung ein erhöhtes Risiko, die Krankheit weiterzuvererben. Sollen nun diejenigen Embryonen, die Anlageträger sind, bei der Präimplantationsdiagnostik verworfen werden? Soll überhaupt gezielt nach der Mukoviszidose gesucht werden? Und wenn ja, nur für die Risikogruppe oder für alle?

Ein anderes Beispiel betrifft die familiäre Veranlagung, bestimmte Arten von Krebs zu entwickeln. In Großbritannien wurde im Januar 2009 das erste Kind nach einer selektiven Präimplantationsdiagnostik, einem Gentest auf Brustkrebsveranlagung, geboren. Hier geht es um die Analyse eines erhöhten Risikos der Krebserkrankung im Erwachsenenalter und nicht um eine Krankheitsdiagnostik. Sind solche Tests noch gesundheitsbezogen? Und wenn ja, ist die Verwerfung derjenigen Embryonen zu rechtfertigen, weil sie diese Merkmale aufweisen? Wenn aber die Gesundheit der zukünftigen Kinder eine so große Rolle für die Eltern spielt, warum erscheint dann das Krankheits- und Behinderungsrisiko *durch* die IVF/ICSI-Behandlung so unwichtig, dass es in den Diskussionen keine große Rolle spielt? Denn auch dies gehört zur ethischen Analyse, wie es uns bereits die soziologischen Studien über die Erfahrungen von Paaren mit der IVF gezeigt haben: Die Belastungen einer IVF-Behandlung sind nicht nur für die Männer und Frauen sehr hoch, vielmehr kann es auch sein, dass keine Schwangerschaft zustande kommt, Fehlgeburten erlitten werden oder Zwillings-, Drillings- und Mehrlingsschwangerschaften entstehen, die in einigen Fällen dann »reduziert« werden. Es können Schädigungen durch die Pränataldiagnostik auftreten und schließlich sind auch die statistisch weitaus häufigeren Kaiserschnittgeburten und natürlich vor allem die Frühgeburten durch die Mehrlingsschwangerschaften ein Risiko sowohl für die Mütter als auch für die Kinder. Reproduktionsmediziner, die lauthals protestieren, dass Frauen daran gehindert werden, eine Präimplantationsdiagnostik mit IVF durchführen zu lassen, sind auffällig schweigsam, wenn es um die Gesundheitsstörungen der Kinder geht. Doch es gibt sie, und sie müssen in einer ethischen Analyse benannt werden.

Erhöhtes Komplikationsrisiko

Stellvertretend für viele medizinische Fachgesellschaften, die derzeit durchaus kritisch auf die eigene Praxis sehen, sei auf eine gemeinsame Studie einer Arbeitsgruppe der Kanadischen Gesellschaft für Gynäkologie und Geburtshilfe und der Kanadischen Gesellschaft für Fertilität und Andrologie verwiesen. Diese Arbeitsgruppe hat die Forschungsliteratur zur assistierten Fortpflanzung zwischen 1990 und 2005, vor allem im Hinblick auf Gesundheitsstörungen im Umfeld der Geburt der Kinder ausgewertet; die Erfolgsrate der verschiedenen Behandlungen stand dabei nicht zur Diskussion. Diese Studie zeigt, dass es bei den erfolgreichen Schwangerschaften, die zur Geburt eines Kindes führten, durchgängig ein *erhöhtes Risiko für Komplikationen während und nach der Geburt* gibt, eine *erhöhte Frühgeburtsrate* und ein geringeres Geburtsgewicht auch bei Einlingsschwangerschaften. Die Liste der Komplikationen bei Mehrlingsschwangerschaften ist erschreckend lang, sodass die Arbeitsgruppe dringend empfiehlt, hier Strategien zu entwickeln.

Interessant für die gegenwärtige Diskussion in Deutschland ist die erhöhte Anzahl von eineiigen Zwillingen – diese wird mit der starken Hormonstimulierung erklärt –, ein Befund, der auch mit dem Transfer nur eines Embryos nicht vermieden werden könne. Die Spermieninjektion (ICSI) sollte, so empfiehlt die Kommission, keinesfalls ohne Indikation angewendet werden, weil hier Fehlbildungen und Komplikationen besonders verbreitet seien (die Ursachen sind nicht geklärt, hängen aber zu einem Teil sicher mit der Zeugungsunfähigkeit der Männer zusammen, die auf genetische Ursachen zurückgeführt wird). Die klinische Durchführung der Präimplantationsdiagnostik, so die Empfehlung der Arbeitsgruppe, sollte unter Abwägung der medizinischen Risiken und der finanziellen Kosten einer IVF-Behandlung erfolgen. In der Zusammenfassung heißt es:

> »Die Mehrzahl der Schwangerschaften nach assistierter Fortpflanzung (AF) verläuft ohne Komplikationen und führt zur Geburt gesunder Kinder. Es ist jedoch auch klar, dass ein größerer Anteil der AF-Schwangerschaften geburtsbedingte oder perinatale Komplikationen aufweist und dass diese Kinder im Vergleich zu spontan gezeugten Kindern ein größeres Risiko von Anomalien haben können.
>
> Die Mehrheit der geburtsbedingten und pädiatrischen Probleme nach AF entsteht als Ergebnis von Mehrlingsschwangerschaften ... Es ist darauf hinzuweisen, dass die Reduktion der Embryonentransfers pro Zyklus

nicht den Anteil der Mehrlingsschwangerschaften reduziert, die aus der Superovulation und der intrauterinen Insemination resultieren.

Auch Einlingsschwangerschaften nach AF bei subfertilen Frauen weisen ein erhöhtes Risiko auf perinatale Komplikationen, erblich bedingte Anomalien und möglicherweise Probleme der späteren kindlichen Entwicklung auf. Die genaue Ursache dieser spezifischen Probleme ist bisher nicht geklärt. Paare, die über eine assistierte Fortpflanzung nachdenken, müssen jedoch um diese Risiken wissen.«[56]

Insgesamt ist die assistierte Fortpflanzung mit Blick auf die Paare, die unter der ungewollten Kinderlosigkeit leiden, also keineswegs unproblematisch, und sie bedarf einer intensiven Begleitung, die alle Aspekte umfasst und womöglich besser in einer psychosozialen Beratungsstelle aufgehoben wäre als in einer Reproduktionsklinik. Unabhängig davon muss aber eine Gesellschaft in der Lage sein, die Kinderwunschbehandlung im sozialen Kontext zu betrachten und ihren Sinn bzw. ihre Grenzen auszuloten. Wenn jedoch die verschiedenen Akteure in diesem Diskurs wenig Interesse zeigen, ihre Ausgangspositionen im Licht anderer Perspektiven zu sehen, ist dies kaum förderlich. Für die ethische Reflexion ist eine solche Distanzierung von eigenen Vorstellungen, Interessen und Perspektiven aber notwendig, um überhaupt eine ethische Grundlage der Beurteilung zu schaffen – ansonsten könnten wir es auch gleich bei unseren Vor-Urteilen belassen und an die politische Kompromissbildung gehen.

Warum man in Deutschland so zurückhaltend ist

1990, als die Präimplantationsdiagnostik eingeführt wurde, ging man davon aus, dass in jedem Fall mehrere Embryonen transferiert werden müssten. Der Transfer von nur einem Embryo kam eigentlich nicht in Betracht, weil die Erfolgsrate sowieso schon nicht optimal war. Eher transferierte man mehr Embryonen, als eigentlich für die Schwangerschaft und Geburt gewünscht waren, und tötete dann im

Fall von Mehrlingsschwangerschaften überzählige Embryonen in Form eines partiellen Schwangerschaftsabbruchs, für den die Reproduktionsmediziner den abstrakteren Begriff der »Fötus-Reduktion« erfanden. Heute jedoch ist man der Meinung, dass die Präimplantationsdiagnostik es erlaubt, die Transferzahl zu reduzieren, um so auch die partiellen Schwangerschaftsabbrüche zu vermeiden – und eine größere Chance auf eine komplikationsfreie Schwangerschaft und Geburt zu haben. Wie gesagt, ist die oben zitierte Arbeitsgruppe nach Durchsicht der Forschungsliteratur zur assistierten Fortpflanzung skeptisch, was diese Strategie angeht. Aber auch wenn diese Strategie der geringeren Zahl von Embryonentransfers verfolgt würde, sind dennoch für die *Analyse* mehr Embryonen notwendig, als implantiert werden. (Der Deutsche Ethikrat geht von ca. neun Embryonen aus, die benötigt würden.) Denn man kann davon ausgehen, dass bestimmte Embryonen die gesuchten (negativen) Merkmale aufweisen und entsprechend nicht transferiert werden. So kommt es quasi automatisch zu überzähligen Embryonen.

Reproduktionsmediziner argumentieren nun, dass in Deutschland (mit den strengen Gesetzen) eine Behandlung vorgeschrieben werde, die dem wissenschaftlichen Kenntnisstand nicht mehr entspreche. Dagegen würden Embryonen-Tests in Brüssel, London oder Madrid angeboten, wohin Paare in angeblich großer Zahl auch fahren – zuweilen nach Überweisung durch ihre behandelnden Ärzte, die dann bedauernd auf die deutsche Gesetzeslage verweisen. Umgekehrt sind die (privaten) Kliniken in diesen Ländern keineswegs nur unglücklich über die Klientinnen aus Deutschland. Aber die »Fahrt nach Brüssel, London oder Madrid«, die Paaren von ihren Ärzten vorgeschlagen wird, um die deutschen Gesetze zu umgehen, kann erstens nicht mit den »Fahrten nach Holland« verglichen werden, die Frauen früher wegen eines Schwangerschaftskonfliktes – in großer Zeit- und Seelennot – antraten. Und zweitens können diese kurzen Wege zwischen verschiedenen europäischen Ländern nicht per se ein Argument dafür sein, dass sich das deutsche Recht den Ländern mit sogenannten liberaleren Regelungen der Reproduktionsmedizin anschließen muss. Aus europäischer Sicht gilt nicht nur die Notwendigkeit der Umsetzung der Richtlinien der Europäischen Union, sondern ebenso auch die Subsidiarität, das heißt die Eigenständigkeit der Mitgliedstaaten in rechtlichen Fragen unterhalb der Richtlinien. Dies bedeutet die Selbstständigkeit der deutschen Rechtsprechung in Bezug auf die Präimplantationsdiagnostik, allerdings nur jenseits von Minimalbedingungen, die durch das EU-Recht geregelt sind. Die deutsche Debatte um die Präimplantationsdiagnostik, die in erster Linie auf die rechtlichen Regelungen abzielt, weil die Rechtsprechung seit dem Sommer 2010 eine Neuregelung erforderlich macht, sollte Anlass genug sein, die *hinter* den jeweiligen Regelungen stehenden Wertvorstellungen eigens zu reflektieren. Hier ist es sicherlich richtig, dass Deutschland in Bezug auf die Fortpflanzungstechnologien vorsichtiger ist als viele andere Länder; daraus eine grundsätzliche Technik- oder gar Fortschrittsfeindlichkeit ableiten zu wollen, ist jedoch empirisch falsch und erscheint zudem als eine Ablenkung von den Problemen, die mit den Fortpflanzungstechnologien einhergehen.

Hätte jemand in den 1980er-Jahren den ungewollt kinderlosen Paaren, die sich der In-vitro-Fertilisation unterzogen, gesagt, dass die meisten Embryonen, die erzeugt werden, gar nicht transferiert, sich aber schon gar nicht zu Kindern entwickeln würden, hätten sie dies auf die hohe Zahl der Fehlgeburten, also auf das Kindeswohl und den Gesundheitsschutz der Frauen, bezogen. Ein Programm zur gezielten Auswahl menschlicher Eigenschaften, wie es seit den 1990er-Jahren zunehmend diskutiert wird, hätten sie womöglich mit einem Kopfschütteln quittiert: Wissentlich-willentlich hätte kein Paar der Implantierung eines Embryos zugestimmt, dessen Überlebenschance als gering eingeschätzt wurde – aber explizit Eigenschaften auszuwählen, ist etwas anderes. Die Tests (etwa, welche Chromosomen analysiert werden und welche nicht, welche DNA-Analysen durchgeführt werden und welche nicht) werden explizit oder implizit als Kompetenzbereich der Reproduktionsmediziner angesehen und sind weitgehend der Handlungsentscheidung der Paare entzogen. Diese müssen sicherlich auch in Belgien oder Großbritannien dem Verfahren zustimmen, dürften aber kaum die Möglichkeit haben, selbst über alle Komponenten der DNA-Analyse zu entscheiden.

Damit aber kommt denjenigen Akteuren, die aktiv in die Zeugung von Kindern eingreifen, eine eigenständige, berufsrechtliche und berufsethische Verantwortung zu, die der elterlichen Verantwortung und Pflicht zur Seite zu stellen ist. Der Hinweis auf die elterliche reproduktive Freiheit erscheint vor diesem Hintergrund der Notwendigkeit, Verantwortungen und Pflichten neu ausloten zu müssen, als eine Abwehr der eigenen moralischen Rolle.

Mit der Präimplantationsdiagnostik steht keineswegs *nur* eine Konzeption der Elternschaft unter anderen zur Debatte, sondern die »Vorbehaltlichkeit« der Annahme greift in den Kern des bisherigen Verständnisses von Elternschaft ein. Es ist also nicht allein der Lebensschutz zu diskutieren und nicht allein die Verdinglichungstendenz, die mit der Auswahl von Embryonen einhergeht. Ebenso wenig geht es – für die Eltern – um die Diskriminierungsgefahr (dies ist ein Problem für den Staat und die Gesellschaft, deren Mitglieder die Paare natürlich sind). *Für sie geht es um die Art der Annahme ihres Kindes.* Die Vorbehaltlichkeit, also die Koppelung der Anerkennung an »Bedingungen« der Gesundheit – dies ist die eigentliche Gefahr, die die moderne Medizin für das Verständnis von Elternschaft enthält.

Dabei geht es um die beiden von mir betonten Ebenen, die hermeneutische und die normative Ebene: Es geht also einerseits um den *Sinngehalt* von Elternschaft unter den heutigen Bedingungen, der im Entwurf einer Ethik der Elternschaft neu zu konturieren ist. Ich werde diese Dimension im nächsten Kapitel als eine Beziehungsethik darstellen, die die elterliche Sorge um und für einen Menschen, der von ihnen gezeugt wurde und von ihnen für eine relativ lange Zeit abhängig ist, beschreibt. Der Sinngehalt der Sorge kann aber nicht unabhängig von der Verantwortung beschrieben werden, die mit der Elternschaft einhergeht. Verantwortliche Elternschaft ist »autonome Elternschaft« – nicht im Sinne der privaten Willkürfreiheit, nach der Eltern selbst über ihr Kind bzw. ihre Kinder bestimmen können und sollen, sondern im Sinne der moralischen Selbstbindung, die Eltern die Anerkennung ihres Kindes bzw. ihrer Kinder als eigenständige Personen abverlangt, auch wenn das Kind über weite Strecken physisch und existenziell von seinen Eltern abhängig ist und eher die Verletzlichkeit als die Selbstständigkeit zum Tragen kommt. Beides jedoch ist Ausdruck der menschlichen Personalität und bedarf entsprechend der Aufmerksamkeit einer verantwortlichen Beziehung.

Zu den *normativen* Fragen, die in einer Ethik der Elternschaft zu stellen sind, gehören deshalb alle Dimensionen der Pränataldiagnostik und der Fortpflanzungsmedizin, die ich in diesem Teil angeschnitten habe. Einige von ihnen sind Bestandteil des öffentlichen, aber auch des wissenschaftlichen ethischen Ringens um die bestmögliche Praxis, andere werden immer und notwendig der persönlichen Gewissensentscheidung überlassen werden müssen. Anders als im Fall des Schwangerschaftskonflikts ist die Präimplantationsdiagnostik in eine öffentliche Praxis der assistierten Fortpflanzung eingebettet, in der der Beginn der Schwangerschaft nicht allein dem Handeln der Paare obliegt, sondern ebenso von den behandelnden Ärzten und Biologen, die die Gendiagnostik durchführen, verantwortet werden muss. Aufgrund dieser Quasi-Öffentlichkeit des Zeugungsprozesses muss auch der Umgang mit der Entstehung des menschlichen Lebens rechtlich geregelt werden.

Im Kontext des deutschen Rechts kann es keine Alternative zum Schutz des menschlichen Lebens, zum Schutz vor Diskriminierungen und zum Schutz der elterlichen Autonomie (als Freiheit in Verantwortung) geben. Keines dieser drei Rechtsgüter kann in der Bewertung der Fortpflanzungsmedizin und Gendiagnostik für sich alleine stehen. Dreh- und Angelpunkt der Abwägung ist jedoch nicht allein, wie es die Diskussion vermuten lässt, das Lebensrecht und der moralische Status des Embryos – also die Frage, ob ein Embryo überhaupt dafür qualifiziert ist, unter den allgemeinen Lebensschutz zu fallen –, *sondern* mindestens genauso die elterliche Autonomie, verstanden als Verantwortung, die Eltern qua Eltern für ihre Kinder übernehmen.

Und so sind wir am Ende wieder auf die Frage nach der Ethik der Elternschaft zurückgeworfen. Um sie geht es im nächsten Kapitel noch einmal, nun vor dem Hintergrund der dargestellten medizinischen und sozialen Elternschaftsmodelle der letzten Jahrzehnte.

5

Ethik der Elternschaft II: Das »gewählte« Kind? – Eine abschließende Reflexion

Von der Verantwortung der Eltern

Die ethische Beurteilung der Elternschaft unter den Bedingungen der modernen Medizin muss, so habe ich in diesem Buch argumentiert, sehr genau die unterschiedlichen Kontexte zur Kenntnis nehmen. Wir interpretieren notwendige soziale Praktiken auf der Grundlage dieser Kontexte, die auch die sich verändernden Werte und Normen umfassen. Die beiden großen Kontexte, die ich genauer betrachtet habe – die Schwangerschaft mit den Entscheidungskonflikten, die sich durch die Pränataldiagnostik ergeben können, und die Präimplantationsdiagnostik, die sich aus den Möglichkeiten der assistierten Fortpflanzung ergibt –, haben in der Tat den Kontext radikal verändert, in dem Elternschaft heute beginnt.

Eine *Ethik* der Elternschaft wird jedoch auch unter den neuen Bedingungen in erster Linie als eine *Ethik dieser Beziehung* zu formulieren sein. In diesem Kapitel möchte ich aber noch einmal genauer die normativen Ansprüche (die Rechte und Pflichten), die mit Elternschaft einhergehen, betrachten. Bestenfalls, so haben wir gesehen, werden sich die Handlungsmodalitäten des Wollens, Könnens und Sollens gegenseitig beeinflussen und auch korrigieren: Sollensansprüche, die weder das Wollen noch das Können angemessen einbeziehen, laufen ins Leere und führen zu einer »Überdeterminierung« des Handelns durch das Sollen. Aber umgekehrt sind auch die Wünsche und Handlungsmöglichkeiten mit den Sollensansprüchen abzugleichen, die in der Handlung bzw. Praxis zur Geltung kommen. Handeln ohne normative ethische Reflexion wird dem Anspruch an die Verantwortung des Handelns nicht gerecht.

Wenn Paare beschließen, Eltern zu werden, dann bedeutet diese Entscheidung, dass sie sich für immer binden wollen: Auch wenn sie sich als Paar trennen, auch wenn sie vielleicht einmal später nicht (mehr) für ihr Kind sorgen wollen oder können – ihr Kind wird immer *ihr* Kind bleiben. Umgekehrt heißt dies für ihr Kind: Es gehört zu ihnen, ist für einen gewissen Zeitraum von ihnen abhängig und es wird zu einem womöglich geringeren Teil von ihrer genetisch-biologischen Ausstattung, viel mehr aber von ihrem Handeln und ihrer Lebensweise beeinflusst werden. Im besten Fall werden Eltern ihr Kind lieben. Diese Liebe meint nicht nur das Gefühl der überbordenden Zuneigung, die durch kein Handeln oder Verfehlen erschüttert werden kann, sondern es meint auch die aktive Liebe, die wir als Sorge und Versorgung verstehen. In der Eltern-Kind-Beziehung werden, wie vielleicht nirgendwo sonst, die Abhängigkeit und die Freiheit, die Kontingenz der Beziehung und die Notwendigkeit der Zugehörigkeit, die Gleichheit durch die Leiblichkeit und Verwandtschaft und die Differenz durch die personale Unterschiedenheit verhandelt. Während die Biologie die Gleichheit und Zugehörigkeit des Eltern-Kind-Verhältnisses betont, beschreiben die Geisteswissenschaften, wie die Asymmetrie der Beziehung durch die Verantwortungsübernahme vonseiten der Eltern kompensiert wird.

Elternschaft als asymmetrische Beziehung

Beginnen wir aber am Punkt der Zuneigung und Differenzerfahrung. In der Ethikgeschichte ist ein wichtiger Ausgangspunkt für die Überlegungen, wie Respekt und Wohlwollen zwischen Personen zum Tragen kommen kann, die Freundschaft. Freundschaften sind symmetrische Beziehungen, die deshalb die Freiheit und die Gleichheit in der Anerkennung der Differenz gut beschreiben können. Das Modell der Freundschaft als Ausgangspunkt der ethischen Reflexion ist allerdings in den letzten zwei Jahrhunderten ergänzt – zuweilen sogar ersetzt – worden durch ein zweites Modell: das der Vertragsbeziehung zwischen freien und gleichen Individuen. Auch in diesem Modell geht es um symmetrische Beziehungen und die wechselseitige Anerkennung von Interessen. Beide Modelle sind sozusagen Hintergrundfolien für die ethische Beschreibung der Eltern-Kind-Beziehung – aber es wäre falsch, sie einfach übertragen zu wollen. Denn die Elternschaft ist von vorneherein, so habe ich immer wieder betont, eine asymmetrische Beziehung, die zwar im elterlichen Wohlwollen gegenüber dem Kind der Freundschaft vergleichbar ist, aber erst zur Freiheit und Autonomie des Kindes hinführen soll. Eine *wechselseitige* Anerkennung der kindlichen und elterlichen Interessen erfolgt nur advokatorisch: Die Eltern müssen nicht nur ihre eigenen Interessen verfolgen, sondern sie müssen gleichzeitig für ihre Kinder sprechen und die Interessen der Kinder mit ihren eigenen Interessen ausgleichen.

Die Freundschaft teilt gewiss verschiedene Merkmale mit der Elternschaft, die mit den Begriffen des Respekts und Wohlwollens nur teilweise erfasst werden. Es geht hier wie da um »Nahbeziehungen«, um eine ganz bestimmte Verschränkung der Sorge um mich selbst und der Sorge für den anderen oder die andere, die eine Verbundenheit bewirkt (in der Eltern-Kind-Beziehung wird dies noch verstärkt die »Bindung« genannt). Ein Freund, eine Freundin ist für den jeweils anderen unersetzbar, wie auch Kinder unersetzbar sind. Freundschaften haben eine eigene Geschichte, die durch eine andere Person nicht »austauschbar« ist. Freundschaften sind aber – anders als Verwandtschaftsbeziehungen – *gewählte* Beziehungen, auch wenn Freunde häufig gar nicht einen Punkt der Wahl ausmachen können. Zuweilen wird gesagt, dass Freunde ausschließlich »gewählt«, Kinder aber »gegeben« werden. Wir haben aber gesehen, dass dies unter den neuen Bedingungen nicht mehr ganz stimmt. Wie auch immer wir das Verhältnis von Unverfügbarkeit und bewusster Entscheidung sehen – es ist dennoch so, dass auch Kinder der bewussten Annahme durch ihre Eltern bedürfen. Nach der Geburt kann deshalb das Sorgerecht auf soziale Eltern übertragen werden.

Häufig wird gefragt, ob Kinder von ihren Eltern nicht »determiniert« werden – und insbesondere die Präimplantationsdiagnostik wird daher als Weiterführung der elterlichen Verfügungsmacht gesehen. In der Tat »erziehen« Eltern ihre Kinder ja weitgehend nach ihren eigenen Vorstellungen: Sie versorgen sie, bringen ihnen zuerst elementare Handlungen wie das Laufen oder Sprechen bei, zeigen ihnen dann aber immer komplexere Verhaltensweisen und/oder leben sie ihnen vor. Kinder ahmen die Beziehungen und Interaktionen ihrer Eltern nach und bilden ihre Identität in Auseinandersetzung mit der gesamten Umwelt, die sie wahrnehmen und der sie ausgesetzt sind. Eltern entscheiden zu einem Teil, was ihre Kinder lernen, welchen Einflüssen sie ausgesetzt werden – aber sie werden dabei gut beraten sein, auf ihre Kinder zu achten, denn nicht immer stimmen die Interessen des Kindes mit denen der Eltern überein. Das heißt: Die Erziehung ist nicht nur in die vielfältigen und komplexen Interaktionen zwischen Eltern und Kindern eingebunden; diese finden auch keineswegs in einem geschlossenen Raum statt. Die Kultur und Sprache, das Geschlecht und alle möglichen Kontexte spielen selbstverständlich auch für die Eltern-Kind-Beziehung im engeren Sinn eine große Rolle.

Von der Wahl des Embryos zur Annahme des Kindes

Elternschaft beginnt nach spontanen Zeugungen mit einem Ungleichgewicht zwischen Mutterschaft und Vaterschaft. Denn die Schwangerschaft ist die Phase, in der ein Kind von seiner Mutter »anerkannt« oder »abgelehnt« werden muss, ohne dass ein Dritter in diesen Prozess eingreifen kann. Es mag Wünsche des Vaters geben, wie sich eine schwangere Frau zum gemeinsamen Kind verhalten soll, oder es mag Gesetze geben, die Schwangerschaftskonflikte rechtlich regeln. Aber das ändert alles nichts an diesem elementaren Anerkennungsakt, den der biologische Vater nicht in der gleichen Weise vollziehen muss wie die Mutter. Unter den heutigen Bedingungen – etwa der Leihmutterschaft – ist dies auch nicht mehr für jede Mutter der Fall, die sich nach der Geburt als die Mutter ihres Kindes verstehen wird. Dennoch weiß jedes Kind, dass es ohne diese Anerkennung zu Beginn seines Lebens nicht existieren würde.

Die Konflikte um die Pränataldiagnostik, die ich exemplarisch anhand der Geschichte von Caroline Stoller analysiert habe, machen deutlich, dass unter den neuen Bedingungen dieser Anerkennungsakt prekär wird, weil er durch einen Krankheitsbefund unter

Umständen wieder zurückgenommen wird (die Konflikte, so haben wir gesehen, entstehen in den eigentlich gewünschten Schwangerschaften, in denen zum Beispiel Kindern bereits Namen gegeben werden). Frauen zögern daher womöglich die Anerkennung oder »Annahme« des Kindes bis zum Erhalt des medizinischen Befunds hinaus.

Mit der assistierten Fortpflanzung verändert sich der Beginn der Elternschaft drastisch: Hier geht es nicht mehr um die »Annahme« *eines* Kindes, sondern es geht um den Umgang mit Embryonen, die mit medizinischer Unterstützung erzeugt werden. Eltern befinden sich in dieser Phase in einem »Zwischenreich«: Einerseits ist da die Realität des gezeugten menschlichen Lebens, andererseits ist dies keineswegs mit der Erfahrung des Beginns einer Schwangerschaft vergleichbar. Die Unähnlichkeit manifestiert sich schon in der Anzahl der Embryonen, die erzeugt werden – in Deutschland ist, wie bereits erwähnt, die Zahl auf drei beschränkt, aber meistens sind mehrere Zyklen notwendig, bis eine Schwangerschaft zustande kommt. Eine mögliche, sehr wahrscheinliche Reaktion auf diese medizinische Implikation der assistierten Fortpflanzung besteht in der Verlagerung bzw. Verzögerung der Annahme eines Embryos als *Kind* in die Phase, in der der Erfolg der Behandlung absehbar ist.

Die Möglichkeit der Präimplantationsdiagnostik verstärkt die Entfremdung – oder anders ausgedrückt, die Neutralisierung – des Beginns von Elternschaft noch. Nun können die Paare *zwischen* verschiedenen Embryonen ihr potenzielles zukünftiges Kind aussuchen – sie können den Embryo *wählen*, den sie dann als ihr Kind anerkennen werden. Die ethische Sprache erfasst nicht ganz, was hier aus Sicht der Paare geschieht, denn diese beabsichtigen ja nicht notwendig die Wahl, sondern die meisten wollen, dass ihr zukünftiges Kind so gesund ist, wie es nach dem medizinischen Kenntnisstand prognostizierbar ist. Aber international geht es keineswegs nur um solche medizinischen Indikationen: Die in einigen Ländern zugelassene Geschlechtswahl aus sozialen Gründen ist eindeutig auf die Wahl eines bestimmten Kindes bezogen; und die Auswahl eines Embryos zum Zweck der Gewebespende ist ebenfalls nicht auf die Gesundheit des ausgewählten Embryos bezogen.

Ich habe die Probleme der Präimplantationsdiagnostik im letzten Kapitel analysiert. Hier geht es mir darum, dass die Anerkennung des Kindes zu Beginn der Elternschaft eigentlich vor der Schwangerschaft erfolgen müsste, dies aber durch den konkreten Kontext der assistierten Fortpflanzung nahezu unmöglich ist. Und deshalb gerät das herkömmliche Elternschaftskonzept ins Wanken: Mit der Pränataldiagnostik kommt es bereits zu einer verzögerten Anerkennung des Kindes bzw. zu einer Rücknahme des »Versprechens« der Sorge und Verantwortung vonseiten der schwangeren Frau. Mit der assistierten Fortpflanzung werden nicht nur die Elternschaftsformen komplex, sondern darüber hinaus wird die moralische Implikation von Elternschaft, die Annahme und Sorge für ein Kind, von der Phase der Erzeugung entkoppelt. Mit der Präimplantationsdiagnostik wie auch durch andere Formen der Reproduktionsmedizin wie der Ei- und Spermienspende und der Leihmutterschaft verschiebt sich der kontingente und, wie Jürgen Habermas es nannte, *unverfügbare* Charakter eines Kindes als etwas »Gegebenem« immer mehr in die Richtung des »Gewählten«. Treffend formulieren einige Bioethiker dies in ihrem Buch zur Elternschaft unter Bedingungen der genetischen Diagnostik: *From Chance to Choice* – vom Zufall zur bewussten Entscheidung.

Unabhängig davon, ob wir dies gleich zu einer Frage der Gattungsethik machen (Habermas), ermöglicht die Biomedizin durch die selektiven Eingriffe eine immer stärkere Einflussnahme der Eltern auf die biologischen Eigenschaften ihrer zukünftigen Kinder – um den Preis, dass für die Erfüllung ihrer Wünsche eine beträchtliche Zahl an Embryonen verloren gehen (zwischen 16 und 40 Embryonen sind es nach den Zahlen der European Society of Human Reproduction für den Zeitraum von 1999 bis 2009). Zu interpretieren ist dementsprechend:

- die Verzögerung der Annahme eines Kindes während der Schwangerschaft,

- die mögliche Rücknahme der Annahme eines Kindes nach der Pränataldiagnostik,
- die Neutralisierung des Beginns der Elternschaft durch die assistierte Fortpflanzung und
- die Schwerpunktverlagerung von der Kontingenz bzw. dem Gegebensein eines Kindes hin zur Wahl eines bestimmten Embryos, der das eigene Kind werden soll, unter Inkaufnahme des Verlusts einer größeren Anzahl an Embryonen im Prozess der Behandlung, als dies je in einer Schwangerschaft der Fall wäre.

Elternschaft bedeutet in ethischer Hinsicht die Übernahme von Verantwortung. Aber sie geht in dieser moralischen Perspektive nicht auf. Elternschaft bedeutet *auch* die Möglichkeit, Zuneigung zu einem anderen Menschen emotional und praktisch zu leben. Gewiss spielt dabei die Ähnlichkeit zur eigenen Person eine Rolle, aber womöglich überbewertet die moderne Medizin diesen Aspekt, der ja der Behandlung des Kinderwunsches als *Reproduktion* (Behandlung des Wunsches nach einem *eigenen* Kind) zugrunde liegt. Für die Elternschaft ist das Unplanbare, das Neue, das Hannah Arendt mit dem Begriff der Natalität beschrieben hat, mindestens genauso wichtig. Diese Offenheit, das Nicht-Gemachte und Nicht-Kontrollierbare, und das meint die Unverfügbarkeit, ist ein wichtiger Faktor in allen persönlichen Beziehungen. Aber es bleibt der radikale Unterschied zwischen Eltern und Kindern, der die Asymmetrie ausmacht: Kinder können ihre Eltern nicht wählen. Kinder sind ihren biologischen und ihren sozialen Eltern zumindest in ihrer Kindheit ausgeliefert. Daher bedürfen sie eines besonderen, unter anderem auch rechtlichen Schutzes. Und dieser muss ab dem Beginn ihrer Existenz gelten, wenn auch um die Art und Weise, wie sie geschützt werden können und sollen, gerungen werden muss, mit unterschiedlichen Ergebnissen je nach Kultur und Rechtsordnung.

Wenn Elternschaft von der Asymmetrie aus gesehen wird, die Eltern und Kinder in unterschiedlicher Weise situiert, dann gewinnen die Freiheit und die Differenz des Kindes gegenüber seinen Eltern einen Eigenwert. Auch wenn Kinder nicht von Beginn an »mündig« sind, müssen Eltern dafür Sorge tragen, dass sie sich zu Personen entwickeln können, deren Abhängigkeit von den Eltern sich schrittweise hin zur Freiheit als Autonomie verschiebt, die ich im ersten Kapitel als »rationale« Autonomie dargestellt habe: Freiheit in Beziehungen, die Verantwortung genauso einschließt wie die Integration von Selbstständigkeit und Abhängigkeit.

Halten wir auch dies fest: Elternschaft ist – anders als die Freundschaft – über einen langen Zeitraum hinweg nicht durch Symmetrie gekennzeichnet, sondern vielmehr durch Asymmetrie. In asymmetrischen Beziehungen geht es um das auf den anderen gerichtete Wohl-Wollen, um die Sorge *für* ein Kind, die in der Sorge *um* es begründet ist – aber es geht immer auch um die Reflexion der Macht *über* den anderen, die durch die Asymmetrie gegeben ist. Das Gegenteil von Selbstaufgabe ist Herrschaft über einen anderen. Sie ist in der Überbewertung der Selbstsorge begründet und missachtet den anderen in seiner Andersheit. Zwischen diese beiden Extreme sind asymmetrische Beziehungen gespannt; die Extreme sind in Reinform wahrscheinlich nie gegeben: als könnte etwa Elternschaft rein altruistisch sein oder als könnten Eltern ihre Kinder einzig für die eigenen Zwecke oder Ziele instrumentalisieren. Was jedoch in asymmetrischen Beziehungen nicht überwindbar ist und daher Gegenstand der Reflexion sein muss, ist das Machtgefälle, das durch die weitgehende Abhängigkeit der Kinder von ihren Eltern entsteht. Aus ihm ergibt sich die *Fürsorgepflicht* der Eltern gegenüber ihren Kindern. Diese Fürsorgepflicht beginnt mit der Zeugung, weil »dasjenige«, das gezeugt ist, ein »Jemand« und gerade keine Sache ist. Deshalb gefährdet die Neutralisierung der Elternschaft, die mit der assistierten Fortpflanzung zu Beginn einhergeht, die Moralität dieser zumindest für das Kind wichtigsten, weil ursprünglichsten Anerkennungsbeziehung, die ich als Annahme bezeichnet habe.

Im Unterschied zu anderen asymmetrischen Beziehungen besteht in der Eltern-Kind-Beziehung (normalerweise) eine (Verwandtschafts-) Beziehung mit großer emotionaler Verbundenheit. Zudem geht die

Abhängigkeit im Laufe des Lebens eines Kindes in Unabhängigkeit über, die Fremdbestimmung oder Heteronomie in die Selbstbestimmung oder Autonomie, und insgesamt führt die Abhängigkeit in die Selbstständigkeit eines eigenen Lebens – oder sollte doch dazu übergehen. Eltern tragen (normalerweise) Sorge dafür, dass dieser Prozess, der oft im Gegensatz zur »Bindung« in der Kindheit als »Ablösungsprozess« bezeichnet wird, behutsam vonstattengeht, und sie begleiten ihr Kind oder ihre Kinder in diesem Prozess, indem sie immer den Balanceakt zwischen Schutz (Bindung) und Selbstentfaltung (Ablösung) vollziehen müssen. Und sie sind dabei keineswegs immer souverän.

In der Freundschaft sprechen wir von Zuneigung, in der Eltern-Kind-Beziehung von Liebe, um die emotional unterschiedliche Tiefe zu markieren. Der Begriff der »Sorge« um das Wohlergehen charakterisiert jedoch die Freundschaft genauso wie die Elternschaft. Ähnlich gilt dies für Liebesbeziehungen: Sie sind eine besondere Form der Freundschaft, welche die Symmetrie und emotionale Zuneigung mit der (ersehnten oder erlebten) körperlichen Nähe verbindet. Die Liebesbeziehung nimmt zwischen der Freundschaft und der Elternschaft eine Art Zwischenstellung ein, bei der die Gegenseitigkeit, aber auch die Unersetzbarkeit des anderen die Dimension der Freundschaft repräsentiert und die Sexualität die Dimension der leiblichen und körperlichen Verbindung, die in der Elternschaft durch die Verwandtschaft, aber eben auch durch die Erfahrung der Schwangerschaft und Geburt aufseiten der Mutter gegeben ist.

Elternschaft als Ethik der Beziehung

Es war vor allem die Moralpsychologin Carol Gilligan, die zu Beginn der 1980er-Jahre der damals vorherrschenden Gerechtigkeitsethik, die auf Fairness und Unparteilichkeit im moralischen Urteilen ausgerichtet war, eine »Ethik der Beziehung« gegenüberstellte. Gilligan untersuchte das moralische Urteilsverhalten von Mädchen und Jungen, indem sie ihnen exemplarische Entscheidungskonflikte vorlegte; dabei urteilten die Mädchen weit mehr von einer Beziehungsperspektive aus als von der Perspektive eines neutralen Schiedsrichters. Zunächst wurden diese Studien als Errungenschaft für die Entwicklung einer Theorie der »weiblichen Moral« angesehen; zuweilen wird bis heute – gestützt durch neurobiologische Studien – an einer solchen geschlechterspezifischen Ausrichtung im moralischen Urteilen gearbeitet, etwa wenn Männern eine eher »rationale«, Frauen eine eher »emotionale« Herangehensweise unterstellt wird. Diese Studien müssen uns hier nicht weiter interessieren – sie leiden aber darunter, dass sie ein vorgefertigtes Bild von Männlichkeit und Weiblichkeit in die Struktur der moralischen Orientierung hineinprojizieren – und dabei zum Beispiel häufig auch Weiblichkeit mit dem »natürlichen« Wunsch nach Mutterschaft, Männlichkeit jedoch nicht notwendig mit Vaterschaft assoziieren. Wenn ich dagegen die Ethik der Elternschaft als Sorge- und Beziehungsethik auffasse, wird deutlich, dass Elemente wie Gegenseitigkeit, Wohlwollen, Unersetzbarkeit und die Gemeinsamkeit einer Familiengeschichte auch ganz unabhängig von der geschlechtlichen Zuschreibung betrachtet werden können.

Im Anschluss an Carol Gilligan begannen eine ganze Reihe von Ethikerinnen, an einer »Ethik der Sorge« zu arbeiten, die als Ethik der Beziehungen konzipiert war.[57] In den vergangenen drei Jahrzehnten hat sich diese Richtung im Kanon der Ethikansätze einen eigenen Platz erobert. Aber das Modell der Freundschaft diente schon Aristoteles zur Beschreibung eines wichtigen Elements der Ethik, sodass verschiedene Formen einer Beziehungsethik eigentlich schon immer zum Bestandteil der ethischen Reflexion gehörten.

Die Sorge um das Wohlergehen des Kindes

Kants Ethik betont demgegenüber die Freiheit des Moralsubjekts. Sie ist der Grund dafür, dass Menschen moralische Verantwortung übernehmen können – und ihr Handeln grundsätzlich rechtfertigen müssen. Für Kant ist klar, dass die Pflicht der Fürsorge für alle Eltern *verbindlich* ist. Die Beziehungsethik geht demgegenüber einen etwas anderen Weg: Sie *appelliert* an den Sinn der Eltern-Kind-Beziehung, der in der Sorge um das Wohlergehen des Kindes besteht. Aber eine rein beziehungsorientierte Sorge-Ethik hat das Problem, dass sie zwar das Phänomen der Sorge gut beschreiben kann, aber den Verantwortungsrahmen trotzdem nicht angemessen abbildet – anders gesagt: In einer Sorge-Ethik kommen das Wollen und das Können (zuweilen auch das Nicht-Wollen und Nicht-Können) in den Blick, aber das Sollen bleibt unterbestimmt. Kant kann demgegenüber zwar die Elternverantwortung und den Rahmen des Sollens gut beschreiben, aber er schweigt darüber, wie das Sollen *praktisch* in Einklang mit dem Wollen und Können gebracht werden kann.

Eine Ethik der Elternschaft, die nach dem Sinngehalt fragt, wird daher als Beziehungsethik den Sinn für das Wohlergehen des anderen im Blick haben, der letztlich auf der Zuneigung und der Sorge für und um das Wohl des Kindes basiert. Darüber hinaus muss die Ethik der Elternschaft aber die Verantwortung im Sinne der elterlichen *Pflicht* zur Fürsorge und Erziehung betonen. Diese entspringt nicht der Zuneigung, sondern vielmehr der Anerkennung, dass das Gegenüber keine »Sache« ist, die der Willkürfreiheit des elterlichen Handelns unterworfen ist, sondern eine Person, die als Mensch abhängig und frei zugleich ist, keineswegs aber zum Eigentum einer anderen Person werden kann. Die Frage ist, ob diese Bestimmungen, die die Elternschaft insgesamt umfassen, in der gleichen Weise auch vor der Zeugung und während der Schwangerschaft gelten müssen.

Für den französischen Philosophen Paul Ricœur stellt die Sorge (oder, wie oft in der deutschen Sprache gesagt wird: die Fürsorge) als Sinn für das Gute des Selbst wie des anderen eine zentrale Grundlage der Moralfähigkeit des Menschen dar, die ihre Stärke in der Motivation hat, die Perspektive des anderen mit der Perspektive des Selbst zu verbinden. Die »Sorge« ist dabei sicherlich ein schillernder Begriff – zuallererst bedeutet die Sorge um und für den anderen die Verantwortungsübernahme, die im Wollen gegründet ist: Nicht umsonst sprechen wir von Wohl-Wollen und nicht vom Wohl-Sollen für den anderen. Diese Sorge, als Verantwortung verstanden, meint nicht nur die Rücksichtnahme, sondern darüber hinaus die Anerkennung des anderen. Für Paul Ricœur ist dies ein implizites Versprechen, das die Grundlage der Fürsorge ist:

> »›Von dir‹, sagt mir der andere, ›erwarte ich, dass du dein Wort hältst‹; und dir antworte ich: ›Du kannst auf mich zählen.‹ Dieses ›Zählen auf‹ verbindet den moralischen Gehalt der Selbst-Ständigkeit mit dem in der Fürsorge gründenden Prinzip der Gegenseitigkeit ... Sein Versprechen nicht zu halten bedeutet zugleich, die Erwartung des anderen zu enttäuschen und die Institution zu verraten, die das gegenseitige Vertrauen der sprechenden Subjekte vermittelt.«[58]

Dass wir, die modernen Menschen, die auf unserer Freiheit und Autonomie bestehen, doch immer auch Menschen bleiben, die darauf angewiesen sind, dass wir »auf andere zählen können«, die sich um uns und für uns sorgen, wurde lange nicht wichtig genug genommen. Dadurch entstand ein Ungleichgewicht in der ethischen Reflexion, das sich bis in die Bewertung etwa von Entscheidungskonflikten am Lebensbeginn auswirkte: Aus dem Unbehagen an einem bestimmten Bild von Autonomie – als wären damit Gesetzlosigkeit und blinder Egoismus gemeint – wurde diese geradezu verdammt, nicht zuletzt auch von der katholischen Theologie. Autonomie kann in moralischer Hinsicht aber gerade nicht bedeuten, dass die eigenen Interessen willkürlich durchgesetzt werden. Die Ethik – und das

Recht – begrenzen die Willkürfreiheit dann, wenn die Rechte anderer betroffen sind.

Die Frage nach dem »moralischen Status« von Embryonen

Während es etwa für Kant keinen Zweifel daran gibt, dass Kinder ab dem Moment der Zeugung Personen sind, die unter der Schutzpflicht ihrer »Erzeuger« stehen und somit Rechte gegenüber ihren Eltern haben, fällt die ethische Beurteilung angesichts des heutigen Wissens um die embryologische Entwicklung keineswegs mehr so leicht. Die Debatte etwa um den Schwangerschaftsabbruch, die assistierte Fortpflanzung sowie die Embryonenforschung bzw. Embryonenselektion vor der Schwangerschaft wird dabei auf eine einzige moralische Frage verengt: Gehören Embryonen oder Föten (oder Kinder vor der Geburt) bereits zur moralischen Gemeinschaft und müssen entsprechend dann auch geschützt werden? Wird diese Frage bejaht, so scheint es, gibt es keinen moralischen Konflikt zwischen zwei moralischen Gütern, sondern allenfalls einen psychischen Konflikt zwischen Wollen und Sollen. Dann aber fallen die Entscheidungen »über Leben und Tod« vor und während der Schwangerschaft unter das Tötungsverbot – und sind eindeutig, nämlich zugunsten des Lebensrechts von Embryonen und Föten, zu beantworten. Wird sie dagegen verneint, dann fallen Embryonen aus der moralischen Gemeinschaft heraus und sind unter Umständen – wie andere Lebewesen auch – den »höherwertigen« Interessen von Menschen zu unterstellen.

Seit mehreren Jahrzehnten hat sich die ethische Diskussion immer wieder auf diese Frage des »moralischen Status« von Embryonen zugespitzt. Während die eine Seite nach Argumenten dafür suchte, dass Embryonen gerade nicht – oder nicht in vollem Umfang – ein Existenzrecht haben, das der Staat sozusagen stellvertretend für sie einzuklagen hat, versteifte sich die andere Seite darauf, dass es gerade zum Konzept der Menschenwürde gehört, unteilbar zu sein: In dem Moment, in dem Menschen gezeugt oder erzeugt werden, müssen sie damit unter den Würdeschutz fallen.

Aber beide Positionen sind möglich und unmöglich zugleich: Embryonen haben kein *schlechthinniges* Existenzrecht, weil sie nicht unabhängig von einer Mutter existieren können – das unterscheidet sie von geborenen Kindern. Die Differenz zu einem geborenen Kind kann nicht einfach eingezogen werden; der Würdebegriff unterstellt eine zumindest elementare »Selbstständigkeit« einer individuellen Existenz, die erst mit der Geburt einhergeht. Umgekehrt haben aber auch Embryonen sehr wohl *generell* ein Existenzrecht, als sie zumindest potenziell die Kinder von Eltern sind, welche sie durch einen wissentlichen und willentlichen Akt gezeugt haben (durch die spontane Zeugung oder die Erzeugung im Reagenzglas) – und sie damit *ins Leben gebracht* haben. Zumindest kann damit ihre Existenz nicht geleugnet oder ungeschehen gemacht werden, und *dafür* ist die Verantwortung zu übernehmen.

Wenn unsere Gesellschaft der Auffassung wäre, dass es sich bei Embryonen oder Föten noch gar nicht um menschliche Lebewesen handelte, könnten Ärzte und Paare gleichermaßen über diese als biologisches »Gewebe« oder Vorform des menschlichen Lebens verfügen; sie könnten dann zu dieser Vorform in ein Verhältnis der Nutzung treten, wie wir etwa auch Tiere für unsere Zwecke nutzen. In der Debatte um die Grenzen der »Nutzung« von Embryonen und Föten fällt jedoch auf, dass diese Position von nur sehr wenigen Ethikern (und Wissenschaftlern) vertreten wird. Alle offiziellen (nationalen und internationalen) Stellungnahmen sowie die berufsethischen Richtlinien gehen in eine andere Richtung: Auch wenn es Streit über die genaue Bestimmung des Schutzes gibt, erkennen die meisten Länder doch an, dass die sogenannte verbrauchende Forschung an Embryonen, des Weiteren die selektive Diagnostik, erst recht aber der Schwangerschaftsabbruch moralisch in besonderer Weise begründungsbedürftig wird – die Diskussionen brechen aber immer wieder auf, *weil* ein Embryo oder auch ein Fötus weder »Körpermaterial« noch ein »selbstständig lebendes Individuum« ist. Zwischen diesen beiden Polen besteht eine Kluft, die kein Gesetz anders als durch letztlich kontingente Festlegungen schließen kann.

Ich will die ethische Diskussion um den moralischen Status von Embryonen hier gewiss nicht als irrelevant bezeichnen. Aus der Perspektive einer Elternschaftsethik jedoch blendet sie zu viele Aspekte aus, die für die Handelnden womöglich ausschlaggebender sind. Der Ethik geht es – im Unterschied zum Recht, das in der Tat Festlegungen treffen muss – erstens um die Werte und Überzeugungen, die unser Handeln leiten und unser Selbstbild leiten (vgl. dazu das erste Kapitel).[59] Zweitens geht es ihr um die Festlegung von Pflichten angesichts eines gegebenen Spielraums des Handelns, drittens um die Werte und Formen von sozialer Anerkennung und Solidarität und schließlich viertens um die gerechte Gestaltung von Institutionen und Rahmenbedingungen, die den Spielraum des Handelns konstituieren.[60]

Für Paare, die Eltern werden oder es werden wollen, mag daher die Verengung der ethischen Diskussion auf den moralischen Status von Embryonen oder Föten recht abstrakt erscheinen und ihre genuine Frage nach der Verantwortung gegenüber den von ihnen (spontan oder »assistiert«) gezeugten Menschen, die ihre Kinder werden könnten, zu verfehlen. Ich glaube aber auch nicht, dass diese Debatte den ethischen Kern des Konflikts richtig abbildet. Auch deshalb nähere ich mich ihm von der Seite der Beziehung. Menschen stellen nicht unbedingt die Frage nach dem moralischen Status, wenn sie die Verantwortung von Beziehungen bestimmen – dies zeigen Mensch-Tier-Beziehungen; und umgekehrt ist mit der Bestimmung des moralischen Status alleine noch keine ethische Handlungsbeurteilung in Konfliktsituationen gegeben.

Auch in der sogenannten Tier-Ethik könnten wir Szenarien entwerfen, wie Ethiker dies in Bezug auf Embryonen getan haben. Nehmen wir eines der beliebtesten (und vielleicht auch zynischsten) Szenarien, ein sogenanntes Gedankenexperiment, das immer wieder zum »Beweis« gegen den Embryonenschutz angeführt wird: Es geht von der Situation aus, dass aus einem brennenden Krankenhaus entweder eine größere Anzahl (eingefrorener) Embryonen gerettet werden könnte oder aber ein Kind. Intuitiv werden wir sagen – und dies moralisch auch begründen können –, dass der Rettung des Kindes Vorrang gebührt. Aber würden wir das Gleiche nicht auch sagen, wenn es sich in diesem Gedankenexperiment nicht um ein Kind, sondern um einen Hund handeln würde (erst recht, wenn es »unser« Hund wäre), der sich zufällig in dem Krankenhaus aufhalten würde? Aus diesem Vergleich jedoch abzuleiten, dass Hunde *generell* einen höheren moralischen Status haben als Embryonen, ist genauso absurd wie einen »absoluten« Schutzstatus von Embryonen begründen zu wollen, der Konflikte oder Dilemmata gar nicht erst zur Kenntnis nimmt. Das moralisch geforderte Handeln in (extremen) Situationen erlaubt nicht unmittelbar Rückschlüsse auf die Würde oder Rechte im Allgemeinen und die Würde erlaubt für sich genommen noch keinen eindeutigen Rückschluss auf das Handeln in Dilemma-Situationen.

Diejenigen, die in der Debatte um das ethisch richtige Handeln am Beginn des menschlichen Lebens die Autonomie der Akteure im Sinne eines Verfügungsrechts skeptisch beurteilen, berufen sich deshalb manchmal eher auf die besondere Verantwortung, die schwangere Frauen gegenüber dem Föten haben. Frauen oder Paaren, die Eltern werden, stellt sich daher nicht nur die Frage, ob ihr Handeln *rechtlich* erlaubt ist, sondern sie müssen ihr Handeln auch in moralischer Hinsicht verantworten können – zumindest dann, wenn sie ihre eigene Moralität als Bestandteil ihrer individuellen Identität begreifen. Und genau hier grenzt die normative Frage, was jemand (in moralischer Hinsicht) tun *soll*, an die Frage der Sorge im oben beschriebenen Sinn. Für Paul Ricœur bedeutet dies Folgendes: Grundsätzlich fordert die moralisch-normative Verpflichtung die *Achtung* des anderen, die auf Gleichheit und Gegenseitigkeit beruht. Dies ist der Sinn der wechselseitigen Anerkennung, wie sie etwa im Modell der Freundschaft beschrieben ist. Aber in der Freundschaft spielt auch die Sorge eine Rolle, insofern es den Freunden wechselseitig um das Wohl des anderen geht. Anders als in der symmetrischen Beziehung der Freundschaft, die auf Gegenseitigkeit und dem Ausgleich von Geben und Empfangen ausgerichtet ist, ist die Elternschaft jedoch, so habe ich gesagt, eine asymmetrische Beziehung:

> »Nun kann man aber dieses Gleichgewicht [der Freundschaft, H.H.] als die Mitte eines Spektrums ansehen, dessen entgegengesetzte Extreme durch umgekehrte Ungleichheiten von Geben und Empfangen gekennzeichnet sind, je nachdem, ob in der Initiative des Austausches der Pol des Selbst oder des anderen vorherrscht.«[61]

Die Sorge, das Wohlwollen gegenüber dem anderen, so Ricœur, macht die »Ausnahme zugunsten des anderen« – ohne unmittelbar das Geben mit dem Nehmen zu verrechnen. Diese Ausnahme scheint in der Elternschaft eher noch gesteigert: Wenn Elternschaft vor allem als Beziehung der Sorge verstanden werden muss, die im Unterschied zur Freundschaft auf einer Asymmetrie beruht, dann *wollen, können und sollen* Eltern zumindest idealiter die »Ausnahme zugunsten des anderen«, zugunsten ihres Kindes machen. Das heißt: Sie werden ihr Interesse an einer wechselseitigen Beziehung, dem »Geben und Nehmen«, dem unmittelbar wahrnehmbaren Wohl des Kindes unterordnen. Das Bild des Spektrums mit einer Mitte und Extremen, das Ricœur hier verwendet, ist treffend: Dann aber muss die Fürsorge genauso als ein Extrem angesehen werden wie die Selbstsorge – und beide müssen, um »ethisch angemessen« zu sein, auf die Mitte, also die Reziprozität von Geben und Nehmen, zurückbezogen bleiben. In unserem Nachdenken über Beziehungen geschieht diese Pendelbewegung zwischen mehr oder weniger Selbst- und Fürsorge ständig. Und nicht zufällig sagen Eltern, gerade aber auch Paare, die sich der assistierten Fortpflanzung unterziehen, dass sie die vielen *Opfer* bringen, *weil* sie ein Kind als ein so großes »Geschenk« (!) empfinden und sie gerade die Grenzen der Verfügbarkeit schmerzlich erfahren.

Zwischen Selbstsorge und Fürsorge

Die Regel, so sagt Ricœur also, ist die »reziproke« Beziehung der Gegenseitigkeit, wie sie in der Freundschaft beschrieben ist. Die einseitige Fürsorge ist die Ausnahme von dieser Regel, und sie muss auf die Regel zurückbezogen werden. Für den Umgang mit Embryonen und Föten folgert Ricœur als Klugheitsregel: so viel *einseitig orientierte Fürsorge* gegenüber dem Embryo und Föten wie möglich, aber unter Einbeziehung der moralischen Regel, welche die *Achtung* als *Gegenseitigkeitsverpflichtung* betrachtet, in der keine Seite in ihren Rechten verletzt werden darf. Ich meine, dass diese praktische Faustregel Paaren, aber auch schwangeren Frauen in ihrer Entscheidung hilfreich sein könnte.

Insbesondere die christliche Theologie versteht im Kontext des Schwangerschaftskonflikts die Ausnahme der einseitigen »Sorge« als eine normative Verpflichtung, ohne sie zugleich auf die Regel zu beziehen, in der »keine Seite in ihren Rechten verletzt werden darf«. Aus dem impliziten Versprechen der Anerkennung und Sorge, das jeder Beziehung innewohnt, wird so unter der Hand der Zwang, für den anderen sorgen zu *müssen*: Die Für-Sorge ist auch dann eine Pflicht, wenn die Handelnde sie nur um den Preis der weitgehenden Selbstaufgabe erfüllen kann. Eine solche Interpretation der christlichen Ethik fordert die radikale Selbstaufgabe, wo sie eigentlich die Vereinbarkeit von Selbst- und Fürsorge fordern müsste. Indem ein Ideal, das in seiner Betonung der »Aufopferung« generell problematisch ist, als *Norm* betrachtet wird, der sich die Handelnde zu unterwerfen hat, um moralisch richtig und gut zu handeln, wird im Grunde der Konflikt zwischen berechtigter Sorge um und für sich selbst und Sorge um und für den anderen geleugnet. Insbesondere die katholische Theologie setzt dabei die Tugend der Sorge so hoch – nämlich als Pflicht – an, dass Frauen, denen aufgrund ihrer Weiblichkeit eine besondere Nähe zur Fürsorge unterstellt wird, leicht unter dem Anspruch, »für andere da sein zu sollen«, zu zerbrechen drohen. Ricœurs Faustregel kann also auch als Mahnung verstanden werden, die Selbstsorge in der Fürsorge nicht zu vergessen oder zu überspringen.

Eine Ethik der Sorge, so können wir auch dieses Ergebnis der ethischen Reflexion festhalten, kann daher nur angemessen sein, wenn sie auf der Grundlage der Berücksichtigung der Rechte – der Selbst- und Fürsorge – beider Seiten formuliert wird.

Die Ethik wird dann – in ihrer beratenden und orientierenden Funktion – darauf abzielen, das Verhältnis von Selbst- und Fürsorge auszuloten. Dabei wird dann praktisch schnell deutlich, dass schon die zugespitzte Konfliktperspektive »Frau und Fötus« zumeist irreführend ist: als gäbe es die Partner nicht, als gäbe es nicht häufig auch schon Kinder in Familien, wenn Frauen sich einer pränatalen Diagnostik unterziehen, als gäbe es nicht den medizinischen Apparat, der ein bestimmtes Handeln nahelegt. Und nicht zuletzt, als gäbe es nicht die gesellschaftlichen Normen, die es etwa Eltern wenn nicht theoretisch, so doch praktisch unendlich schwer machen, sich selbst *und* Kindern mit Behinderungen ein Leben zu ermöglichen, das als »gut bewältigbar«, als »glücklich« und »gelungen« betrachtet werden kann. Umgekehrt ist es aber genauso wichtig zu sehen, wie verzerrt etwa die Darstellung der Entscheidungskonflikte in der Schwangerschaft wirkt, wenn Selbstsorge und Fürsorge getrennt werden: Gäbe es nicht den Konflikt zwischen Selbst- und Fürsorge – oder, anders ausgedrückt, gäbe es nicht ein implizites, in Erfahrungsberichten sehr gut zum Ausdruck gebrachtes »Versprechen« einem Kind gegenüber, es anzunehmen und es somit, ethisch verstanden, anzuerkennen, wären Schwangerschaftskonflikte womöglich leichter zu lösen. Anders als bei frühen Schwangerschaftskonflikten, bei denen Frauen (oder Paare) nicht wissen, ob sie ein Kind *überhaupt* annehmen können (und wollen), wird diese Entscheidung im Fall des Konflikts nach der Pränataldiagnostik entweder hinausgezögert oder sie ist normalerweise bereits gefallen. Der Konflikt besteht dann darin, ob die Annahme *zurückgenommen* werden muss, weil ein Kind behindert oder krank sein wird.

Eben dies ist das Problem, denn das ursprüngliche Versprechen richtet sich – als Selbstanklage, die in Erfahrungsberichten immer wieder zu lesen ist – gegen die Handelnde (oder Handelnden) selbst;

dieser Vorwurf lautet: »Mein Kind kann nicht auf mich zählen.« Und selbst wenn die Entscheidung, eine Schwangerschaft abzubrechen, als richtig angesehen wird, bleibt dieser implizite Bruch des Versprechens als Wunde, als Narbe und zuweilen auch als Trauma der eigenen Lebensgeschichte zurück. Es wäre geradezu zynisch, anzunehmen, dass Frauen oder Paare sich die Entscheidung über den Schwangerschaftsabbruch nach PND leicht machen können. Dass sie bei ihrem – unter anderem auch moralischen – Abwägungsprozess auf eine Beratung zurückgreifen können müssen, die weder den einen Pol (die Selbstsorge) noch den anderen (die Sorge um und für das »Kind«) ignoriert, ist aus der Perspektive der Ethik relevanter, als sich unter Absehung der Umstände dieser Abwägung auf die Norm des Tötungsverbots bzw. auf den im Vergleich zu Kindern abgeschwächten moralischen Status von Föten zu berufen.

Der Konflikt zwischen Selbst- und Fürsorge setzt implizit eine Beziehung voraus, die die Schwangerschaft als Beginn der Elternschaft markiert. Dies ist, wie ich im letzten Kapitel gezeigt habe, in der assistierten Fortpflanzung grundsätzlich anders. Unter diesen Bedingungen wird der Beginn der Elternschaft zu einem quantitativen und zu einem qualitativen Problem. Die wissenschaftlichen Daten zeigen, dass auf die Geburt eines Kindes (oder von Mehrlingen) statistisch zwischen 16 und 40 Embryonen kommen – das ist das quantitative Problem, das weder die In-vitro-Fertilisation ohne noch mit Präimplantationsdiagnostik auflösen kann. Auch mit dem gut begründeten deutschen Embryonenschutzgesetz kommt es in den meistens ja mehrfachen Behandlungszyklen zur Erzeugung von mehr als drei Embryonen. Wie sollen Paare zu diesen in vitro verfügbaren Embryonen ein Verhältnis aufnehmen, das der beginnenden Elternschaft vergleichbar ist? Es ist ja nicht einmal notwendig, dass die zukünftigen Eltern überhaupt wissen, wie viele Embryonen erzeugt werden, bevor sie biopsiert, ausgewählt und dann für den »Transfer« bereitgestellt werden.

Womöglich ahnen Paare, die sich so sehr ein gesundes Kind wünschen, dass sie dies mithilfe der Präimplantationsdiagnostik versuchen, zu Beginn der Behandlung gar nicht, dass mehr als 90% der erzeugten Embryonen im Laufe des Prozesses verloren gehen. Und selbst wenn sie es wissen: Wie sollen sie mit einer solchen Statistik umgehen, wenn es um *ihren* Kinderwunsch, ihre individuelle Geschichte geht? Unsere Sprache signalisiert, wie schwer wir uns mit der Beschreibung tun: Wir sagen nicht, dass die meisten Embryonen »sterben«, wohl aber, dass sie »absterben«; wir sagen, sie werden »verworfen« oder in der frühen Schwangerschaft vom Körper »abgestoßen«, was wir dann auch als »Fehlgeburt« bezeichnen, auch wenn dieser Vorgang in der frühen Schwangerschaft mit einer Geburt wenig gemein hat und häufig nicht einmal spürbar ist.

Wenn die Verteidiger der Präimplantationsdiagnostik den Konflikt während der Schwangerschaft mit dem Konflikt der Frauen in der Phase zwischen Erzeugung und Transfer von Embryonen vergleichen, dann unterschlagen sie, dass sich die Entscheidung nicht auf *ein* Kind (oder einen Embryo) bezieht, sondern auf eine Entscheidung zwischen einer ganzen Reihe von Embryonen. Es ist nahezu unmöglich und gewiss eine Überdehnung des Begriffs, hier von einer individuellen Beziehung zu sprechen. Und genau das ist das Problem für eine Elternschaftsethik, die so tut, als könne sie die Präimplantationsdiagnostik mit den gleichen Kategorien beurteilen wie eine Schwangerschaft. Vergleicht man aber nur das Resultat, die »Verwerfung« eines Embryos und den Abbruch einer Schwangerschaft, dann ergibt sich in der Tat ein Wertungswiderspruch. Dann sieht es so aus, als schütze das Verbot der Präimplantationsdiagnostik menschliches Leben umfassender, als dies während der Schwangerschaft der Fall ist – obwohl die Entwicklung dann weiter fortgeschritten ist als in den ersten Tagen. Sehen wir uns aber an, was bei diesem Vergleich verschwiegen wird:

In Deutschland werden jährlich rund 100.000 Schwangerschaften abgebrochen; der Anteil der medizinisch indizierten Abbrüche liegt bei rund 3000. 2009 wurden über 60.000 Embryonen mittels assistierter Fortpflanzung erzeugt, von dieser Gesamtzahl wurden ca. 6000 bis 8000 Kinder geboren (die Dokumentation ist noch unvollständig). Nimmt man nicht die Rate der transferierten Embryonen zum Ausgangspunkt der Erfolgsquote, sondern das Verhältnis von Embryonen zu Geburten – was im Hinblick auf den Wertungswiderspruch angemessener ist – dann werden 90% der erzeugten Embryonen nicht geboren. Von einem umfassenden Embryonenschutz kann nicht die Rede sein, wenn die übergroße Mehrheit im Behandlungsprozess verloren geht.

Aber auch die rechtliche Regulierung wird beim »Wertungswiderspruch« nicht richtig wiedergegeben, wie ich ausführlich gezeigt habe: Schwangerschaftsabbrüche sind in Deutschland rechtswidrig, aber straffrei. Medizinisch sind sie nur dann nicht rechtswidrig, wenn die Gesundheit der schwangeren Frau betroffen ist. Ein Abbruch nach medizinischer Indikation bedarf der Diagnose eines Arztes. Aber auch Ethiker machen es sich zu leicht, wenn sie ignorieren, dass es sich bei der assistierten Fortpflanzung und bei der Schwangerschaft um unterschiedliche Handlungskontexte mit unterschiedlichen Verantwortungsfragen handelt. Das Argument des Wertungswiderspruchs ist ein Ergebnis der meines Erachtens unzulässigen Verengung der ethischen Diskussion auf den Entwicklungsstand des Embryos. In der Reduktion darauf ist dies unangemessen und in rechtlicher Hinsicht sogar irreführend.

Es gibt kein Recht auf ein gesundes Kind

Die Verfügungsmacht, die Eltern grundsätzlich gegenüber Kindern haben, verwandelt sich mit der Praxis der Präimplantationsdiagnostik in eine »Wahl« zwischen mehreren Embryonen, mit der Paare bzw. Eltern Ärzte und Biologen beauftragen, um Embryonen mit bestimmten Krankheitsrisiken auszuschließen. Die Beauftragung konstituiert eine Vertragsbeziehung zwischen dem Arzt und dem Paar. Paare haben kein »Recht« auf die Behandlung – schon gar nicht aber kann man von einem Recht auf ein gesundes Kind sprechen. In Deutschland wird jedoch der Kinderwunsch als hohes Gut betrachtet und zumindest technisch wird die Infertilität sehr wohl als Krankheit anerkannt. Mir geht es dabei nur um das Verhältnis zu den Embryonen: Wenn das Ärzteteam in einer langwierigen und für die Frau nicht risikolosen Behandlung in mehreren Behandlungszyklen eine Anzahl von Embryonen erzeugt, kann dann die gesamte moralische Verantwortung für den Embryo bei der Frau liegen? Ist diese Situation wirklich mit einer Schwangerschaft vergleichbar?

ReproduktionsmedizinerInnen verstehen sich in der überwiegenden Zahl als »Assistenten« der Eltern, wodurch sie die In-vitro-Fertilisation mit anschließender Präimplantationsdiagnostik im Kontext der Elternautonomie ansiedeln. Aber erstens sind Eltern, sosehr sie auch die zentralen Verantwortungsakteure für das Verfahren insgesamt sein müssen, gerade *nicht* die primär Handelnden im Kontext der Präimplantationsdiagnostik – mit ihrer Zustimmung zu diesem Verfahren und mit dem Eintritt in die assistierte Fortpflanzung entsteht eine Konstellation, die zutreffender als geteilte Verantwortung zu beschreiben ist. Die Frage, ob und inwieweit bzw. unter welchen Bedingungen sich die unterstützende Leistung der medizinischen Institutionen auf die Auswahl zwischen Embryonen erstrecken darf, ist weder von den Eltern noch von den Ärzten zu beantworten, sondern sie bedarf eines gesetzlichen Rahmens.

Darüber hinaus ist ein zweiter Aspekt zu berücksichtigen, der die Präimplantationsdiagnostik zu einem spezifischen »Fall« der ethischen Urteilsfindung macht: Die strikte Unterscheidung zwischen öffentlichen und privaten Entscheidungen ist – obgleich sie schon generell auf theoretische Schwierigkeiten stößt – hier nicht aufrechtzuerhalten. Das Modell des politischen Liberalismus, nach dem staatliche Interventionen vor reproduktiven Entscheidungen haltmachen müssen, greift nicht, *weil* die Präimplantationsdiagnostik gar nicht im privaten Rahmen durchgeführt wird und eine Vielzahl von staatlichen und letztlich gesellschaftlich finanzierten Institutionen voraussetzt. Den Schutz der spontanen Zeugung eines Kindes vor staatlichen Übergriffen mit dem Schutz einer öffentlich subventionierten Praxis vor staatlicher Regulierung zu vergleichen, ist irreführend: assistierte Fortpflanzung ist eine medizinische Praxis, die sowohl dem

Recht als auch der Berufsethik unterstellt ist. Zudem ergeben sich die Auswahlkriterien aus einem Konglomerat aus genetischem und medizinischem Forschungsstand, medizinischen wie sozialen Annahmen über Krankheit und Gesundheit, den Wahrscheinlichkeiten und spezifischen Risikoprofilen von Patienten und der Bewertung von Zumutbarkeit bzw. Unzumutbarkeit des unerfüllten Kinderwunsches bei sogenannten Risikopaaren ohne Fertilitätsstörungen. Das heißt: Die Erfahrung der Paare ist persönlich – aber das medizinische Handeln zur Erzeugung eines Embryos ist deshalb nicht privat.

International ist das Spektrum der Präimplantationsdiagnostik inzwischen relativ groß. Wir haben gesehen, dass neben den medizinischen auch mittelbare (Gewebespende) oder soziale (Geschlechtswahl) Motive zur Präimplantationsdiagnostik führen. Wenn eine Angleichung an diese Standards erfolgen soll, dann ist es kaum zu rechtfertigen, warum die Präimplantationsdiagnostik nicht für alle Paare in der assistierten Fortpflanzung verfügbar gemacht werden sollen – dann aber stellen sich alle Fragen der Begrenzung ohnehin wieder neu.

Wenn der traditionellen Elternschaft die Unverfügbarkeit über die Ausstattung des zukünftigen Kindes eingeschrieben war und eine in dieser Hinsicht unbedingte Annahme erforderte, dann geht mit der neuen Verfügbarkeit wohl auch die bedingte Annahme eines Kindes einher. Dies ist nicht notwendig eine empirische Aussage über individuelle Eltern, denn sie können die Kontingenz der Beziehung zu ihren Kindern genauso wenig ausschalten wie alle anderen Eltern.

Die Präimplantationsdiagnostik mag als ein Grenzfall elterlicher Wünsche und Interessen anzusehen sein, sie ist aber weder in medizinischer noch in sozialer oder ethischer Hinsicht kontextlos. Dass die spezifischen Kontexte der letzten Jahrzehnte nicht nur die Erfahrung des Eltern-Werdens radikal verändert haben, sondern ebenso auch die Werte und Normen, die das Handeln von Paaren, die Eltern werden wollen, bestimmen, habe ich gezeigt. In der ethischen Reflexion geht es nicht zuletzt auch darum, Modelle zu entwickeln, die diesseits und jenseits der Normen konstruktive Handlungsmöglichkeiten eröffnen. Für die Theologische Ethik spielt im Hinblick auf die Elternschaft viel auf dem Spiel, und das liegt am »symbolischen« Status der Elternschaft als einer zentralen Metapher für die Beziehung Gottes zum Menschen. Aber genau dadurch könnte die Theologie eine kritische Kraft entfalten, die weniger die konkreten Normen als vielmehr den Sinngehalt der Elternschaft unter den Bedingungen der modernen Medizin betrifft:

Der christliche Glaube geht von der »Kindschaft« des Menschen in der Beziehung zu Gott aus. Anders als Menschen dies je möglich ist, ist die Gottesbeziehung zum Menschen durch eine bedingungslose und un-bedingte Annahme gekennzeichnet. Die »Abkünftigkeit« des Menschen von Gott bedeutet theologisch-ethisch, dass Menschen zur Annahme anderer befähigt und aufgefordert sind. Moralfähigkeit ist die Fähigkeit des Menschen, auf das Sorge- und Beziehungs-Bedürfnis anderer »verantwortlich« zu antworten. Und diese Ver-Antwortung beginnt, wie jede schwangere Frau weiß, mit der aktiven Bejahung eines anderen, fremden Wesens, das dem Selbst in seiner Fremd- und Andersheit doch zugehört. Diese Bejahung mag, wie auch die Ethik anzuerkennen hat, nicht immer menschen-möglich sein – sie ist dennoch die Perspektive, von der aus die Erfahrung der Elternschaft ihren genuinen Sinngehalt erhält. Ob die neuen Modelle der Elternschaft diesem Sinn-Kriterium standhalten können, muss sich konkret erweisen. Für Paare, die Eltern werden, mag jedoch die Annahme eines anderen Menschen ohne Bedingung sowie die gleichzeitig notwendige Auslotung von Selbstsorge und Sorge für und um einen anderen Menschen zur ersten Herausforderung werden, der sie sich, wie alle Eltern, stellen müssen.

Anhang

Anmerkungen

1 Die Pränataldiagnostik (PND) umfasst verschiedene medizinische Tests, die *während* der Schwangerschaft den Gesundheitszustand des Embryos bzw. Föten kontrollieren. Im weiteren Sinn gehört auch der Ultraschall dazu, im engeren Sinn werden aber häufig vor allem diejenigen Verfahren als Pränataldiagnostik bezeichnet, die kindliche Zellen auf chromosomal oder genetisch bedingte abweichende Merkmale untersuchen. Die Präimplantationsdiagnostik (PID) umfasst die Untersuchung embryonaler Zellen mit Blick auf ähnliche Merkmale wie die PND; dies geschieht jedoch *vor* der Schwangerschaft. Deshalb ist für Paare, die eine solche Untersuchung ihrer zukünftigen Kinder wünschen, die assistierte Fortpflanzung eine notwendige Voraussetzung. Diese umfasst die Hormonstimulierung zur vermehrten Eizellreife sowie die medizinisch kontrollierte Eizellentnahme, die Abgabe von Spermien an das Labor bzw. die Klinik, die dann die Befruchtung von Ei- und Samenzelle durchführt. Die PID wird nach wenigen Tagen der Embryonalentwicklung durchgeführt, danach werden nur diejenigen Embryonen in den Körper der Frau transferiert, die die ausgeschlossenen Merkmale nicht haben oder die die erwünschten Merkmale haben. Letzteres ist bei der Geschlechtswahl, aber auch bei sogenannten Spender-Embryonen der Fall, die nach der Geburt als Gewebespender für Geschwister zur Verfügung stehen sollen. Nach dem Transfer entwickeln sich statistisch ca. 20% der Embryonen weiter und werden schließlich geboren. Die bei den Tests ausgeschlossenen und nicht transferierten Embryonen werden verworfen.

2 Die wissenschaftliche Begründung für dieses Vorgehen, das ethische Erfahrungen und ethische Argumentation aufeinander bezieht, habe ich in meinem Buch »Moralische Identität. Literarische Lebensgeschichten als Medium ethischer Reflexion«, Tübingen 1999, gegeben.

3 Melanie Thernstrom: Meet the Twiblings. In: New York Times Magazine vom 29.12.2010. Alle folgenden Zitate beziehen sich auf diesen Text und sind von mir wegen der besseren Lesbarkeit übersetzt. Vgl.

http://www.nytimes.com/2011/01/02/magazine/02babymaking-t.html (12.1.2011)

4 Michael W. Austin: Conceptions of Parenthood. Ethics and the Family, Aldershot 2009. Austin diskutiert diesen Rechtsstreit eingehend.

5 Vgl. dazu den Bericht von 2010: http://nwhn.org/lupron%C2%AE-%E2%80%93-what-does-it-do-women%E2%80%99s-health sowie weitere Informationen unter http://www.lupronvictimshub.com/, beide zuletzt gesehen: 16.1.2011.

6 Immanuel Kant: Grundlegung zur Metaphysik der Sitten, BA 47–48, 47f.

7 Es gibt viele Beratungskonzepte, die im Kontext der Schwangerschaftskonfliktberatung eingesetzt werden. Für die Pränataldiagnostik habe ich vor einigen Jahren ein Modell vorgestellt, das die ethische Dimension als expliziten Bestandteil der Beratung betrachtet, ohne dass damit die Autonomie, die verantwortete Entscheidung der schwangeren Frau, infrage gestellt werden muss. Vgl. dazu die Ausführungen in Hille Haker: Ethik der genetischen Frühdiagnostik, Paderborn 2002.

8 Dieses Beispiel habe ich entnommen: Andrea Strachota: Zwischen Hoffen und Bangen. Frauen und Männer berichten über ihre Erfahrungen mit pränataler Diagnostik, Frankfurt a. Main 2006, 104–122. Die folgenden Zitate stammen aus diesem Buch.

9 Ich möchte dies hier nicht entscheiden. Aber einen wichtigen Einblick in die Erfahrungswirklichkeit einer Familie, die sich nach der Pränataldiagnostik mit einem uneindeutigen Befund *für* ihr Kind entschied und sich den Herausforderungen stellt, gibt Jutta Flatters in ihrem Buch: Anders als man denkt. Leben mit einem behinderten Kind, Gütersloh 2009. Die Theologin bindet ihren Erfahrungsbericht in eine umfassende sozialethische Analyse über den gesellschaftlichen Umgang mit Menschen ein, die einer besonderen Solidarität bedürfen.

10 Luc Boltanski: Soziologie der Abtreibung, Frankfurt a. Main 2007.

11 Mir geht es hier nur um die Sachlogik, die die rechtliche und die ethische Diskussion zugleich verbindet und doch auch trennt. Das Schwangerschaftskonfliktgesetz erkennt zum Beispiel in der medizinischen Indikation die Beeinträchtigung der Gesundheit der schwan-

geren Frau (nicht des Kindes!) als Rechtfertigungsgrund an, eine Schwangerschaft auch nach der 12. Woche abzubrechen. Der geschilderte Fall würde jedoch zu einer anderen Interpretation führen, die nicht unmittelbar medizinisch und nicht streng gesundheitsbezogen ist: Der Frau geht es um das umfassend interpretierte *Wohlergehen* aller von ihrer Entscheidung Betroffenen. Insofern würde die oben dargestellte Konfliktsituation nur bei einer weiten Auslegung unter die deutsche Regelung fallen. Für die ethische Beurteilung ist der Rekurs auf das Wohlergehen aller Betroffenen jedoch durchaus relevant; dadurch kann die Ethik unter Umständen präziser und zugleich weitgehender sein, als dies bei der Formulierung eines Strafrechts möglich ist.

12 Seit kurzer Zeit gibt es in den USA einen Blog, in dem Kinder, die aus der assistierten Fortpflanzung hervorgegangen sind, ihre Erfahrungen austauschen können (http://anonymousus.org/about/). Die erste repräsentative Studie zur Selbsteinschätzung von ART-Kindern ist 2010 erschienen: Sie gibt erste Einblicke in die Konflikte und Schwierigkeiten, die (erwachsene) Kinder haben, wenn sie ihre Familienkonstellation betrachten. Vgl. My Daddy's Name is Donor: A New Study of Young Adults Conceived through Sperm Donation. A Report Released Internationally by the Commission on Parenthood's Future. Elizabeth Marquardt, Norval D. Glenn, and Karen Clark, 2010 (http://familyscholars.org/my-daddys-name-is-donor-2/). Beide URL zuletzt gesehen: Januar 2011.

13 Vgl. Duden, Barbara: Der Frauenleib als öffentlicher Ort. Vom Missbrauch des Begriffs Leben, Hamburg/Zürich 1991.

14 Vgl. zur Geschichte des Schwangerschaftsabbruchs, die zugleich auch eine Geschichte des Wandels des Verständnisses zum moralischen Status des ungeborenen Kindes darstellt, Robert Jütte: Geschichte der Abtreibung. Von der Antike bis zur Gegenwart, München 1993.

15 Zur Geschichte der Eugenik vgl. Hans-Peter Kröner: Von der Eugenik zum genetischen Screening: Zur Geschichte der Humangenetik in Deutschland, in: Perspektiven der Humangenetik – medizinische, psychologische und ethische Aspekte, hrsg. v. Franz Petermann et al., Paderborn 1997, 23–47; Peter Weingart; Jürgen Kroll; Kurt Bayertz: Ras-

se, Blut und Gene. Geschichte der Eugenik und Rassenhygiene in Deutschland, Frankfurt a. Main 1986.

16 Jörg Schmidtke: Public Health Genetics: In Deutschland noch umstritten. Deutsches Ärzteblatt 41 (104): A-2788, 2007.

17 Vgl. http://www.independent.co.uk/news/science/fury-at-dna-pioneers-theory-africans-are-less-intelligent-than-westerners-394898.html, zuletzt gesehen: Januar 2011.

18 Dafür plädiert zum Beispiel Dov Fox: The Illiberatity of »Liberal Eugenics«, in: Ratio (newseries) XX 1 March 2007 0034–0006. Zur individuellen Eugenik ausführlich: Allen Buchanan; Dan Brock; Norman Daniels; Daniel Wikler: From Chance to Choice. Genetics and Justice, Cambridge 2000.

19 Zur Anforderung an die genetische Beratung vgl. die kontinuierlich weiterentwickelten Leitlinien der Gesellschaft für Humangenetik e.V. von 2007.

20 Kommission für Öffentlichkeit und ethische Fragen der Gesellschaft für Humangenetik, Stellungnahme zur nicht-invasiven pränatalen Diagnostik des Downsyndroms, 1990; Dies.: Moratorium zum Triple-Screening fetaler Chromosomenaberrationen aus mütterlichem Serum, 1992.

21 Heute wird der Triple-Test durch einen zusätzlich Faktor erweitert (Inhibin A) und als Quadruple-Test angeboten. Dieser ist jedoch unsicherer und wäre eigentlich entsprechend durch den kombinierten Erst-Trimester-Test zu ersetzen. Dieser kombiniert die Bestimmung von Choriongonadotropin mit der Nackentransparenzmessung.

22 Bei einer einfachen, willkürlichen Recherche sind verschiedene private Anbieter zu finden, denen Proben geschickt werden können. Vgl. zum Beispiel Fruchtwasseruntersuchungen und Chorionzottenbiopsien unter http://www.swabtest.com/findatest/prenatal.php; Tests für die Zystische Fibrose (Mukoviszidose), die mit keiner Krankheit einhergehen müssen, sondern unter Umständen nur den Trägerstatus identifizieren, unter http://www.dhs.vic.gov.au/humanservicesnews/feb06/cystic.htm; oder auch ein DNA-Testkit, das für alle genetischen Fragen der Identität einen Test vorsieht, der ohne ärztliche Begleitung oder Beratung durchgeführt werden kann, unter http://www.dnatesting.com/?AID=10475290&PRÄIMPLANTATIONSDIAG-

NOSTIK=2762340&SID=BEY1480, alle zuletzt gesehen: Dezember 2010.

23 Bundesärztekammer. Richtlinien zur pränatalen Diagnostik von Krankheiten und Krankheitsdispositionen. 28.2.2003 ContractNo.: 50, http://www.bundesaerztekammer.de/page.asp?his=0.7.45.3266, zuletzt gesehen: Dezember 2010. Für eine aktuelle Auflistung auf der Grundlage der Auswertung neuer Forschungsliteratur vgl. auch: Peter Wieacker; Johannes Steinhard: Pränataldiagnostik genetischer Erkrankungen, in: Deutsches Ärzteblatt 107/48, 857–862.

24 Vgl. zu den Lebenslaufstudien wegweisend: Martin Kohli: Soziologie des Lebenslaufs, Darmstadt 1978.

25 Wolfgang Lenhard: Der Einfluss pränataler Diagnostik und selektiven Fetozids auf die Inzidenz von Menschen mit angeborener Behinderung. Heilpädagogische Forschung 2003; 29 (4):165–74.

26 Dazu heißt es in der Stellungnahme der Bundesärztekammer zu invasiven intrauterinen Therapien von 2002: »Intrauterine Operationen sind wegen des hohen Risikos und mangelhafter Erfolgschancen weitgehend verlassen worden. Sie sind nur in seltenen Einzelfällen indiziert.« Bundesärztekammer. Richtlinien zur pränatalen Diagnostik von Krankheiten und Krankheitsdispositionen. 28.2.2003 Contract No.: 50.

27 Buchanan Wikler et al: From Chance to Choice, a.a.O.

28 Das Schema wurde entnommen: Wolfgang Lenhard: Die psychosoziale Stellung von Eltern behinderter Kinder im Zeitalter der Pränataldiagnostik [Inaugural-Dissertation], Würzburg, Julius-Maximilians-Universität Würzburg; 2004. Dort findet sich auch eine sehr gute Darstellung über die Aussagefähigkeit von Tests.

29 Lenhard, ebd.

30 Zur Geschichte der Abtreibung, die zugleich auch eine Geschichte der Entdeckung des Embryos ist, vgl. das gesamte Buch, hier aber besonders E. Seidler: Das 19. Jahrhundert. Zur Vorgeschichte des Paragrafen 218, in: R. Jütte, (Hg.): Geschichte der Abtreibung. Von der Antike bis zur Gegenwart, München 1993.

31 »Menschenwürde« ist laut Bundesverfassungsgericht »die Würde des Menschen als Gattungswesen. Jeder besitzt sie, ohne Rücksicht auf seine Eigenschaften, seine Leistungen und seinen sozialen Status.

Sie ist auch dem eigen, der aufgrund seines körperlichen oder geistigen Zustands nicht sinnhaft handeln kann.« Vgl.: C. Hillgruber: Mensch von Anfang an, in: Das Parlament Nr. 45, 8.11.2010.

32 Vgl. das bereits mehrfach zitierte Buch von Wikler/Buchanan et al.: From Chance to Choice, aber auch zum Beispiel: J. Robertson: Children of Choice. Freedom and the new reproductive technologies, Princeton 1994. Jürgen Habermas ist einer der wenigen, der sich dem Ansatz von Wikler, Buchanan, Daniels und Brock entgegengestellt hat; sein Buch »Grenzen der Verfügbarkeit« ist in den USA eher mit Befremden rezipiert und ausgesprochen kontrovers diskutiert worden.

33 Liberalismus und Utilitarismus sind zwei Richtungen der Ethik, die vor allem auf die öffentliche Regulierung und Bewertung bioethischer Fragen abzielen.

34 »Mein kleines Kind« lautet der viel diskutierte Film von Katja Baumgarten und Gisela Tuchtenhagen, in dem Katja Baumgarten den Weg von der Diagnose bis zur Geburt und dem Tod ihres Kindes festhält – unter anderem zeigt sie das Unverständnis ihrer Umgebung, dass sie ihr Kind nicht »abtreiben« lassen will, sondern es gebären will, auch wenn es nicht lebensfähig ist.

35 Dies entspricht dem Befund, den Luc Boltanski in Bezug auf ungewollte Schwangerschaften herausgearbeitet hat. In diesen Fällen kommt es allerdings schon zum Konflikt, weil die Grundsatzentscheidung des »Wollens« (der Kinderwunsch und die aktive Entscheidung, Eltern zu werden) nicht gegeben ist. Insofern ist der Konflikt nicht mit demjenigen des medizinisch indizierten Schwangerschaftsabbruchs vergleichbar. Vgl. L. Boltanski: Soziologie der Abtreibung, a.a.O.

36 Auch wenn der Erfahrungsbericht authentisch ist und von Caroline Stoller veröffentlicht wurde, möchte ich lieber von nun an die Initialen einsetzen, unter anderem auch deshalb, weil es mir darum geht zu zeigen, dass ihre Geschichte genauso gut diejenige anderer Frauen hätte sein können. Vgl. Caroline Stoller: Eine unvollkommene Schwangerschaft, Zürich 1996. Alle folgenden Zitate stammen aus diesem Text. Diese Interpretation erweitert die Darstellung in: H. Haker: Ethik der genetischen Frühdiagnostik, a.a.O.

37 Zu den Techniken der PND siehe Kapitel 2.

38 Die neuesten soziologischen Untersuchungen zeigen, dass sich in der »Regelbiografie« von Paaren viel weniger geändert hat, als man aufgrund der Emanzipationsbewegung von Frauen erwarten würde. Vgl.: Ute Kraus, Elmar Brähler, Yve Stöbel-Richter: Vereinbarkeit von Elternschaft und Beruf bei Paaren – Wunsch und Wirklichkeit, in: soFid Frauen- und Geschlechterforschung 2009/2, 11–25.

39 Onora O'Neill: The Good-enough Parent in the Age of the New Reproductive Technologies, in: The Ethics of Genetics in Human Procreation, hg. v. Hille Haker, Deryck Beyleveld, 33–48. Aldershot: Ashgate 2000.

40 Barbara Katz Rothman: Schwangerschaft auf Abruf. Vorgeburtliche Diagnose und die Zukunft der Mutterschaft, Marburg 1989.

41 Ich leite seit einigen Jahren ein Projekt zur Medizinethik in der Klinikseelsorge, in dem die spezifisch theologisch-ethischen Fragen aufgegriffen werden. Dies geschieht nicht allein mit Blick auf eine einzige Tradition, sondern adressiert bewusst auch Fragen des interreligiösen Dialogs in der Medizin- und Bioethik. Vgl. dazu www.ethik.uni-frankfurt.de

42 Annegret Braun: Der Wunsch nach dem perfekten Kind, in: Deutsches Ärzteblatt 2006; 103 (40): A2612–16.

43 Wer sich einen historischen Überblick verschaffen will, sei auf das Buch des amerikanischen Historikers Matthew Conelly verwiesen: Fatal Misconception: The Struggle to Control World Population, Cambridge 2008.

44 Vgl. dazu: Humanae Vitae; Alfons Auer: Nach dem Erscheinen der Enzyklika »Humanae Vitae«. Zehn Thesen über die Findung sittlicher Weisungen, in: Zur Theologie der Ethik: Das Weltethos im theologischen Diskurs, Freiburg i.Br./Freiburg i.Ue. 1995, 37–49 (erschienen 1968*);* Dietmar Mieth: Geburtenregelung. Ein Konflikt in der katholischen Kirche, Mainz 1990.

45 Vgl. zur Diskussion über das Naturrecht: Concilium 3/2010, hg. v. Lisa Cahill u. Hille Haker, und dort vor allem den Artikel von Ludwig Siep.

46 M. Fränznick, K. Wieners: Ungewollte Kinderlosigkeit, Weinheim/München 1996, 53.

47 Vgl. dazu Kap. 1 sowie Weingart, Kroll, Bayertz: Rasse, Blut und Gene. Geschichte der Eugenik und Rassenhygiene in Deutschland, a.a.O.

48 Vgl. Handelsblatt, 20.1.2011.

49 Donna Dickenson ist in ihrem Buch »Body Shopping« dieser ökonomischen Dimension nachgegangen – mit zum Teil schockierenden Fallgeschichten.

50 Ebd., 85. Für eine ausführlichere Darstellung vgl. Hille Haker: Ethik der genetischen Frühdiagnostik, a.a.O.; dort weitere Literatur.

51 Alle Zitate sind dem Artikel I. Kowalcek: Thematische Schwerpunkte einer Gesprächsgruppe (1999), 419–423 entnommen.

52 Die neuesten Zahlen beziehen sich auf die Auswertung von 2002. Es wird geschätzt, dass weltweit im Jahr 2002 zwischen 219.000 und 246.000 Kinder geboren wurden – eine Zunahme um 12% mit dem Vergleichsjahr 2000. Vgl.: International Committee for Monitoring Assisted Reproductive Technology: World Collaborative Report on Assisted Reproductive Technology, 2002, in: Human Reproduction, Vol. 24/9, 2310–2320, 2009.

53 Bundesärztekammer: Musterrichtlinie zur Assistierten Fortpflanzung, 1998.

54 Vgl. P.F. Wieacker, U. Hehr, E. Schwinger: Überlegungen zur Polkörperdiagnostik von Aneuploidien, in: Reproduktionsmedizin 2003/19:135–136.

55 Ebd., 136.

56 Joint SOGC-CFAS Guideline: Pregnancy Outcomes after Assisted Reproductive Technology (JOGC 28/3, 2006, 220–233). Übersetzung H.H.

57 Vgl. dazu etwa: C. Schnabl: Gerecht sorgen: Grundlagen einer sozialethischen Theorie der Fürsorge, Fribourg 2005; L. Conradi: Take Care: Grundlagen einer Ethik der Achtsamkeit, Frankfurt a.M./New York 2001; N. Biller-Andorno: Gerechtigkeit und Fürsorge. Zur Möglichkeit einer integrativen Medizinethik, Frankfurt a.M./New York 2001; C. Wiesemann: Von der Verantwortung, ein Kind zu bekommen. Eine Ethik der Elternschaft, München 2006.

58 Paul Ricœur: Das Selbst als ein Anderer, München 2006.

59 Vgl. dazu meine theoretische Grundlegung in: Hille Haker: Moralische Identität. Literarische Lebensgeschichten als Medium ethischer Reflexion, a.a.O.

60 Vgl. dazu Hille Haker: Ethik der genetischen Frühdiagnostik. Sozialethische Reflexionen zur Verantwortung am Beginn des menschlichen Lebens, a.a.O.

61 Ebd.; Paul Ricœur: Das Selbst als ein Anderer (1996), 229.

Weiterführende Literatur

AKTUELLE DOKUMENTE UND STELLUNGNAHMEN SIND LEICHT IM INTERNET ZU FINDEN. EINIGE ADRESSEN:

Zentrale Ethik-Kommission der Bundesärztekammer

Gesellschaft für Humangenetik e.V.

Deutsches IVF Register

Deutscher Ethikrat

Deutsches Referenzzentrum für Ethik

Deutsche Bischofskonferenz

Evangelische Kirche Deutschland

WEITERFÜHRENDE BÜCHER ZUR HUMANGENETIK UND PRÄNATALDIAGNOSTIK:

Jutta Flatters: Anders als man denkt. Leben mit einem behinderten Kind, Gütersloh 2009.

Barbara Katz Rothman: Schwangerschaft auf Abruf. Vorgeburtliche Diagnose und die Zukunft der Mutterschaft, Marburg 1989.

Eva Schindele: Schwangerschaft zwischen guter Hoffnung und medizinischem Risiko, Hamburg 1995.

Jörg Schmidtke: Vererbung und Ererbtes – Ein humangenetischer Ratgeber. Genetisches Risiko und erbliche Erkrankungen, vorgeburtliche Untersuchungen und Schwangerschaftsvorsorge, Vererbung und Umwelt, Gentests und Gentherapie, Reinbek ²2002.

WEITERFÜHRENDE BÜCHER ZUR ASSISTIERTEN FORTPFLANZUNG UND PRÄIMPLANTATIONSDIAGNOSTIK:

Monika Fränznick, Karin Wieners: Ungewollte Kinderlosigkeit. Psychosoziale Folgen, Bewältigungsversuche und die Dominanz der Medizin, München 1996.

Regine Kollek: Präimplantationsdiagnostik. Embryonenselektion, weibliche Autonomie und Recht, Tübingen [2]2002.

Petra Thorn: Männliche Unfruchtbarkeit und Kinderwunsch. Erfahrungen – Lebensgestaltung – Beratung, Kohlhammer 2010.